일본의 재판원제도

SNU일본연구총서 12

일본의 재판원제도

초판 1쇄 발행 2021년 12월 30일

지은이 한인섭 외

펴낸곳 서울대학교출판문화원
주소 08826 서울 관악구 관악로 1
도서주문 02-889-4424, 02-880-7995
홈페이지 www.snupress.com
페이스북 @snupress1947
인스타그램 @snupress
이메일 snubook@snu.ac.kr

출판등록 제15-3호

ISBN 978-89-521-3044-0 94360
978-89-521-1086-2 (세트)

이 연구는 서울대학교 일본연구소의 일본학연구지원사업의 지원을 받았습니다.

SNU일본연구총서
12

일본의 재판원 제도

한인섭 외 지음

서울대학교출판문화원

Saiban-in System in Japan

In Sup Han et al.

Seoul National University Press

머리말

일본의 재판원재판제도는 2009년 5월 21일부터 시행된 일본의 시민참여형 재판으로서, 중대범죄의 재판에서 재판원이라고 불리는 일반 시민이 직업법관과 함께 재판하는 제도를 말한다. 한국에서는 이보다 앞선 2008년부터 국민참여재판제도를 실시하게 되었다. 이렇게 한국과 일본은 비슷한 시기에 시민참여형 형사재판을 시행하고 있다.

양국의 시민참여형 재판은 가치 있는 비교법적 모델이 되기에, 일본의 재판원제도에 대한 한국의 관심도 각별하고 논문들도 나오고 있다. 기존의 연구 중 다수는 일본 재판원제도에 대한 총론적·일반적 연구로서, 일본 재판원제도에서 등장하는 다양한 쟁점을 치밀하게 분석하지 못한 아쉬움이 있다. 제도의 시행 전과 시행 이후는 상황과 쟁점에서 다른 면이 적지 않다. 이 책은 일본의 재판원제도를 주제별로 나누고, 관련 분야 전공 연구자들의 심층적인 연구를 실었다.

일본은 재판원제도 도입 이전 공판절차에서 피고인의 유무죄를 결정하기 위하여 증거조사, 검사의 논고, 변호인의 변론, 검사의 구형을 거쳐 직업법관이 선고를 하는, 일률적인 형식으로 재판이 진행되어 왔다. 그런데 이런 공판절차는 우리나라와 마찬가지로 수사 조서와 인적·물적 증거들로 대부분의 사건이 유죄판결을 받게 되는 구조였다.

재판원제도는 직업법관의 판단에 전적으로 의존했던 재판에서 벗어나 사법의 민주적 정당성과 신뢰성을 높이기 위한 공판중심주의를 실현하는 제도로서 의미가 있다고 할 것이다.

우리나라도 국민참여재판을 통해 시민의 사법참여를 구현하고 있고, 배심원 재판을 모델로 함으로써 시민참여의 수준에 있어 좀 더 전향적인 태도를 취하고 있다. 다만 한국에서는 시민참여형 재판을 시행해본 역사가 없어 배심재판을 수용하는 데 반발과 주저함이 적지 않았다. 국민참여재판으로 제도화된 현행 참여재판은 아직 일부 사건에 대해서만 가능하고, 그것도 피고인의 신청이 없으면 개시될 수 없고, 또 배심원의 평결이 법관을 기속하지 못한다는 한계를 갖고 있다. 우리나라의 배심재판은 초기의 기대와는 달리, 그 접수 사건 수가 늘어나지 않아 형사사법체계에서 차지하는 비중이 크지 않다. 현재와 같은 답보상태를 넘어서서 명실공히 시민참여사법을 실질화하기 위해서는 비교법적 지식도 폭넓게 필요하다. 그중에서도 일본 재판원제도의 전개과정과 쟁점들은 우리에게도 유의미한 참고자료가 될 수 있다고 본다. 그리하여 본 연구에서는, 섣부른 비교연구보다 오히려 일본 재판원제도의 전개와 현황 그 자체를 깊이 살펴보는 쪽으로 방향을 잡았다. 또한 학술적 논의에 더하여, 실제 운용상황과 애로를 깊이 파고들어가고자 했다. 법사학적 접근과 형사법적 접근도 하고, 실제운용 상황도 파악하고, 한국뿐 아니라 일본의 연구자도 포함시키는 방향으로 연구진용을 짰다. 본 연구팀은 자신의 연구 초고에 대해서 상호 비평을 통해 논리를 다듬었다. 문헌조사와 함께 방문조사도 병행했다. 일본의 재판소 및 검찰, 변호사회를 방문하여 우리가 궁금한 점에 대해 구체적인 질의를 하고 자료를 확보할 수 있었다. 자신의 세부 연구주제를 학회지에 기고하는 과정에서 학계의 소중한 지적과 비평을 반영할 수 있었다. 본 연구진은 연구 과정에서 서로의 초고에 대해 토의하였고 그 의견들은 각 장의 집필에 적절히 반영되었다고 생각한다. 다만 어떤 합일된 결론을 도출하지 않고, 개별 집필자의 의견을 존중하기로 하였다. 하지만 어느 정도는 수렴된 의견을 제안할 필요도 있을 것이므로, 연구책임자의 입장에서 다음과 같이 요약해본다. 독자들은 각 연구자들의 집필 부분을 그 자체로 독해하면 충분할 것이다.

1. 일본의 재판원제도는 참심재판과 배심재판을 혼용한 일본형 참여재판제도로 평가될 수 있다. 재판원제도는 재판관(직업법관) 3명과 재판원이라 불리는 시민 6명이 한 재판부가 되어, 중대범죄에 대하여 사실인정 및 양형까지 판정하는 것이다. 일본은 이미 배심재판을 시행한 경험이 있었고, 배심재판이 '정지'된 후에도 지속적인 재도입 논의가 축적되어 있었고, 오랜 기간 동안 폭넓은 논의를 거쳐 정치적·법적 결단을 내린 것이다. 또한 법률 통과 뒤에도 5년간의 준비기간을 거쳐 2009년부터 시행되었기에 그 나름 기반을 다져가며 시행되었다. 시행 직후 재판원제도에 대한 위헌 주장이 제기되었으나, 별다른 어려움 없이 합헌 판결로 정리되었고, 이후에는 헌법적 시비가 없어진 점도 제도의 정착에 힘을 더해주었다. 또한 일본에서는 법시행 후 3년이 경과한 시점에 시행 상황을 검토하고 필요한 조치를 강구해야 한다고 정했다. 한국도 같은 취지로 국민참여재판의 최종 형태를 결정하기 위한 위원회가 개최되어 법개정안까지 마련했으나 입법의 관문을 넘지 못하고 불발되었다. 일본은 대상사건의 범위, 재판원 선임절차, 피해자 배려조치가 필요하다는 평가가 정리되어 그 일부는 법개정에 반영되었다. 이 중 장기간 심판을 필요로 하는 사건 등을 대상사건에서 제외한다든가, 피해자보호의 강화 방안도 개정사항에 포함되었다. 현재까지

재판원제도의 운용상황에 대하여 '대체로 순조로이 운용되고 있다'는 것이 자체평가다.

2. 재판원재판의 활용도를 보면, 매년 약 1천 건 내외의 사건이 재판원재판으로 처리되고 있으며, 범죄내용을 보면 강도치상, 살인 등의 비율이 가장 높다. 지난 10여년간 실제로 재판원으로 선임된 시민은 7만 명을 웃돌고, 보충재판원도 2만 5천여 명에 이른다. 사건당 평균 심리기간은 8일 정도, 개정 횟수는 4.5회 정도, 실제 심리기간은 2.7일에서 10.5일까지 다양하다. 자백사건은 5일 정도, 부인사건은 10일 정도 심리기간이 소요된다. 재판을 진행하기 위해서는 공판 전 정리절차를 충실화할 것이 요청되며, 그것이 재판이 장기화되는 한 원인이 되기도 한다. 판결은 종전보다 피해자의 감정을 중시하여 중형이 부과된다는 측면과, 피고인의 갱생 등을 고려하여 집행유예 등 완화된 형을 선고하는 경향이 있다는 측면이 있다. 재판결과에 국민의 감각이 반영되었는가라는 질문에 대해 일반인은 70% 이상이 긍정적 답변을 하고 있다. 재판소와 검찰 측은 전반적 운영에 대해 긍정적 평가를 하는 편이지만, 변호사회 측은 문제점 개선을 위해 지속적으로 개선안을 내고 있다.

3. 재판원제도의 정착은 수사환경에도 직접적인 영향을 미친다. 종래의 수사가 자백 및 조서에 의존하는 경향이 강했다면, 재판원제도 하에서는 객관적 증거확보에 중점을 두고, 수사서류를 간소 명료화하고, 수사에 못지않게 공판정에서의 구두변론을 중시한다. 일반 재판원들은 수사기관이 작성한 방대한 서류를 읽을 수도 없고, 복잡한 내용을 단기간에 소화할 수도 없기 때문이다. 재판원재판이 시행되면서,

신문 과정이 좀 더 투명해지고 신문 과정의 녹음·녹화가 활발하게 이루어지고, 수사관의 법정증언이 훨씬 빈번해졌다. 종래 수사관들이 작성해온 취조경과일람표는 현재 활용되지 않는 것으로 바뀌었고, 취조상황관찰기록서 작성이 의무화되어 있으나 실제 재판에서는 증거로 활용되지 못하고 있다. 그 대신 변호인이 작성한 피의자 노트는 법정 증거로 제출되어, 피의자단계에서 진술의 임의성이나 신용성을 탄핵할 증거로 쓰이고 있다. 현재 피의자 신문에서 녹음·녹화는 법정에서 수사정황의 문제를 다투거나 정당성을 주장하는 상이한 각도에서 쓰이고 있고, 그러한 성과를 바탕으로 재판원재판 대상사건 전체에 대해 녹음·녹화하는 수준으로까지 진전되고 있다. 재판정에는 피의자에 대한 신문조서와 함께 피의자 녹음·녹화 DVD를 제출하는 경우가 관례화되고 있다. 수사 때와 공판 때의 진술이 다를 경우에는 조사경찰관이 법정증언을 하는 경우도 빈번하다. 종합적으로 볼 때, 재판원재판의 시행을 통해 공판중심, 직접심리, 구두변론, 증명력 다툼 등이 정착되고 있다고 할 수 있다.

4. 재판원재판은 제1심인데, 상소심을 어떻게 할 것인가의 쟁점이 있다. 재판원재판의 항소율은 이전과 별 차이 없이 3건 중 1건 이상을 기록하고 있다. 재판원재판 도입 이후에도 기존의 상소체제는 사후심적 운용방식에 대한 변경 없이 그대로 유지되고 있지만, 그에 대한 비판도 지속적으로 이루어지고 있다. 일본에서는 이와 관련하여 다양한 연구가 진행되고 있다. 검사의 무죄항소에 대해서는 이중위험금지원칙, 형사소송법상의 제 원칙, 자유심증주의, 당사자주의 등의 관점에서 금지해야 한다는 논의가 축적되고 있지만, 아직 특별한 입법이나 판례 변경에는 이르지 못한 상태다. 한국도 마찬가지인데, 다만 1심에

서 배심원의 전원일치 평결과 법관의 판결이 일치할 경우에는 상소심에서 파기율이 현저히 낮아지는 방향으로 법리와 관행이 정착되고 있다.

5. 일본에서는 재판원제도의 실시와 함께 법교육을 연계하여, 알기 쉬운 사법의 실현에 이바지하고자 했다. 법무성, 문부과학성에서 체계적인 법교육을 시행하고 있고, 재판소와 변호사단체도 법교육의 검토와 보급에 적극 나서고 있다. 일반시민은 물론 중고생을 대상으로 한 법교육도 세밀하게 시행되고 있다. 이처럼 재판원제도의 시행을 전후하여 일본의 법교육은 전면적이고, 또 교육내용도 주체적인 시민, 법적 참여를 강조하는 민주시민교육을 겸하고 있다. 우리의 경우에도 국민참여재판의 도입과 본격화는 법교육의 전 사회적 확산과 중고등교육에의 반영을 필수적으로 하고 있으며, 그 내용에서도 시민성과 주체성을 강조하는 방향으로의 재편이 필요할 것이다.

이같이 일본의 재판원제도 도입 과정과 운용 과정을 살펴봄으로써 우리의 제도 개선을 위한 여러 아이디어를 얻을 수 있으리라 생각한다. 그에 대한 개인적 의견을 앞세워 보자면, 먼저 우리의 국민참여재판을 좀 더 배심재판의 틀에 가깝게 본격적으로 운용할 필요가 있다. 중대범죄에 대한 배심재판을 의무화하고, 배심원 평결의 기속력을 원칙적으로 인정하고, 배심원 참여를 국민의 법적 의무 중 하나로 실질화하는 것이다. 사건의 심리 기간도 충분한 심의가 가능하도록 현행의 운용보다는 더 장기간을 기본으로 설정해야 할 것이고, 공판준비절차도 충실히 운용하고, 공판중심주의를 본격적으로 정착해가야 할 것이다. 또한 수사단계에서 자백중심, 조서중심의 관행을 확실히 고쳐서, 인권 및 적법절차가 충분히 보장되고, 수사 과정에서 변호인의 실질적 조력을 강화해가야 할 것이다. 국민참여재판에 대한 상소는 가급적 억제하도록 하되, 특히 무죄판결에 대한 검사의 상소를 금지하는 방향으로 하여 구두변론, 공판중심, 무죄추정의 원칙을 실질적으로 구현할 수 있도록 해야 할 것이다. 국민참여재판은 하나의 새로운 재판형태의 도입이 아니라, 국민이 주체가 되어 사법을 형성하는 방향으로 대대적인 법교육을 진행해야 할 것이다. 현재 답보상태에 있는 국민참여재판을 본격화하고 활성화하기 위한 법률개정도 필요하고, 정치적 지원과 사회적 이해가 필요하다. 일본과 한국에서 비슷한 시기에 출범한 참여재판이 서로 긍정적인 영향을 주고받으면서, 자국의 실정과 민도에 걸맞은 재판으로 발전시켜, 동아시아와 세계에 새로운 모델을 제공하는 수준으로까지 발전할 수 있도록 관심과 지혜를 모아가야 할 것이다.

2021년 12월

연구진을 대표하여 한인섭 씀

차례

제1장

재판원재판(日)과 국민참여재판(韓)

비교법적 시사점

한인섭

1. 서론

2008년 한국은 형사재판에서 국민이 배심원으로 참여하는 배심형 국민참여재판을 개시했다. 재판이란 오직 전문 법관에 의해서만 가능하다고 여겨 온 나라에서 국민참여재판은 신기원을 여는 것이었다. 이러한 배심형 형사재판제도의 도입은 2003년부터 본격화된 사법개혁 프로젝트,[1] 가령 형사소송법의 대폭적인 개혁 및 법학전문대학원의 도입 등과 함께 새로운 사법개혁 방안 중에서도 가장 중요한 성과로 평가될 수 있다. 한국은 국민참여재판을 시행한 지 10년을 넘어서고 있지만, 초기의 열정은 침잠하고, 제도의 적극적 실행을 위한 강력한 에너지는 느껴지지 않는다. 법원과 검찰, 변호사회에서도 이를 발전시켜 가기 위한 체계적인 노력이 충분하지 않다. 물론 아직은 국민참여재판에 익숙해져 가는 과정일 수도 있고, 또 주요 사건에서 수시로 배심재판이 이루어지고 있지만, 한 번 더 본격적으로 확대되어야 할 시기에 뭔가 답보되는 느낌이 없지 않다.

이 시기에 한국만 국민의 사법참여로 나아간 국가는 아니다. 20세기 말, 21세기 초에, 오히려 전 세계적으로 국민참여재판을 도입하는 전환점을 열었다.[2] 대표적인 예가 일본이다. 일본은 배심제와 참심제 사이에 논의를 거듭해 오다 2004년 일본형 재판원재판제도를 도입하였고, 2009년부터 시행하였다. 일본은 중대사건에 대하여 필수적인 재판원재판을 실시한 점에서 과거와의 질적 단절을 이루어 냈고, 그 시

1 사법개혁위원회(2005), 「국민과 함께하는 사법개혁(사법개혁위원회 백서)」, 『사법개혁위원회자료집(7)』 참조.

2 영미, 유럽, 남미 국가 및 21세기의 배심제 도입에 대해서는 닐 비드마르 엮음(2007), 『세계의 배심제도』, 김상준 등 옮김, 나남 참조.

행의 성과는 계속적인 주시와 검토를 요한다.

한국과 일본은 비교법적으로 매우 흥미 있는 대조 사례가 될 만하다. 한국은 배심제적 설계를 갖고 있지만 그 대상의 제한과 효력의 취약성이라는 약점을 안고 있고, 일본은 참심제를 토대로 배심제적 요소를 가미한 것이라 할 수 있는데 그 대상과 효력은 확실하다는 점에서 지속적인 비교 검토를 요한다. 그럼으로써 진정으로 국민참여재판의 장점은 살리고 단점은 줄여 가는, 한층 더 성공적인 단계로 진일보할 수 있을 것이다. 다만 이 글은 한국과 일본의 정면적인 비교 연구라기보다는, 일본 재판원제도의 이모저모를 한국과 비교해 가며 큰 흐름을 정리하고, 일본의 실험이 한국에 줄 수 있는 시사점을 차분히 음미해 보자는 데 있다.

20세기 말까지만 해도 한국에서 형사재판에 대한 불신은 매우 높았고, 사법의 정당성이나 공정성에 대한 신뢰는 낮은 편이었다. 하지만 한국에서 배심재판이나 참심재판의 도입 가능성은 거의 없었다. 학자들의 연구도 희소했고, 사법개혁의 핵심 의제로 포함될 만큼 시민사회에서 깊은 이해와 공감이 있었던 것도 아니었다. 배심재판은 미국 영화에 자주 등장하지만, OJ 심슨(O. J. Simpson) 사건처럼 가십성으로 소모되는 정도였다. 세기의 전환기에 한 외국 학자는 일본과 한국 같은 나라에서는 어떤 종류의 시민참여재판의 가능성도 보이지 않는다고 자신 있게 말할 수 있었다.[3]

한국에서 국민참여재판에 대한 뜨거운 논의가 제대로 분출된 것은 2003~2004년 사법개혁위원회에서였다. 사법개혁위원회는 대통령

3 Sunja Kutnjak Ivkovic(1999), *Lay Participation in Criminal Trials: The Case of Croatia*, Austin & Winfield, p. 26.

과 대법원장의 합의로 탄생한 범정부·시민 사회의 열망을 집약한 개혁 위원회였고, 여러 실질적 성과가 기대되었다. 하지만 애초에 그 위원회에서 국민참여재판의 도입 가능성을 현실적으로 전망할 만큼의 강력한 움직임은 없었다. 그러나 위원회의 뜨거운 토론 과정에서 국민참여재판에 대한 강한 열망이 점차 가시화되었다. 필자는 그 위원회의 위원으로서, 국민참여재판의 도입을 더는 미뤄서는 안 되며, 국민참여재판의 핵심을 실현하기 위해서는 참심제가 아니라 배심제를 기본 모형으로 해야 한다고 역설했다.[4] 결국 위원회는 국민참여재판의 도입이라는 대의를 받아들이되, 그 평결의 효력은 기속력을 갖지 않는 것으로 하고, 배심형과 참심형을 절충한 한국적 국민참여재판을 받아들이기로 결단했다. 이후 사법개혁추진위원회와 국회의 입법을 거쳐 확정된 안은 배심제의 틀에 좀 더 가깝게 구성되었다. 따라서 필자는 한국 제도를 외국에 소개할 때 한국형 배심재판(Korean Criminal Jury Trial)이라 명명하기에 주저하지 않는다.[5]

한편, 일본에서는 재판원(裁判員, Saiban-in)이라 불리는 시민들이 직업 재판관과 함께 재판하는 소위 재판원재판제도를 도입하는 법률을 2004년 통과시켰고, 5년간의 준비 및 홍보 기간을 거쳐 2009년부터 시행되었다. 일본에서 참여재판은 완전히 새로운 것은 아니었다. 미국식 배심재판에 유사한 일본의 배심재판은 1928년에 실시되어 제2차 세계대전 상황에서 1943년 일시 '정지'될 시점까지 시행되었다. 전후 미군정이 점령하고 난 뒤 여러 미국식 사법제도를 이식시켰지만, 유독 배

4 안경환·한인섭(2005), 『배심제와 시민의 사법참여』, 집문당 참조.

5 그 전반적 흐름과 입법화된 내용에 대해서는 한인섭(2009), 「한국의 배심원재판: 준비과정과 시행원년의 성과를 검토한다」, 『서울대학교 법학』 50권 2호, 서울대학교 법학연구소, 688쪽 이하 참조.

심재판은 복구시키지 않았다. 일본의 관료사법 시스템에서는 시민 참여에 대해 호의적이지 않았지만, 변호사회 및 학계에서는 끊임없이 배심재판을 기억하고 토론하고 도입을 위한 캠페인을 벌였다. 21세기 초엽 일본에서도 대대적인 사법개혁심의가 있었고 그 성과의 일환으로 재판원재판제도가 도입되었다.[6]

재판원이라는 말은 재판관과 대조되는 용어로서, 전문 법관인 재판관과 함께 재판에 참여하는 시민을 가리킨다. 하나의 형사사건에서 6명의 시민 재판원이 3명의 직업 재판관과 함께 재판한다. 재판원은 사실인정 및 양형에서 재판관과 동등한 자격을 갖는다. 사형, 무기징역형, 또는 치사사건에서 재판원재판은 필수적이다.

일본의 모델은 전형적인 미국식 배심원과는 다르다. 미국식 배심원은 판사와 독립적으로, 별개로 평의하고 평결하는 데 반해, 일본의 재판원은 항상 재판관과 함께 평의하고 판결한다. 또한 재판원은 양형에도 재판관과 동등하게 참여하여 판결한다. 이 점을 본다면 독일식 참심원과 오히려 유사하다. 그러나 일본의 재판원은 시민들 중에서 무작위 추출되고 하나의 재판에만 관여하는 점에서 독일식 참심재판과 다르고, 미국식 배심재판과 유사한 면도 있다. 그러니 일본형 시민참여재판 모델을 창안했다고 할 수도 있을 것이다.

세계적으로 본다면, 1990년대에 들어 러시아가 배심재판을 복원했고, 스페인이 배심재판을 도입했다. 이같이 시민참여형 재판제도는 공산주의나 파시즘의 패퇴 이후 실질적 민주주의의 착근을 위한 재정비의 한 결실로 평가된다. 싱가포르는 배심제를 폐지했고, 홍콩은 영

6 재판원제도의 도입 과정에 대해서는 본서 제2장 "일본 배심법에서 재판원법에 이르기까지" 참조.

국식 배심제를 유지하고 있다.[7] 중국은 인민배심원제를 2005년부터 도입했는데, 이는 실제로는 참심원과 가까운 것이고, 필수적인 것도 아니며, 그 효력도 권고적 효력을 갖는 데 그친다. 대만은 한국의 예를 참조하면서 그 나름의 국민참여재판을 도입하려고 노력하고 있다. 이같이 국민참여재판의 도입은 동아시아에서는 하나의 경향성을 띠는 정도에 이르고 있으며, 세계적인 흐름과도 일치한다고 할 수 있다. 이러한 상황에서 한국의 예는 세계적인 주목을 갖는 실험으로 여겨질 수 있다.

2. 재판제도의 기본 설계와 주요 쟁점

1) 참여재판의 선택 가능성

한국에서 국민참여재판을 하려면 일차적으로 피고인의 신청이 있어야 한다. 그런 다음, 재판부의 참여재판 적합성 판단을 거쳐 채택된다. 피고인의 신청을 요건으로 한 것은 헌법적 쟁점을 의식한 면이 있다. 한국의 헌법 중 사법부 조항은 국민참여재판이나 배심재판 등 시민 재판관의 존재를 예상하지 않은 가운데 만들어진 것이어서 국민참여재판이 위헌이 아닌가 하는 시비에 걸릴 수가 있었다. 그에 대한 안전판 중의 하나로 적어도 신청한 피고인에 한하여 국민참여재판의 기회를 부여하겠다는 식으로 입법화되었다. 다른 하나의 이유는, 국민참

7 Jacqueline Wong Hwei Cheun(2011), *The Jury Systems in England, Singapore, Malaysia and the United States of America*, Diss., 1996: A "People's Jury" Trial for China's Criminal Defendants? March 15th, at http://usali.org/media-entities/a-peoples-jury-trial-for-chinas-criminal-defendants.

여재판을 처음으로 도입하는 생소한 실험 단계인지라 법관의 재량적 판단을 거치도록 한 것이다. 국민참여재판이 제도화될수록 점차 법관의 재량권은 줄어들 것이라는 전망도 있었다.

반면 일본에서는 일정한 중대사건은 반드시 재판원재판을 통해야 한다. 그럼으로써 시민참여가 늘어날 것이고, 실제로 매우 진지한 참여재판을 진행할 확고한 기반을 갖게 되었다. 초기의 우려와는 달리 시민들은 재판원으로 선택되었을 때 시민의 사법 의무를 거부하지 않는 경향을 보여 주고 있다. 10여 년간의 시행을 통해 일본은 풍부한 경험과 사례를 축적하게 되었다.

2) 참여시민의 인원

영국과 미국에서 배심원의 인원은 12명이다. 12명의 인원은 역사적으로는 배심재판의 핵심 요건 중 하나로 간주되어 왔다. 20세기에 들어서서는 그 인원이 주는 재정적·관리적 부담 때문에 가끔 6명 배심, 5명 배심 등이 시도되기도 했지만 늘 위헌 시비에 시달렸다. 현재도 기본 인원은 12명으로 예정되어 있다. 한편 참심재판을 하는 독일에서는 시민 참심원(때로는 명예 법관으로 불리기도 함)은 1~2명, 전문 법관은 2~3명으로 구성된다. 다시 말해 한 재판에서 참심원의 인원은 전문 법관보다 적다.

한국에서 배심원은 9명, 7명, 5명으로 3분화되는데, 중대사건이라면 9명을 정수로 하고, 5명은 최근 잘 이용되지 않는다. 적어도 배심원재판이 되려면 9명 정도는 되어야 할 것으로 생각한다. 일본은 재판원은 6명으로 정했는데, 시민참여에 소극적인 측은 3명 정도의 참심원을 주장했고 적극적인 측은 12명 배심원을 주장했다. 결국 마지막 결정은

6명의 재판원이었다.[8] 독일보다 인원이 훨씬 많은데 이는 배심재판을 도입하자는 측의 주장을 상당히 반영한 것이다. 결국 일본은 6명의 재판원과 3명의 재판관이 한 재판부가 되어 사실인정 및 양형을 하게 된 것이다.

3) 시민과 법관의 평의, 평결, 판결

배심재판에서 결정적인 것은 배심원만이 평의에 관여하고, 평결한다는 것이다. 법관은 배심원실에 입장하지 못하며, 평결에 관여하지 못한다. 한국의 배심원 모델하에서는, 적어도 평의와 평결을 할 때에는 배심원만이 관여하고, 그 평결이 가진 권고적 효력을 토대로 전문 법관들이 판결을 내리게 된다. 유죄일 경우 배심원은 의견을 제시하고, 전문 법관이 판결을 내린다. 일본은 완전히 다르다. 시민 재판원과 전문 재판관이 함께 심리하고 판결을 내린다. 양형도 마찬가지다. 이는 시민의 권한이 훨씬 큰 것 같지만, 비판자들은 시민의 역할이 보조적이 될 수밖에 없을 것이라고 한다.

한국의 개혁가들은 시민이 전문 법관과 함께 판단할 때 시민의 역할이 제한적·보조적일 수 있다는 우려가 있었다. 배심원은 자신의 역할이 보조적이 아니라 독립적 판단자임을 명심해야 할 것이다. 한국에서 국민참여재판은 여러 제한점을 갖고 있지만, 그럼에도 그 시민을 '배심원'이라 명명했을 때, 이미 독립적 판단자로서의 시민의 주권성을 강력히 지향하고 있음을 시사한다.

8 재판원 규모 결정 과정에 대해서는 본서 "제2장 일본 배심법에서 재판원법에 이르기까지 4. 재판원법의 법적 쟁점 3) 재판원의 규모" 참조.

4) 시민 판단의 구속력 여부

일본에서는 재판원과 재판관 사이의 판단이 외형적으로 불일치되는 경우가 없다. 외형적으로는 판단이 단일하기 때문이다. 한국에서는 배심원의 평결과 법관의 판결이 다를 수 있다. 배심원 평결이 법관의 판결과 일치할 때는 문제없지만, 불일치할 때는 배심원의 평결은 법관의 판결을 기속하지 못한다. 이 조항만을 놓고 볼 때 배심원의 평결은 단지 권고적 효력을 갖는 데 그친다고도 하는데, 그러한 견해는 국민참여재판에 대한 잘못된 인상을 줄 수 있다. 오히려 핵심은 배심원 평결은 법관의 판결과는 다른, 독립적인 결정이라는 것이다.

법관은 배심원의 평결을 바꾸라고 할 수 없다. 평결과 판결이 다를 수 있다는 불일치의 지점은 사법 판결에 긴장을 유발하고, 불일치에 대한 사건 관계자 및 일반인의 주목을 집중시킨다. 배심원 평결은 판결문에 쓰여야 하고, 불일치도 쓰여야 한다. 이렇게 되면 상소를 거의 필연적으로 유발할 것이다. 법관들은 평결과 불일치한 판결을 내릴 때 한층 더 긴장된 상황이 되고, 고도의 설득력을 얻기 위해 노력해야 할 것이다. 현재 이 부분에 대해 좀 더 기속력을 높이기 위한 법 개정은 국민참여재판에 대한 현안 중 하나가 되어 있다.[9]

---

9 홍승희(2014), 「국민참여재판법 개정안의 개선 방안: 배심원 평결의 기속력을 중심으로」, 『형사정책연구』 25권 3호, 한국형사정책연구원, 1쪽 이하; 홍진영(2019), 「미국 배심제도에서의 배심원 평의 비공개 원칙과 그 한계: 국민참여재판 배심원 평결의 기속력과 관련하여」, 『저스티스』 174호, 한국법학원, 279쪽 이하; 김병수(2019), 「국민참여재판 시행 10년의 평가와 과제」, 『법학연구』 60권 2호, 부산대학교 법학연구소, 275쪽 이하; 이동희(2015), 「국민참여재판의 성과와 과제」, 『저스티스』 146권 3호, 한국법학원, 69쪽 이하 등 참조.

5) 평결, 판결 정족수

미국에서 배심원 평결은 전원일치를 요건으로 한다. 전원일치를 얻기 위해서는 배심원 선정절차가 까다롭고 오래 걸리며, 기피절차가 활성화된다. 배심재판의 기원이 되는 영국에서도 당연히 전원일치 요건을 고수해 왔으나, 최근 들어 12명 중 10명의 찬성으로도 평결될 수 있음의 여지를 열었다. 독일에서는 유죄 판결을 위해서는 적어도 1명 이상의 참심원(시민)의 동의가 있어야 한다. 일본에서는 다수결을 따르나, 적어도 1명 이상의 판사가 다수결에 가담할 때 판결이 성립된다.

한국에서 배심원 평결은 두 단계로 이루어진다. 일차적으로 배심원들이 전원일치에 이르러야 한다. 그런데 진지한 평의 이후에도 전원일치에 도달하지 못하면 배심원들은 법관의 설명을 청취한 뒤 두 번째 평의에 들어갈 수 있는데, 이때는 다수결로 평결이 가능하다. 왜 이렇게 두 단계로 구분한 것인가. 배심제의 전통을 존중하여, 배심원들이 전원일치에 도달하기 위하여 치열한 평의를 하도록 설계한 것이다. 하지만 현행 방식의 한계도 명백하다. 적어도 법 개정 단계에서 다수결 원칙을 변경해야 할 것이다. 전원일치 요건까지는 아니더라도 가중다수결, 혹은 절대다수결의 원칙으로 나아가야 한다. 미국식은 만장일치제를 택하고 있는데, 이는 무죄추정의 원칙에 부합하고 치열한 평의를 거의 강제하는 효과를 가진다. 단순다수결로는 치열한 평의를 확보하기도 어렵고, 상당수의 합리적 의심을 반영하지 못하는 한계가 있을 수 있다. 9명의 배심원을 생각한다면, 그중에서 3분의 2인 6명 이상의 다수결이 가중다수결이고, 9명 중 극단적 1명을 제외한 8명의 다수결을 절대다수결로 생각할 수 있을 것이다. 법 개정 시에는 가중다수결 혹은 절대다수결의 요건을 채택해야 할 것이다.

6) 양형에의 관여 정도

미국 배심재판에서 배심원은 유무죄 평결만 하고, 양형에는 관여하지 않는 것이 일반적이다. 독일 참심재판에서는 참심원은 양형에도 관여한다. 일본도 유무죄뿐만 아니라 양형에도 관여하는 점에서 독일과 유사하다.

한국은 배심제적 틀을 갖고 있으면서도 양형에 일정 부분 관여한다는 점에서 미국과 다르다. 일단 유죄 판결이 선고되면, 배심원은 양형에 있어 의견을 제시한다. 전형적으로는, 재판장이 법정형의 상하한을 설명하고, 양형 기준을 설명한다. 배심원은 적정한 양형에 대해 각자 의견을 표명한다. 그리고 법관들이 양형 선고를 한다. 시민들의 의견은 실제로 양형에 반영된다. 이렇게 양형에 시민들이 관여하도록 한 것은 무엇보다 법관 양형에 대한 국민의 불신이 매우 크고, 양형이 금전이나 권력에 크게 좌우된다는 불신에 대한 비판을 의식해서다. 다른 한편으로 재판부마다 양형 편차가 큰 현실에서 양형 기준이 지침으로 제공되고 있으며, 실제 판결은 법률과 양형 기준과 배심원 의견을 포함하여 정해질 것이다. 실제로 배심원들은 양형에 관하여 활발히 의견 개진을 한다. 그 의견은 전문 법관의 것과 상당한 차이가 나기도 한다. 배심원의 관여는 대중의 사법 불신을 완화하는 데 일정한 순기능을 할 수 있는 것으로 보인다.

7) 상소 가능성 및 최고법원의 입장

미국식 배심재판에서는 상소 가능성이 일반적으로 인정되지 않는다. 상소심에는 시민재판참여가 없으니, 상소심에서 배심재판에 대한 번복이 인정된다면, 이는 전문 법관들이 시민들의 의견을 번복하는 길을 공공연하게 인정하게 되는 셈이며, 이는 배심재판을 둔 본령과 어울리지 않는다는 사법 전통의 산물이다. 특히 무죄판결에 대한 검사의 상소를 인정하지 않는데, 이는 이중위험(double jeopardy)금지의 원칙과 관련된 것이다.

반면 한국과 일본은 형사사건에 대한 상소를 널리 인정한다.[10] 국민참여재판에서도 마찬가지다. 다만 국민참여재판의 취지를 생각한다면, 국민참여가 없는 상소심에서 이전의 재판관재판과 똑같이 다룬다는 데에는 비판의 소지가 있다. 현재 국민참여재판에서 검사는 항소하는 데 거리낌이 없고, 심지어 비참여재판보다 항소율이 높다. 무죄판결은 말할 것도 없다. 아마도 시민이 참여한 재판에서 무죄판결을 받은 것에 대한 검사들의 거부감이 심한 듯하다. 다만 항소심에서 파기율은 높지 않으며, 항소심은 배심재판을 번복하는 데 그리 내켜 하는 것 같지 않다.

일본에서는 재판원재판에서 무죄판결을 내린 사건을 항소심에서 유죄 선고한 사건에 대하여 2012년에 주요한 판결을 내렸다. 일본 최고재판소는 항소심에서 사실오인의 심사는 제1심 판결이 내린 증거의 신용성 평가 및 증거의 종합 판단이 논리칙·경험칙에 비추어 불합리한 것인가의 관점에서 행해져야 한다고 본다. 특히 재판원재판의 도입을 계기로 제1심에서 직접주의·구두주의가 철저하게 된 상황에서는 더욱 타당하다는 입장을 취한다.[11] 이와 같이 상소심에서는 파기 판결을 지

---

10 일본의 재판원재판에 대한 항소율은 36.6%다. 일본 재판원재판에 대한 항소에 대해서는 본서 제5장 “일본 재판원제도와 항소심” 참조.

11 最高裁判所 平成23(あ)757号, 平成24年 2月 13日, 第一小法廷 判決, 刑集 66巻 4号, 482頁 이하. 상세한 내용은 본서 제5장 “일본 재판원제도와 항소심 4. 항소

양하고, 구두주의에 의거하여 국민이 직접 참여한 재판원재판을 더욱 존중해야 한다는 입장을 피력한 것이다.

한국 대법원도 그리 다르지 않다. 2010년 대법원은, 항소심에서 신빙성 유무 판단에서는 "가장 중요한 요소 중 하나라 할 수 있는 진술 당시 증인의 모습이나 태도, 진술의 뉘앙스 등을 신빙성 유무 평가에 반영할 수 없다는 본질적 한계"를 갖고 있고, '실질적 직접심리주의'의 취지 및 정신을 함께 고려해 보면, 항소심은 제1심의 판단을 함부로 뒤집어서는 안 될 것이라고 판시한다. 그리고 국민참여재판은 "사법의 민주적 정당성과 신뢰를 높이기 위해 도입"된 것이고, "배심원이 사실의 인정에 관하여 재판부에 제시하는 집단적 의견은 실질적 직접심리주의 및 공판중심주의하에서 증거의 취사와 사실의 인정에 관한 전권을 가지는 사실심 법관의 판단을 돕기 위한 권고적 효력"을 가지는바, 배심원이 "사실의 인정에 관하여 만장일치의 의견으로 내린 무죄의 평결이 재판부의 심증에 부합하여 그대로 채택된 경우"라면 그 제1심의 판단은 항소심에서의 "새로운 증거 조사를 통해 그에 명백히 반대되는 충분하고도 납득할 만한 현저한 사정이 나타나지 않는 한, 한층 더 존중될 필요가 있다"라고 판시한다.[12] 적어도 무죄판결에 대하여는 '배심원의 만장일치 동의'와 재판부의 '무죄판결'이 내려졌다면, 극히 현저하고 예외적인 사정이 아니라면 사실상 구속력을 부여할 수준이 된다는 것이다. 한국의 법률은 배심원 평결에 구속력을 부여하지 않고 있지만, 대법원 판결은 두 가지 요건(전원일치, 법관과의 합치)이 충족되면 무죄판결에 대한 항소를 엄격히 제한함으로써 실정법보다 한걸음 더 나아

심과 사실 판단 여하" 참조.

12 대법원 2010. 3. 25. 선고 2009도14065 판결.

갔다고 할 수 있다. 이와 같이 양국의 최고법원에서는 참여재판의 발전을 위한 발판을 놓고 있는 것이다.

한·일에서 참여재판의 판결에 대한 검사의 항소는 계속 이어지고 있다. 하지만 전문가만의 항소심에서 시민참여재판을 번복할 때 따르는 부담은 적지 않고, 그 논리적 정당성 면에서 갈수록 반발이 커져 갈 수밖에 없다. 특히 1심의 무죄판결에 대해서는 의심스러운 때에는 피고인의 이익으로라는 원칙, 이중위험금지의 원칙 등에 비추어 더욱 제한되어야 할 것이다. 일본과 한국의 최고법원은 그러한 입장을 일부 사건에서 표현하고 있는 정도지만, 앞으로 참여재판의 도입 취지와 재판 운용 등에서 상소 제한의 주장은 갈수록 힘을 더해 갈 것으로 예상된다.

3. 헌법적 쟁점

영국은 근대 헌법의 시대 이전부터 배심재판을 정착시켜 왔으므로, 그에 대한 특별한 헌법적 근거 부여 같은 것은 불필요했다. 미국은 독립혁명과 헌법 제정 과정에서, 사법제도의 일부이자 시민의 기본권으로서 배심재판을 받을 권리를 헌법 및 수정헌법에서 명문화했다.

일본과 한국의 현행 헌법에서는 배심이나 참심과 같은 참여재판을 상정하지 않고 있다. 조문을 보면 훈련받고 자격 있는 법관에 의한 재판을 바탕에 깔고 있는 듯이 보인다. 그래서 참여재판을 도입하고자 할 때, 헌법에 저촉되지 않는가 하는 쟁점이 크게 부각되었다. 합헌/위헌 논쟁은 도입 여부뿐 아니라 구체적인 설계에도 많은 영향을 끼쳤다.

일본은 1928년부터 1943년까지 미국식의 배심재판을 도입하여 시행하였고, 1943년 일시 '정지'된 채 수십 년 동안 동면 상태가 유지되어 왔다. 메이지 헌법에서는 '법률로 정해진 재판관의 재판을 받을 권리'라고 되어 있어, 배심재판의 입지를 합헌화하는 데 적지 않은 애로가 있었다. 전후 일본국 헌법에서는 '재판소에서 재판을 받을 권리'로 규정이 바뀌어, 배심재판 등을 배격하는 것이 아니라 이를 포용할 여지가 넓어졌다.[13]

재판원재판의 도입에서도 합헌과 위헌론이 각각 전개되었다. 재판원재판이 시행된 직후 일본 최고재판소는 그에 대한 입장을 확실히 내놓았다. 첫째는 위에서 언급한 헌법 조문상의 변화다. 정확히는 "모든 형사사건에서 피고인은 공평한 재판소의 신속한 공개 재판을 받을 권리를 가진다"(제37조 제1항)라고 하여, 헌법이 정한 재판소에서 한다면, 법률에 따른 재판원재판이 합헌이라는 것이다. 또한 재판원법의 규정을 살펴보면, 시민 재판원과 직업 재판관 사이의 협의를 통해 양식 있는 결론에 이르는 것이므로, 이는 위의 제37조의 규정에 저촉된다고 볼 수 없다.[14] 헌법이 국민의 사법참여를 인정하고 있고, 적정한 형사재판을 시행하기 위한 제반 원칙을 확보하고 있으므로, 피고인의 의사에 따른 선택권이 인정되어 있지 않아도 헌법 위반으로 볼 수 없다. 요컨대 "재판원제도는 국민의 관점, 감각과 법조의 전문성이 항상 교류함으로써 상호 이해를 깊이 하여 각각의 장점을 살리는 형사재판의 실현을 목표로 하는 것"이기에, 적극적으로 합헌성을 인정하고 있는 것이다.

---

13 이와 관련하여 세부 내용은 본서 제2장 "일본 배심법에서 재판원법에 이르기까지 2. 배심법과 재판원법의 제정 경위" 참조.

14 最高裁判所 平成22(あ)1196号, 平成23年 11月 16日, 大法廷 判決.

한국에서는 위헌성 논란이 훨씬 뜨거운 쟁점으로 부상했다. 한국은 시민이 참여하는 형사재판을 경험한 적이 없고, 재판은 사법 전문가로서의 법관에 의한 재판을 당연시해 왔다. 헌법도 "모든 국민은 헌법과 법률에 의한 법관에 의해 재판을 받을 권리를 가진다"(제27조 제1항)라고 하는데, 이 규정은 전문 법관에 의한 재판만이 합헌적임을 의미한다는 주장이 통용되어 왔다.

그러나 국민참여의 가치가 부상하면서, 배심재판 등이 민주주의와 입헌주의의 한 요체로서 이해되어야 하며, 헌법이 민주 사법의 핵심 요소를 위헌시하는 논거로 사용되기에는 무리라는 주장, 헌법의 제·개정 당시에는 배심재판 등에 대해 논란이 되지도 않았기에 참여재판에 대해서는 어떤 배제 판단을 내렸다고 볼 수 없다는 주장들이 펼쳐졌다.

2003년부터 2007년까지 국민참여재판이 고안되고 입법화되는 단계에서는 위헌론을 완전히 불식시킬 수 없었기에, 보다 합헌적 설계의 방향으로 국민참여재판의 틀이 짜였다.

첫째, 배심원의 평결과 양형 의견은 구속력을 가지는 정도에 이르지는 않는다. 최종 판단은 전문 재판부의 몫이다. 둘째, 국민참여재판에의 회부는 특정 범죄에 대해 필수적으로 하지 않고, 피고인의 신청에 따르되 법관의 승인을 받도록 했다. 셋째, 모든 피고인은 제1심 판결에 불복하여 상소할 수 있고, 상급심은 전문 법관으로만 구성된다.

이렇게 함으로써 위헌성 논란을 약화시킬 수 있었지만, 참여재판에서 시민의 역할을 약화시키는 틀을 짠 것이 사실이다. 이후 국민참여재판이 활발히 시행되면서, 위헌 논란은 벗어난 것처럼 보인다. 다만 국민참여재판의 필수화, 구속력 강화 등으로 더 나아가게 된다면 또 한 차례 위헌 심사의 관문을 피할 수 없을 것이다. 하지만 국민참여재판이 시행된 지 10년 이상이 지난 현재, 하나의 재판 유형으로 정착되어, 지금은 오히려 중대 범죄에 대해 참여재판을 의무화하고 배심원 평결에 구속력을 부여하자는 주장이 법 개정론을 통해 확산되고 있다.

4. 국민참여재판의 시사점

한국과 일본의 참여재판 출발은 1년 정도의 차이밖에 없고 둘 다 의욕적으로 출발했지만, 10여 년이 지난 현 시점에서 보면 일본이 훨씬 많은 사건을 취급하고 있으며, 논의도 활발한 편이다. 중대사건에 대해 재판원재판을 필수화함으로써 참여재판 사건의 수를 확보하고, 재판에 대해 구속력을 부여하기 때문에 수사와 공판의 전 과정에서 그 영향력이 훨씬 클 수밖에 없는 것이다. 반면 한국에서도 기본적 설계보다 참여형으로 된 점은 바람직하나, 필수가 아닌 신청제에 의하도록 한 점과 구속력 미부여로 인한 실제 효과의 약화, 그리고 국민의 이해도와 친숙도가 다소 떨어지는 점에서 개선되어야 할 부분이 적지 않다. 그런 점에서 일본의 예는 우리의 모델 자체는 아닐지라도, 상당한 시사점을 제공할 수 있다. 그동안 우리의 집합적 연구를 통해 얻은 시사점을 정리해 본다.

1) 국민참여재판의 합헌성

국민참여재판에 있어 배심원이 내린 평결과 의견은 법원을 기속하지 않으므로 사실상 권고적 효력만 인정된다. 이는 어렵게 출발한 국민의 사법참여가 좌초되지 않게 하기 위한 고심의 결과였다. 하지만 이로 인해 사법의 민주적 정당성과 국민의 신뢰 제고라는 취지는 일부 매몰된 면이 있다. 배심제의 위헌성 시비를 해결하지 않으면 그 목적을 달성하는 것이 현실적으로 불가능할 것으로 보인다. 헌법 규정상으로는 법관이 아닌 일반 국민인 배심원이 재판에 참여하여 법률 관련 사항까지 판단하는 경우 헌법에 위반될 수밖에 없다는 점이 현재까지의 다수 의견이었다.

사법권은 법관으로 구성된 법원에 속한다는 것이 현재 헌법의 입장이지만, 헌법 전문에서 대한국민이 헌법을 국민투표에 의하여 개정한다는 점을 밝히고 있고, 모든 권력이 국민으로부터 나온다는 조항과 조화시켜 보면, 사법권은 법관으로 구성된 법원에 속하지만, 대한국민이 사법절차에 참여함으로써 주권의 하나인 사법권을 직접 행사하겠다고 하는 것은 민주주의의 실질화로 보아야 하며, 헌법이 이를 금지하는 취지로 해석되어서는 안 될 것이다.

일본 최고재판소에서는 재판원제도가 합헌임을 선언하며, 국민의 사법참여에 관한 제도의 합헌성은 구체적으로 설치된 제도가 적정한 형사재판을 실현하기 위한 제 원칙에 저촉되는지 아닌지에 의해서 결정되어야 한다고 하였다. 그리고 재판원의 직무는 사법권의 행사에 대한 국민의 참여라는 점에서 참정권과 같은 권한을 국민에게 부여하는 것이라고 하였다. 이러한 견해는 위와 같은 이해를 바탕에 둔 헌법 해석이라고 할 수 있다.

법조에 의해서만 운영되는 사법의 고도의 전문성은 때로는 국민의 이해를 어렵게 하고 그 국민적 감각에서 괴리된 것이 될 수도 있으므로, 국민의 관점·감각과 법조의 전문성이 항상 교류함으로써 상호 이해를 깊이 하여, 각각의 장점을 살리는 형사재판의 실현을 목표로 해야 한다고 한 것도 같은 맥락의 반영이다. 재판의 독립은 국민으로부터의 독립이 아니라, 공정한 판단을 위한 당사자로부터의 독립, 재판에 영향을 미치려는 일단의 세력으로부터의 독립을 의미하는 것이며, 재판의 전문성이 사법절차에 국민을 배제하는 논거로 사용되어서는 안 될 것이다.[15]

2) 시민참여재판 결과의 존중

시민이 재판에 참여하게 되면서, 양국 모두 서면 중심으로 진행되던 과거의 공판절차에 획기적인 변화를 가져오지 않으면 안 되었다. 이는 시민참여형 재판제도의 형태를 불문하고 반드시 필요한 일이다. 소송 기술적인 측면에서 시민참여형 재판제도의 도입을 통하여 1심의 공판중심주의가 강화되면, 서면 중심 심리를 바탕으로 한 항소심에서 원심을 파기하는 것이 정당한가 하는 의문이 제기될 수밖에 없다. 여기에 더 나아가 시민참여형 재판제도에 고도의 철학적인 가치가 부여되면 참여 판결 존중의 당위성은 제고된다. 그러한 점에 있어 입법적으로나 판결을 통해서나 민주적 정당성과 사법에 대한 신뢰 향상을 천명하는 우리의 입장에서 1심 존중의 당위성은 더욱 높아진다고 하겠다.

아울러 일본과 우리나라의 시민참여형 재판제도는 모두 전형적인 참심이나 배심의 형태를 띠지 않고 양자를 혼합한 형태라는 공통점이 있으나, 그럼에도 본질적인 차이가 존재한다. 특히 평의 과정에서 일본의 재판원재판은 재판원과 재판관이 함께, 한국의 국민참여재판

---

15 김대홍(2018), 「일본 배심법에서 재판원법에 이르기까지」, 『법과사회』 58호, 법과사회이론학회, 30-31쪽.

은 배심원이 독립적으로 평의를 한다는 점에서 이러한 본질적인 차이가 발생한다. 일본의 항소심이 우리나라의 경우보다 사후심적 성격을 지니고 있음에도 불구하고, 검사의 무죄 항소를 강력하게 저지하지 못하는 근본적인 이유는 이러한 평의 방식에 있다고 생각된다. 재판원재판의 판결은 재판원과 재판관의 협력에서 비롯된 결과물인 데 반하여, 참여재판에서의 판결은 (배심원의 평결을 법관이 뒤집지 않는 한) 배심원의 독립적인 판단을 법원이 존중한 결과이기 때문이다. 이와 같은 양 제도의 차이에 비추어 볼 때, 국민참여재판에서 내린 배심원의 평결은 더욱 존중되어야 한다는 결론에 이른다.[16]

3) 공판중심주의와 증거재판주의의 철저화

일본 재판원재판에서는 대부분 신문조서와 진술의 녹음·녹화물을 증거로 제출하기 때문에 증거조사나 진술의 임의성을 다투는 조사 절차에서도 제출된 녹음·녹화물이 증거조사 대상이 된다고 한다. 일본 형사소송법 본문에서는 조사 과정의 녹음·녹화에 대한 별도의 조문을 두고 있지 않지만, 부칙에서 피의자의 진술 임의성 기타 사항을 담보하고 적정한 조사를 위해 녹음·녹화물을 활용할 수 있도록 하는 규정을 두었다. 그 결과 2019년 6월부터는 사실상 피의자 신문의 녹음·녹화를 전면 의무화했다.[17]

재판원제도 도입 이후 피고인의 수사 단계에서의 진술과 재판정

16 임보미(2019), 「일본 재판원제도와 항소심」, 『형사정책』 31권 1호, 한국형사정책학회, 335-336쪽.

17 김현숙(2019), 「일본 재판원재판과 수사환경의 변화」, 『경찰법연구』 17권 2호, 한국경찰법학회, 125쪽 이하.

에서의 진술 중 재판정에서의 진술이 우선한다. 즉 서면 증거보다는 직접 조사를 받은 사람의 진술을 우선하게 되어 공판중심주의가 강화되는 경향을 보인다.

우리나라도 형사소송법의 개정과 함께 점차 공판중심주의가 실현되고 있으나 아직은 조서를 중심으로 하는 재판이 일반적이다. 국민참여재판은 일반 국민이 직접 배심원으로 사건을 심리한다는 점에서 수사기관에서의 진술보다는 법정에서 현출된 피고인·참고인의 진술이 더 중요한 증거로 작용하여야 한다고 본다.

4) 국민참여재판 활성화를 위한 제도 개선 필요

일본에서는 재판원재판의 개선을 위해 법무성에 재판원제도의 시행 상황 등에 관한 검토회가 설치되었으며, 2009년 9월 설치된 후 총 11회의 회의가 개최되었다고 한다. 또한 변호사회나 법원의 경우에도 재판원재판에 대해 관심을 가지고 제도적 개선을 위해 노력해 오고 있다. 그 결과 재판 기간의 장기화에 따른 재판관에 의한 재판 도입, 중대한 재해 발생 등 비상사태 발생 시 후보자의 사퇴 신청 자체가 현저히 곤란한 경우 재판부의 호출장 불송부, 선임절차에서 피해자 등의 배려를 위한 조치 등을 최근 신설했다.[18]

우리나라는 본격적인 국민참여 활성화를 위한 논의가 최근 있었으나, 그러한 논의들이 제대로 법률에 담기지 못하여서 오히려 대상사건들이 일부 축소되고, 아직 배심원의 의견이 기속력을 가지지 못하고 있다. 최근에 학자들이 국민참여재판 대상사건의 확대와 기속력 부여,

18 상세한 내용은 본서 제3장 “일본 재판원법 시행 후의 개정에 관한 검토” 참조.

항소심 제한, 양형에서의 적극 참여 등 여러 개선 방안을 제시하고 있으며, 축소나 위헌에 대한 논의는 거의 이루어지지 않고 있다. 이러한 논의를 반영하여 국민참여재판의 적극적 확대를 위한 입법·사법 차원의 노력이 요구된다.

5) 배심원의 이해를 높이기 위한 노력 필요

일본에서는 검찰의 입증과 변호인의 변론에 대해 재판원이 알기 쉽게 하는 노력을 기울이고 있으나, 아직은 재판원이 그 의미를 충분히 납득하기에는 한계가 있는 것으로 보인다.[19] 그렇다면 어떻게 하면 조금 더 알기 쉬운 재판이 될 수 있을까. 일단 모두절차에서 변호인의 주장을 간략하게 표현하는 것이 중요할 것으로 보인다. 실제로 재판원 재판을 참관한 경험에 의하면 쟁점이 복잡한 살인사건의 경우에 변호인이나 검찰 일부에서는 대형 TV 화면에 쟁점과 증거 등을 띄워서 배심원들이 알기 쉽게 정리하고 설명하는 모습을 볼 수 있었고, 재판 중간중간 곁에 있는 재판관에게 물어보고 답을 하는 것도 확인되었다. 또한 사건에 따라 다르지만 일본 검찰 실무에서는 진술 내용을 요약하는 서면을 별도로 제작하여 배심원들에게 나누어 주는 것도 볼 수 있었다.

일본에서는 법률용어를 일반인이 이해하기 쉽게 하는 작업도 같이 이루어지고 있었다. 로스쿨에서 배우는 교과서는 수험 위주로 개편되고 있었고, 배심원을 위한 법률용어 해설서나, 두께는 얇지만 형사법의 쟁점에 대해 소개하는 서적도 다수 볼 수 있었다. 시민이 참여하

19 大出良知(2010), 「裁判員裁判各地1号事件の検討(福岡·熊本·立川)」, 『季刊 刑事弁護』 61号, 現代文人社, 84頁 이하 참조.

는 재판을 진행하는 우리나라에서도 형사법을 알기 쉽게 설명한 일반인을 위한 책들이 제작, 출간되길 바란다.[20]

20 김영중(2019), 「일본 재판원재판의 현황과 국민참여재판」, 『경찰법연구』 17권 1호, 한국경찰법학회, 164-165쪽.

참고문헌

국내 문헌

김대홍(2018), 「일본 배심법에서 재판원법에 이르기까지」, 『법과사회』 58호, 법과사회이론학회.

김병수(2019), 「국민참여재판 시행 10년의 평가와 과제」, 『법학연구』 60권 2호, 부산대학교 법학연구소.

김영중(2019), 「일본 재판원재판의 현황과 국민참여재판」, 『경찰법연구』 17권 1호, 한국경찰법학회.

김현숙(2019), 「일본 재판원재판과 수사환경의 변화」, 『경찰법연구』 17권 2호, 한국경찰법학회.

닐 비드마르 엮음(2007), 『세계의 배심제도』, 김상준 등 옮김, 나남.

사법개혁위원회(2005), 「국민과 함께하는 사법개혁(사법개혁위원회 백서)」, 『사법개혁위원회자료집(7)』.

안경환·한인섭(2005), 『배심제와 시민의 사법참여』, 집문당.

이동희(2015), 「국민참여재판의 성과와 과제」, 『저스티스』 146권 3호, 한국법학원.

임보미(2019), 「일본 재판원제도와 항소심」, 『형사정책』 31권 1호, 한국형사정책학회.

한인섭(2009), 「한국의 배심원재판: 준비과정과 시행원년의 성과를 검토한다」, 『서울대학교 법학』 50권 2호, 서울대학교 법학연구소.

홍승희(2014), 「국민참여재판법 개정안의 개선 방안: 배심원 평결의 기속력을 중심으로」, 『형사정책연구』 25권 3호, 한국형사정책연구원.

홍진영(2019), 「미국 배심제도에서의 배심원 평의 비공개 원칙과 그 한계: 국민참여재판 배심원 평결의 기속력과 관련하여」, 『저스티스』 174호, 한국법학원.

일본 문헌

大出良知(2010), 「裁判員裁判各地1号事件の検討(福岡·熊本·立川)」, 『季刊 刑事弁護』 61号, 現代文人社.

영미 문헌

Kutnjak Ivkovic, Sunja(1999), *Lay Participation in Criminal Trials: The Case of Croatia*, Austin & Winfield.

인터넷 자료

U.S.-Asia Law Institute; http://usali.org/media-entities(Wong Hwei Cheun, Jacqueline(2011), *The Jury Systems in England, Singapore, Ma-laysia and the United States of America*, Diss., 1996: A "People's Jury" Trial for China's Criminal Defendants? March 15th)

제2장

일본 배심법에서 재판원법에 이르기까지

국민의 사법참여 관점에서 입법 과정 및 법적 쟁점 검토

김대홍

1. 서론

한국과 일본에서는 비슷한 시기에 사법개혁과 관련하여 사법절차에 대한 국민참여가 논의되었고, 관련 법제정이 있었다. 일본의 경우 1999년 '사법제도개혁심의회'의 설치와 함께 2001년 본격적인 논의가 시작되어 2004년 「재판원이 참가하는 형사재판에 관한 법률」(裁判員の参加する刑事裁判に関する法律, 平成16年 法律 第63号, 이하 '재판원법'이라 함)이 제정되었고, 2009년부터 시행되었다. 일본은 재판원제도에 앞서 일찍이 1928년부터 1943년까지 배심제를 시행해 본 경험이 있었다. 한국에서는 2003년 '사법개혁위원회'의 출범과 함께 논의가 시작되어 2007년 「국민의 형사재판 참여에 관한 법률」(법률 제8495호, 이하 '국민참여재판법'이라 함)이 제정되었고, 2008년부터 시행되고 있다.

2001년 일본의 사법제도개혁심의회 의견서에서는 국민의 사법참여의 기본적 방향성을 일반 국민이 재판관과 함께 책임을 분담하면서 재판에 주체적이고 실질적으로 관여할 수 있도록 하는 새로운 제도의 도입으로 설정하였다. 그리고 사법에 참여하는 국민을 '재판원(裁判員)'[1]으로 칭하였다. 판사인 '재판관(裁判官)'과 한 글자만 다른 것인데, 끝 글자만을 떼어 보면 '官·員'이 되니, 명칭을 정함에 있어 국민참여라는 의의를 살리기 위한 나름의 배려가 있었던 것으로 보인다. 일본의 재판원제도와 한국의 국민참여재판제도 모두 그간 제한되어 왔던 국민의

---

* 제2장은 법과사회이론학회, 『법과사회』 58호(2018. 8)에 수록된 내용이다.

1 '裁判員'이라는 용어는 도쿄대학의 마츠오 고야(松尾浩也) 명예교수가 2001년 1월에 열린 사법제도개혁심의회 심의에서 처음 사용한 것으로 전한다. 마츠오 명예교수는 영미법과 대륙법에 모두 정통하며, 형사소송법의 학문적 업적으로 널리 알려져 있다. 법무성 특별 고문 및 검찰관적격심의회 회장 등을 역임하였다.

사법참여를 목적으로 하지만, 대상사건의 구체적 범위, 피고인의 선택권이나 법원의 제외 권한, 재판원의 규모 및 재판원의 권한, 평결 방식 등에서 차이가 있다. 이러한 점들은 양 제도의 설계 과정에서 치열하게 논의되었던 사항들이기도 하다.

한국의 국민참여재판제도는 시행된 지 10년이 지났고, 일본의 재판원제도도 시행 10주년을 앞두고 있다. 이는 그간의 운영 경험을 토대로 드러난 문제점들과 그에 관한 개정이 논의될 것을 예정하고 있음을 의미한다. 사실 한국의 현행 국민참여재판제도에 대하여 제기되고 있는 여러 비판과 문제점은 '최소한의 위헌 가능성도 없애기 위한'[2] 당시의 불가피한 선택에서 기인한 경우가 많다. 이는 가시화되고 있는 헌법 개정 문제와도 연관되어 앞으로 수많은 논의를 거치게 될 것이다. 따라서 재판원제도의 설계 과정을 추적해 보는 것은 단순히 일본 재판원법의 제정 연혁을 살펴보는 것 이상의 의의가 있는 것으로, 우리에게도 많은 참고가 될 것이다.

여기에서의 논의는 먼저 1920년대의 배심원제도와 2000년대의 재판원제도의 성립 과정을 살펴보고, 논란이 되었던 헌법 적합성 문제를 검토할 것이다. 그리고 재판원제도의 구체적 설계 과정에서 문제가 되었던 법적 쟁점들을 되짚어 볼 것이다. 1920년대의 배심원제도를 검토하는 것은 일본에서 배심제의 재도입이 논의되었을 뿐만 아니라, 양 시기의 관련 헌법 조문에 변화가 있었기 때문이다. 법적 쟁점들에 대한 검토는 2000년대 재판원제도의 구체적 설계 과정에서 어떠한 반성적 고려와 문제 제기가 있었고, 어떠한 역학 관계에 따라 그러한 선택

2 한인섭(2009), 「한국의 배심원재판: 준비과정과 시행원년의 성과를 검토한다」, 『서울대학교 法學』 50권 2호, 691쪽.

을 했는지를 중심으로 논의할 것이다. 배심제에 대한 통찰로 회자되는 토크빌의 경구를 빌리면,[3] 배심제도가 소송 결과에 지대한 영향을 미치더라도 그 영향력은 배심제도가 사회 전체의 운명에 미치는 막대한 파급력에 비하면 부차적인 것이기 때문에, 배심제도는 단순한 사법제도가 아닌 정치제도의 하나로서 파악되어야 한다. 이 장에서의 논의도 가능한 한 그와 같은 견지에 따라 전개하도록 한다.

2. 배심법과 재판원법의 제정 경위

1) 전전(戦前) 배심법의 제정 경위[4]

(1) 배심법 제정[5]

일본에 배심제가 소개된 것은 1854년(嘉永7) 『美理耳国総記和解』

---

3 Alexis de Toqueville (trans. Henry Reeve), *Democracy in America*, An Electronic Classics Series Publication, p. 312(http://aspirant.at.ua/Books/dem-in-america1.pdf).

4 전전 일본의 배심법 제정 경위는 木幡洋子(2008), 「陪審法と裁判員制度: 民主主義国家と主権者教育保障への架橋としての裁判員制度」, 『社会福祉研究』 10巻, 日本社会福祉学会, 13-16頁을 기초로 하여 다음 문헌을 참조하였다. 西村健(2000), 「いま, なぜ陪審制度なのか—参審制度との対比も含めて」, 『日本に陪審制度は導入できるのか— その可能性と問題点』, 現代人文社, 62-64頁; 中原精一(2000), 『陪審制復活の条件: 憲法論と日本文化論の視点から』, 現代人文社, 17-20頁; 鯰越溢弘(2004), 『裁判員制度と国民の司法参加: 刑事司法の大転換への道』, 現代人文社, 2004, 97-98頁. 제정 경위와 관련한 史實 사항에 대해서는 별도의 인용을 표기하지 않았다.

5 배심법 관련 연표는 〈표 2-1〉에 수록했다.

라는 책에서 미국의 배심제를 소개한 것이 처음으로 전한다. 헌정사로 보면 메이지헌법(明治憲法) 제정 이전의 몇몇 私擬憲法 초안, 예를 들어 「大日本帝國憲法概略見込書」(筑前共愛會), 「國憲意見」(福地源一郎), 「日本國憲法」(植木枝盛) 등에서 명문으로 배심제를 규정했는데, 그 수는 손으로 꼽는다. 배심제와 유사한 제도로 參座制라는 것이 시행되기도 하였다. 參座制는 1873년(明治6) 10월 太政官達參座規則에 근거하여 히로사와 사네오미(広沢真臣) 참의(參議)의 암살사건과 관련된 제도인데, 이것은 관리를 배심원으로 하는 것으로 오늘날의 배심제에 해당하지는 않는 것으로 알려졌다.[6]

배심제가 본격 논의된 것은 메이지(明治) 말기 정치 일정에 오르면서부터인데, 1879년(明治12)에 보아소나드가 중심이 된 '치죄법(治罪法)'[7] 초안에서 배심제를 법안의 규정으로 포함하였다. 보아소나드는 일본이 조약 개정을 통하여 '일본심판(日本審判)의 전권(全權)을 회복(回復)'하기 위해서는 배심제 도입이 필요조건이라고 생각하고 공판배심을 초안에 담았다. 이 초안은 치죄법안 심사국에서 거의 수정을 받지 않고 내각에 제출되었으나, 내각의 심의 과정에서 배심제 규정은 삭제되었다. 그 배경에는 메이지헌법의 초안에도 기여하고 치죄법 제정 시기에 太政官 大書記官(法制局 專務)을 맡았던 이노우에 고와시(井上毅)[8]의 배심

---

6 中原精一(2000), 앞의 책, 17-18頁.

7 治罪法은 일본 최초의 형사법으로, 보아소나드(Gustave Émile Boissonade)는 프랑스 혁명의 성과로 채용된 배심제를 일본에 도입할 것을 제언하였다.

8 이노우에 고와시(井上毅)는 에도·메이지 시대의 관료이자 정치가다. 1875년 『王国建国法』을 번역하여 일본에 프로이센 헌법을 소개하였다. 국회 개설을 요구하는 자유민권운동이 고조되는 가운데 프로이센 헌법에 의한 欽定憲法 구상을 이와쿠라 도모미(岩倉具視)에게 제출하였다. 이것이 받아들여져 이토 히로부미(伊藤博文)를 도와 이토 미요지(伊東巳代治), 가네코 겐타로(金子堅太郎) 등과 함께 대

제 반대론이 있었다. 그는 초안 작성 단계부터 배심제 반대론을 주장하였고, 초안이 내각에 제출된 시기에는 그에 영향을 미칠 수 있는 지위에 있었기 때문에 법안에 반대론을 반영한 것이 가능했다. 이노우에의 반대 논거는 국민이 사법 판단의 전문성에 감당할 수 없다는 데 있었지만, 논거의 타당성과는 별도로 불평등조약 개정에 즈음하여 정권을 더욱 공고히 하기 위해서는 반대 세력을 강권적으로 재단해야 한다는 정부의 정치적 의도에 부합하는 것이 또한 배심제 반대론이었기 때문에 정부에서는 그의 논거를 원용하였다.

그리하여 배심제 도입에 대한 논란은 일단은 국회의 장에서 멀어졌지만 자유민권운동의 고조에 대한 탄압과 1908년(明治41)의 日糖事件[9] 그리고 1910년(明治43)의 大逆事件[10]과 같은 정치적 의옥(疑獄)사건을 계기로 다시 입법화 움직임이 나타나게 되었다. 여기에는 강권적인 형사재판에 대한 일본 국민의 불만 여론도 배경으로 작용했다. 1911년(明治43) 1월 '배심제도설립(陪審制度設立)에 관한 건의안(建議案)'이 의회에 제출되었고, 이 방안은 3월 3일 중의원을 통과해서 입법화의 첫걸음을 내딛게 되었다. 그 뒤 1918년(大正7)에 하라 다카시(原敬)[11]가 내각

일본제국헌법과 皇室典範 초안 작업에 관여했으며, 교육 칙어 초안 작성에도 참여하였다.

9 日糖事件은 大日本製糖株式會社가 1907년부터 1909년까지 중의원의 각 정당 의원에 행한 뇌물 공여에 대해서 政友會 13명, 憲政本堂 6명, 大同俱樂部 2명 등 총 21명의 의원이 기소되어 18명이 유죄판결을 받은 정치적 疑獄사건을 말한다.

10 幸德事件을 가리키는 것으로 고토쿠 슈스이(幸德秋水) 등 26명의 사회주의자, 무정부주의자가 천황의 암살을 계획했다는 이유로 유죄판결을 받은 정치적 탄압 사건이다. 이 사건의 관련자 중 12명이 사형 판결을 받고 처형되었다.

11 하라 다카시(原敬)는 일본의 정치가로 1896년 조선 주재 일본 공사로 부임하였고, 1919년 내각 총리대신으로 재임 중 조선에서 3·1운동이 일어나자 종래의 헌병경찰제를 폐지하고 문화정책을 표방한 인물로 1921년 도쿄역에서 암살당하였다.

총리대신에 취임하고 하라 내각(原內閣)[12]이 성립하면서 배심제는 구체적인 입법 작업에 들어갔다. 하라 총리는 메이지·다이쇼 시대 법조계에 다수의 인재를 배출한 사법성법학교(司法省法學校, 1872년 설립)에서 수학한 인물로, 사법에 대한 그의 높은 관심과 정치적 의도가 맞물려 배심제를 적극 추진하였던 것으로 보인다.

1919년(大正8) 5월 20일 하라 내각은 배심제 입법화를 각의(閣議)로 결정하고, 내각에 임시법제심의회를 설치하였다. 임시법제심의회는 총재, 부총재, 위원 및 간사로 구성되었는데, 총재에는 젊은 나이에 도쿄대학의 법학부 교수가 되어 수많은 입법에 참여해 온 호즈미 노부시게(穗積陳重)[13]가 임명되었다. 임시법제심의회의 위원 10명 중 5명이 배심제 도입에 적극적이었고, 나머지 5명은 소극적이었다. 배심제를 두고 위헌론과 합헌론 중 헌법의 자의(字義) 해석에 따른 위헌론이 우세한 가운데, 배심제 적극파는 심의회에서 의견을 모으는 과정에서 소극파와의 갈등을 피하기 위해서 타협할 수밖에 없었고, 그 결과 사실인정이 재판의 일부임에 동의하면서 배심원은 평의(評議)가 아니라 자문(諮問)에 대해서 회답(回答)한다는 내용이 '배심제도(陪審制度)에 관한 강령(綱領)'에 포함되었다.

이러한 타협의 산물인 강령을 토대로 작성된 배심법 초안은 법제

12 하라 내각(原內閣)은 입헌정우회 총재, 중의원의원이었던 하라 다카시가 제19대 내각 총리대신에 임명되어 1918년 9월 29일부터 1921년 11월 13일까지 계속된 내각이다.

13 호즈미 노부시게(穗積陳重)는 메이지에서 다이쇼 시대의 법학자로 일본 최초의 법학박사 중 1명이다. 동경제국대학 법학부장을 역임하였고, 中央大學의 전신인 英吉利法律學校의 창립자 중 1명이기도 하다. 귀족원 의원과 추밀원 의장도 역임하였다. 천황주권설을 주장한 헌법학자 호즈미 야쓰카(穗積八束)가 그의 동생이다.

상으로는 추밀원(樞密院)의 자순(諮詢) 절차를 밟을 필요가 없는 것이었지만, '사법상 중요문제(司法上重要問題)'라는 하라 총리의 판단에 따라 자문을 거치게 되었다. 심의회에서 이미 상당의 논의를 거친 것이기 때문에 하라 총리는 추밀원에서의 심의가 즉각 끝날 것이라고 낙관했으나, 추밀원 심사원 9명 중 6명이 배심제 반대론자라고 하는 예상외의 어려움을 겪게 된다. 이에 하라 총리는 적극적인 조정 활동을 펼치면서 추밀원의 반대파와 타협점을 모색하기로 하고, 타협안으로 제3차 자순안(諮詢案)을 제출하였다. 이러한 와중에 하라 총리는 1921년(大正10) 11월 4일 도쿄역에서 피살되고, 정권은 다카하시 내각(高橋內閣)[14]으로 옮겨졌다.

하라 총리가 암살된 뒤에도 하라 내각의 전 각료가 유임되어 구성된 다카하시 내각은 추밀원과 제3차 자순안의 문안을 조율하였다. 그 결과 1922년(大正11) 2월 27일 찬성 14, 반대 4로 추밀원에서 배심법 수정안이 통과되었지만, 이미 세 차례의 수정을 거친 결과 재판관의 독립에 저촉되지 않도록 재판관은 배심원의 답신에 구속되지 않는다는 내용이 포함되는 등 하라 총리의 본래 구상에서는 상당히 후퇴한 것이 되었다. 다만 배심제도를 도입하기 위한 법안이 하라 총리의 암살에도 불구하고 다카하시 내각에 의해서 계승되었다는 데 의의가 있었다. 하지만 다카하시 내각 시기에는 반정우회(反政友會) 의원들의 심의 지연으

14 다카하시 내각(高橋內閣)은 하라 내각(原內閣)의 재무대신 다카하시 고레키요(高橋是清)가 제20대 내각 총리대신에 임명되어 1921년 11월 13일부터 1922년 6월 12일까지 계속된 일본의 내각이다. 다카하시 고레키요는 메이지·다이쇼·쇼와 시대의 재정가이며 정치가로 1918년 하라 내각의 재무장관으로 취임하여 정우회의 적극정책을 재정 면에서 실시하였다. 1921년 11월 하라 총리가 암살된 후 정우회 총재와 총리가 되었다. 다카하시 내각에는 하라 내각의 전 각료가 유임되었다.

로 심의가 완료되지 않아 법안은 폐기되었고, 이후의 가토 내각(加藤內閣)[15]하에서 재제출되어 최종적으로 1923년(大正12) 3월 21일 귀족원을 통과, 그해 4월 18일 공포되었다. 이후 배심재판은 배심법 공포 후 5년간 실시 준비 기간을 거친 후, 1928년(昭和3) 10월 1일 시행되었다.

(2) 배심법의 정지

대일본제국헌법 제57조는 재판은 천황의 이름으로 법률에 의거하여 재판소에서 행하도록 규정하고 있었기 때문에 절대주의적 천황제하에서 천황의 대권인 재판에 국민이 참여한다는 것은 이질적인 것이었다. 그 결과 배심법 역시 배심원은 평의하는 것이 아니라, 재판관의 자문에 답신할 뿐이며, 재판관은 배심원의 답신에 구속되지 않는다고 규정하였다. 이러한 배심법에 대해서는 '배심법이 될 수 없는 배심법'이라는 비판도 있었지만, 절대주의적 천황제가 우세하였던 당시의 정치 상황에서는 비록 타협의 산물이더라도 배심제를 통하여 국민이 사법에 참여할 수 있는 길이 열리고, 입헌주의가 추진될 수 있을 것이라는 기대가 컸다. 실제 당시 당국에서도 피고인이 사퇴하지 않는 한 배심재판을 연간 1,500건 정도로 예상하고 판검사 25~26명을 증원하기도 하였다.

그렇지만 배심법에 대한 기대와는 달리 실제 배심제 이용은 저조하여 1928년부터 1943년까지 484건 정도만이 이루어졌다. 배심법 시행 이듬해인 1929년에 가장 많은 143건의 배심재판이 실시되었을 뿐, 1930년에는 66건으로 감소하였고, 이후에도 해마다 감소하였다. 이는

---

15 가토 내각(加藤內閣)은 해군 대장인 가토 도모사부로(加藤友三郎)가 제21대 내각 총리대신에 임명되어 1922년 6월 12일부터 1923년 9월 2일까지 계속된 일본의 내각이다.

배심법이 안고 있었던 법률상의 문제에서도 기인하는데, 다음과 같은 점들이 피고인들이 배심재판 선택을 주저하게 만든 이유로 지적되었다.

가. 배심 제외 사건이 황족에 대한 범죄, 정부 전복을 목적으로 하는 폭동, 치안유지법 위반죄 등을 포함하여 광범위함(제4조).
나. 배심원의 자격을 문자를 해독할 수 있는 30세 이상의 남자 중 지난 2년간 국세 3엔 이상을 납부한 자로 제한함(제12조).
다. 재판관의 설시에 대해서 이의를 제기하지 못함(제78조).
라. 배심원은 유무죄의 평결을 내리지 않는 대신 어떠한 사실이 존재하는지에 대한 재판관의 질문에 답신함(제88조).
마. 배심원의 답신에는 구속력이 없고, 재판소는 배심원의 답변이 근거가 부당하다고 판단할 경우 그를 무시할 수 있음(95조).
바. 배심재판에는 항소할 수 없음(101조).
사. 형을 언도받은 피고인이 배심 비용을 부담함(제107조).

이와 같이 배심재판은 국가에 대해서 국민이 대항하는 것이 필요한 사건에는 적용되지 않았고, 피고인에게 배심 비용을 부담시켰을 뿐만 아니라, 항소 가능성도 제한되었기 때문에 실제 이용이 저조할 수밖에 없었다. 실무에서도 재판관이 배심재판의 불리함을 설명하면서 배심재판을 취하하거나 사퇴하도록 권고하는 경우가 많았고, 법조삼륜 역시 배심재판을 경원시하였다. 이에 따라 배심법은 갈수록 유명무실해졌고, 신규 건수도 급감하여 1942년에는 단 2건의 배심재판이 실시되었다. 결국 제2차 세계대전이라는 총력전 와중에 배심재판을 유지할 만한 국가적 여력마저 상실하면서 배심법은 그 시행의 정지를 피할 수 없게 되었다.

배심법의 시행 정지는 1943년(昭和18)「배심법의 정지에 관한 법률(陪審法ノ停止ニ関スル法律)」의 제정에 따른 것인데, 그 정지 이유에 대해서는, 본래 일본의 배심제는 민중을 재판에 관여하게 하여 범죄 사실의 유무에 상식 있는 판단을 내리게 함으로써 재판에 국민의 법적 의식·감정을 주입하기 위한 높은 이상에서 마련된 것으로, 그 운용의 묘를 얻을 때는 평시에 오히려 바람직하다는 것을 내세웠다. 이 같은 정지 이유에서 알 수 있는 바는, 전쟁의 격화로 배심 후보자 명단의 작성 자체가 어려웠던 것이 배심법 정지의 직접적인 이유였지, 배심제도 자체에 대한 비판 때문은 아니었다는 것이다. 해당 법률은 부칙 제3항에서 배심법을 대동아전쟁 종료 후 다시 시행하되, 그 기일은 각조에 대해 칙령으로 정하는 것으로 알려졌지만, 1946년(昭和21)에 의도적으로 '대동아전쟁'을 '금번 전쟁'으로 바꾸는 칙령(昭和21年 勅令 第161号)을 제정하였다.[16]

배심법의 제정은 당시 일본의 정치권에서는 보통선거 실현에 대체하는 정치적 시연회로서의 성격이 강했다. 그렇지만 일본 사법관헌에 의해 행해졌던 인권유린에 대한 뼈아픈 경험이 배심제의 도입을 절실하게 만들었던 것 또한 사실이었다. 배심법 제정 당시 일본 법학계에서는 위헌론과 합헌론이 한창 논의되고 있었지만, 대일본제국헌법의 자의적 해석에 따른 위헌론이 우세했기 때문에 배심법의 제정에는 변호사와 찬성파 의원의 활약이 컸다. 다이쇼 데모크라시의 열기 속에서 입헌민주주의 정치를 확립하기 위한 일련의 개혁의 하나로서 배심법 제정에 착수하였던 일본 정부는 배심제도에 관해서 배심제는 입헌정치의 본지에 적합한 것이며, 사법이라는 좁은 영역에서만 다루어질

16 西村健(2000), 앞의 논문, 64頁.

것은 아니라는 이해를 보여 주고 있었다. 이는 배심제의 보급을 위해서 1926년(大正15)에 사법성 형사국이 작성한 『배심제도 이야기』에서도 확인되는데, 재판절차에 일정 범위 내에서 국민의 참여를 허용하는 것이 입헌정치의 본지에 부합하는 것이라고 설명하고 있다.

그렇지만 오판이 발생한 경우 천황의 입장을 고려해야 한다는 시대정신이나 직업 법관에 대한 강한 신뢰에서 보이는 바와 같이, 천황제와 관료적 권위에 대한 신뢰라는 비민주적인 심정이 정치권과 사법성에 뿌리 깊게 자리 잡고 있었던 것 역시 사실이었다. 국회에서도 배심제는 참정권의 행사가 아니며 입헌정치와 무관하다는 지적을 했고, 사법성이 중심이 되어 배심재판의 시행과 동시에 설립되었던 대일본배심협회(大日本陪審協會)가 회원의 배심원 후보자에게 배포한 『배심안내』에서도 종래 실시되어 온 일본의 재판은 그 엄정·공평함에 있어 전 세계에 유례가 없을 만큼 훌륭한 것이라고 설명하고 있었다. 이처럼 배심제를 둘러싼 당시의 복합적이고 상반된 의도와 심정은 결국 배심법의 제정과 시행 모두를 불완전한 것으로 만들었다고 할 수 있다.

2) 전후 재판원법의 제정 경위[17]

(1) 일본국헌법 개정 초안과 배심제[18]

제2차 세계대전 후, 일본은 포츠담선언을 수락하면서 민주화 달

---

17 전후 일본의 재판원법 제정 경위는 木幡洋子(2008), 앞의 논문, 16-20頁을 기초로 하여 다음 문헌을 참조하였다. 土屋美明(2012), 「裁判員制度の背景と課題: 世代を超えて課題の克服へ定着させ, 豊かな司法を」, 『総合法律支援論叢』 1号, 日本司法支援センター, 2-8頁; 鯰越溢弘(2004), 앞의 책, 98-102頁. 제정 경위와 관련한 史實 사항에 대해서 별도의 인용을 표기하지 않았다.

성을 의무화하고, 그에 따라 헌법문제조사위원회(憲法問題調査委員會)를 1945년 10월 13일에 출범시켰다. 배심제에 대해서는 11월 24일 이 위원회 제4차 총회에서 관련 논의가 보이는데, 배심제는 일본에 부적합하므로 폐지해야 하는 것인지, 부활한다면 절차를 간단히 해서 부활해야 하는 것인지, 참심제 방향으로 가야 하는 것인지 등이 개략적으로 논의되었다. 한편 사법 민주화가 요구되는 것은 불가피하다는 판단에 따라 전후 새로운 사법의 방식을 검토하기 위해서 1945년 11월 9일 사법제도개정심의회(司法制度改正審議會)가 설치되었는데, 여기에서도 배심제가 논의되었다. 무엇보다 이 심의회의 제1소위원회(재판기구 심의)에서 사법성은 참심제를 제안하면서, 제안이 인정된다면 참심제와 배심제는 병존해서는 안 되며 배심제도는 폐지되어야 한다는 의견을 제시하였다. 배심제에 대한 부정적인 태도를 분명히 한 것이다. 그 결과 배심제의 유지 및 확대를 주장하는 위원은 1명뿐인 가운데, 12월 18일 심의회에서는 향후 참심제도를 채택할지 여부에 관하여 당국에서 관련 연구를 수행할 것을 결의하였다.

배심제는 전후 헌법 개정과 관련해서도 그 논의가 있었다. 마이니치신문(每日新聞)에서 1946년 2월 1일 일본 정부의 헌법 초안을 특종으로 보도하자, 그 내용이 일본제국헌법과 다름이 없다는 것을 알게 된 GHQ(General Headquarters: 연합국최고사령부) 최고사령관 맥아더는 일본 정부에 맡겨서는 민주적 헌법 초안이 작성되지 않는다고 판단하고, GHQ 민정국에서 직접 헌법 초안을 작성하도록 지시한다. 그에 따른 초안에서는 사법에 관한 조항의 첫 항에서 사법권은 국민의 이름으로 재판소구성법 및 배심법이 정하는 곳에서 재판을 행한다고 규정하여

18 전전 배심법 제정과 전후 논의의 전개는 〈표 2-2〉에 수록했다.

헌법에 배심법을 명기하는 것을 제안하였다. 여기에는 배심제가 일본인이 전혀 받아들이기 힘든 이질적인 제도는 아니라는 인식이 있었던 것으로 보인다. 1946년 2월 4일 시작된 GHQ 민정국의 초안 작성 과정에서도 실제 배심재판에 관한 조항이 제2안까지는 존재했던 것으로 나타나 있다. 그런데 이 제2안 단계에서 배심(jury) 관련 부분에 삭제를 지시하는 밑줄이 그어지고, 이후 초안에서는 배심 관련 규정이 삭제된다.[19]

그 결과 최종적인 GHQ 초안에도 배심재판에 관한 조항이 모두 사라졌는데, 그 과정에 관한 증언이나 증거는 명확하지 않다. 이 때문에 삭제의 의미를 두고 해석이 나뉘어서 하나는 점령정책 수행에 있어서 배심재판은 불편하다는 판단이 GHQ에 작용했던 것이 아니냐는 해석[20]과 다른 하나는 현행 일본국헌법 제37조 제1항의 원문인 영어의 'tribunal'에는 국민참여라는 의미가 포함되어 있기 때문에 이것을 일본이 단순히 '재판(裁判)'이라고 했을 뿐, GHQ에서는 배심재판과 관련해서는 해당 조항을 남겨 두는 것으로 우선 만족했다는 해석[21]으로 나뉘고 있다.

19 GHQ 초안에서 삭제된 배심 규정은 다음과 같다. Trial by jury shall be accorded to anyone charged with a capital offense, and to anyone accused of a felony, at the request of the accused.

20 中原精一(2000), 앞의 책, 66-67頁. GHQ에서 민주적 경향의 부활 강화정책을 추진하면서, 다른 한편으로는 점령 목적을 저해하는 정치적·사회적 활동은 엄격히 제한하고 있었다는 점을 근거로 든다.

21 鯰越溢弘(2004), 앞의 책, 99-100頁. 전후 일본의 사법제도 개혁에 힘썼던 GHQ 담당관이 배심재판에 관한 규정을 의도적으로 삭제했다는 것은 오히려 납득이 되지 않으며, 향후 배심제나 참심제의 채택은 재판소법의 개정 논의에 맡기기로 했다는 해석이 타당하다는 점을 근거로 든다.

여기에서 후자의 견해에 좀 더 무게가 실리는데, 일본국헌법 제32조는 어느 누구도 '재판소'에서 재판을 받을 권리를 박탈당하지 않음을, 제37조 제1항은 형사피고인은 공개된 '재판소'에서 신속한 공개재판을 받을 권리가 있음을 각각 규정하고 있다.[22] 두 조문에서 모두 '재판소'가 등장하는데, 영어 원문에는 'court'와 'tribunal'로 다르게 규정되어 있다. 'court'와 'tribunal'을 똑같이 '재판소'로 번역하는 것이 잘못된 것은 아니지만, 영미법의 상식이 있으면 'tribunal'은 법조의 자격이 있는 재판관을 포함하더라도 일반 시민을 주요 구성원으로 하는 재판체(裁判體)를 가리키는 것임을 알 수 있다.

한편, 일본 정부도 처음에는 정지된 배심법의 부활을 충실히 의도하였지만, 1945년 12월 18일 사법제도개정심의회에서 사법성이 참심제를 제안하고 이듬해 6월 20일 개원한 제90회 제국의회에 제출된 헌법 초안에서도 배심 관련 조항이 없자, 논조를 바꾸기 시작한다. 즉, 전후 재판소의 청사가 소실된 것이 많고 배심원에게 배심 기간 동안 제공할 숙사 역시 여의치 않아 당장은 배심제의 시행이 곤란하다는 현실적인 이유를 내세우고, 또한 일본인의 국민성에 과연 배심제가 적당한 것인가를 재검토해 볼 필요가 있다는 주장을 내세우면서 사실상 배

22 해당 조항의 일어본과 영어본은 각각 다음과 같다.
第三十二条 何人も，裁判所において裁判を受ける権利を奪はれない。
Article 32. No person shall be denied the right of access to the courts.
第三十七条 すべて刑事事件においては，被告人は，公平な裁判所の迅速な公開裁判を受ける権利を有する。
Article 37. In all criminal cases the accused shall enjoy the right to a speedy and public trial by an impartial tribunal.
(https://japan.kantei.go.jp/constitution_and_government_of_japan/constitution_e.html)

심제에 대해서 부정적인 의견을 피력하였다.

이후 일본국헌법이 제정되고 이듬해인 1947년 3월 3일 GHQ 측과 일본 측 대표로 구성된 특별 법안개정위원회가 설치되면서 재판소법 법안이 상정되었는데, 여기에서도 배심제에 관한 논의가 있었다. 일본 정부는 지금은 배심법의 효력이 정지되어 있지만, 장래 적당한 시기에 그 정지를 해제하면서 배심법을 적절히 개정하는 동시에 필요하면 그때 재판소법에 필요한 개정을 가하는 것이 적당하다는 의견을 제시하였다. 이에 GHQ 측은 민주주의 국가에서는 중대한 형사사건에 대해서 국민이 재판에 관여하는 것이 보통이므로 기본법에 해당하는 재판소법에 장래 배심제도의 시행에 관한 조항을 넣어 두는 것이 적절하다는 의견을 제시하였다. 이러한 논의 결과에 따라 재판소법 제3조 제3항에는 이 법률의 규정은 형사에 대하여 별도의 법률에서 배심제도를 두는 것을 배제하지 않는다는 내용이 규정되었다. 이 같은 재판소법 제3조 제3항은 배심제도를 헌법에 명시하지 않는 대신 향후 배심제 부활의 가능성을 열어 두었던 타협의 산물이라고 할 수 있다.

(2) 사법제도 개혁과 국민참여[23]

전후 일본에서는 세 번의 사법개혁 시도가 있었다. 첫 번째 개혁은 1945년에 사법성 내에 설치된 사법제도개혁심의회가 담당하였는데, 위에서 살펴본 바와 같이 사실상 GHQ 주도의 개혁이라고 할 수 있었다. 두 번째 개혁은 1962년에 법조일원화 및 재판관·검찰관의 임용·급여와 관련한 것으로 내각에 설치된 임시사법제도조사회가 담당

23 국민의 사법참여에 관한 사법제도개혁심의회 주요 심의 경과 및 재판원법 법안 제출까지의 주요 움직임은 〈표 2-3〉, 〈표 2-4〉에 수록했다.

하였는데, 여기에서 국민의 사법참여는 거론되지 않았다.[24] 국민의 사법참여가 사법개혁으로 정면에 채택된 것은 1999년 사법제도개혁심의회의 설치와 함께 시작된 세 번째 개혁에서였다.

이러한 일본 정부의 사법개혁과는 별도로 배심재판을 요구하는 일본 사회의 움직임은 1980년대 이후 점차 활발해졌다. '도쿄변호사회 인권옹호위원회', '자유인권협회', '배심재판을 생각하는 모임'이나 '배심제도를 부활하는 모임' 등 변호사는 물론, 여러 시민과 연구자들이 전전의 배심제도를 전후의 민주주의에 적합한 배심제도로 개혁하려는 운동에 참여하였다. 또한 배심법의 구체적인 개정 방안에 대한 논의도 활발하여 '일본변호사연합회안', '배심제도를 부활하는 모임안', '배심제연구회안' 등이 발표되기도 하였다. 이같이 사법에 국민 참여를 요구하였던 움직임은 이른바 冤罪사건[25]의 연발을 계기로 더욱 고조되어 형해화된 기존 형사재판에 대한 개혁과 함께 일본 정부에 직업 법관에 의한 재판을 대신할 제도의 모색을 촉구하였다.

특히 일본의 형사사법은 전후 기본적 인권 보장의 강조에도 불구하고, 여전히 피의자·피고인의 자백을 중시하는 구태의 모습을 짙게 남겼을 뿐만 아니라, 기소사건의 99%가 유죄 확정으로 종료되어 공판은 기소의 타당성을 확인하는 장소에 지나지 않는다는 인상이 있었다. 즉 기소편의주의하에 검찰관이 광범위한 공소제기 권한을 행사하여 사

---

24 해당 조사회는 1962년 臨時司法制度調査會設置法에 따라 활동을 시작하여 1964년 臨時司法制度調査會意見書를 제출하였다. 회장은 도쿄대학 명예교수인 와가쓰마 사카에(我妻榮)가 맡았다. 의견서는 제1편 법조일원의 제도와 제2편 재판관 및 검찰관의 임용제도 및 급여제도 등으로 구성되었다.

25 1980년대 들어 일본에서는 免田사건(1983. 7. 15. 재심 무죄), 財田川사건(1984. 3. 12. 재심 무죄), 松山사건(1984. 7. 11. 재심 무죄), 島田사건(1989. 1. 31. 재심 무죄) 등 사형 판결 확정 후의 재심 무죄판결이 계속해서 언도되었다.

실상 검찰관에 의해 주도된 사법이었다고 할 수 있다. 이처럼 수사 단계의 진술조서 등 많은 증거를 상세히 검토하고 사실관계를 광범위한 심리의 대상으로 하는 이른바 '精密司法'은 많은 문제점을 드러내면서 비판을 받았고, 그것을 대신하여 쟁점과 증거를 맞대고 심리 대상을 입증에 불가결한 증거에만 집중하는 '核心司法'을 지향하자는 의견이 유력하게 대두되었다. 그동안 재판관·검찰관·변호사 등 전문가들에게만 통하였던 재판의 숨은 결함이 선명한 형태로 부각된 것이었다. 외부에서의 압력이 없어도 사법 내부에서의 개혁은 필연적인 것이 되었다.[26]

이에 당시 오부치 내각(小渕内閣)[27]은 사법제도의 전반적인 재검토를 결정하고, 「사법제도개혁심의회설치법(司法制度改革審議會設置法)」(平成11年 法律 第68号)의 제정과 함께 1999년 7월 27일부터 사법제도 개혁에 관한 심의에 착수하였다. 동 설치법은 제2조에서 21세기 일본 사회에서의 사법의 역할을 밝히면서 국민이 이용하기 쉬운 사법제도의 실현, 국민의 사법제도에 대한 관여, 법조인의 바람직한 모습과 그 기능의 충실한 강화 및 기타 사법제도 개혁과 기반의 정비에 관하여 필요한 기본 시책에 대해서 조사·심의할 것을 규정하고 있었고, 동 설치법에 따른 심의회는 이에 근거하여 '국민의 사법참여'를 포함한 다양한 사법제도의 개혁 방안에 관하여 조사·심의를 진행하였다.

사법제도개혁심의회의 심의는 1999년 7월 27일부터 2001년 6월

26 精密司法에서 核心司法으로의 변화는 土屋美明(2012), 앞의 논문, 4頁 참조.

27 오부치 내각(小渕内閣)은 오부치 게이조(小渕恵三)가 제84대 내각 총리대신에 임명되어 1998년 7월 30일부터 2000년 4월 5일까지 계속된 일본의 내각이다. 오부치 총리에 의해서 구성된 내각은 두 차례의 개각이 있었는데, 1999년 1월 14일까지 계속된 최초의 내각만이 자유민주당 단독 여당 내각이다.

12일까지 총 63차례 열렸는데, 국민의 사법참여와 관련해서는 모두 일곱여 차례의 심의가 그에 맞춰져 있었다.[28] 사법제도개혁심의회는 '최종 의견의 내각 제출에 관하여'라는 의제로 개최된 마지막 제63회 심의에서 최종의견서의 내용을 확인하였다. '21세기 일본을 뒷받침하는 사법제도'라는 부제가 붙은 사법제도개혁심의회의견서는 전후의 헌법과 함께 출범한 현행 일본의 사법제도를 근본적으로 개혁하고자, 가장 기본이 되는 사회적 기반을 정비하려는 취지가 담겨 있었다.

최종의견서에는 '국민의 기대에 부응하는 사법제도', '사법제도를 뒷받침하는 법조인 본연의 자세', '국민적 기반의 확립'이 사법제도 개혁의 세 가지 지주로 제시되었다. 국민의 사법참여는 이 중 세 번째 지주인 '국민적 기반의 확립'에서 논의되었는데, 사법의 핵심을 이루는 소송절차에 대한 새로운 참여제도로서 재판원제도의 창설을 제안하였다. 즉 형사소송사건의 일부를 대상으로 일반 국민이 재판관과 함께 책임을 분담하고 협동하며, 재판 내용의 결정에 주체적·실질적으로 관여할 수 있는 새로운 제도를 도입하여야 한다는 것이었다.

이에 따라 2001년 11월에는 「사법제도개혁추진법(司法制度改革推進法)」이 제정되었고, 일본 정부는 12월 내각에 '사법제도개혁추진본부(司法制度改革推進本部)'를 설치하고 주제별 검토회를 마련하였다. 형사사법에 대해서는 재판원제도·형사검토회(裁判員制度·刑事儉討會)와 공적변호제도검토회(公的辯護制度儉討會)에서 제도 정비를 진행했는데, 재판원제도와 관련해서는 재판원제도·형사검토회의 심의 결과가 사법제도개혁추진본부에 보고되었고, 그를 토대로 여당 내의 정책 합의를 거쳐 재

28 심의회의 일정과 내용에 관해서는 司法制度改革審議会 웹사이트(www.kantei.go.jp/jp/sihouseido/meibo-dex.html) 참조.

판원제도의 구체적 내용이 설계되었다.

이러한 과정을 거친 재판원법의 최종 법안은 중의원에서 만장일치로 통과되고, 참의원에서도 찬성 180, 반대 2의 압도적 다수로 가결되어, 그 결과 2004년 5월 28일 「재판원이 참가하는 형사재판에 관한 법률(裁判員の参加する刑事裁判に関する法律)」(平成16年 法律 第63号)이 제정되었다. 이 재판원법에 따라 일본에서는 참심제적 배심제라는 특유의 재판원제도가 창설되었고, 일본 국민은 재판관과 협동자로서 사실의 인정과 양형의 형사절차에 관여할 수 있게 되었다. 이는 전후 처음으로 국민을 형사사법의 주요 담당자의 한 사람으로서 자리매김함과 동시에 사법참여자로서의 역할과 책임을 부여한 것이라고 할 수 있다.

3. 헌법 적합성 논란

일본에서는 재판원법의 헌법 적합성과 관련하여 최근 최고재판소의 두 판결이 있었다. 대법정 2011년 11월 16일 판결에서는 재판원법에 의한 재판이 일본국헌법 제32조의 재판소에서 재판을 받을 권리, 제37조 제1항의 형사피고인이 공평한 재판소의 신속한 공개재판을 받을 권리 등을 침해하지 않는다고 판시하였다.[29] 또한 소법정 2012년 1월 13일 판결에서는 재판원에 의한 재판을 받을지 여부에 대해서 피고인에게 선택권이 부여되지 않았다고 하더라도 일본국헌법 제32조, 제37조에 위반되는 것은 아니라고 판시하였다.[30]

29 最高裁判所 平成22(あ)1196号, 平成23年 11月 16日, 大法廷 判決.

30 最高裁判所 平成22(あ)1299号, 平成24年 1月 13日, 第二小法廷 判決.

위의 두 최고재판소 판결로 재판원법의 위헌성 논란은 일단락된 것으로 보인다. 배심법에서 재판원법까지 대일본제국헌법과 일본국헌법 사이에는 '법률로 정해진 재판관(裁判官)의 재판을 받을 권리'와 '재판소(裁判所)에서 재판을 받을 권리'라는 법문의 변화가 있었다. 재판원법의 헌법 적합성에 관한 논란은 그 자체로 헌법의 자의(字義)에 의한 해석의 한계와 극복의 문제를 보여 주는 것이었다고 할 수 있다.[31] 여기에서는 이러한 점에 주목하여 배심법에서부터 재판원법의 제정까지 일었던 일반 국민이 참여하는 재판에 관한 헌법 적합성의 논의와 일본 최고재판소 판결의 의미를 검토해 보기로 한다.

1) 배심법의 헌법 적합성

(1) 위헌론

메이지 초기에 배심제를 강력히 반대했던 이노우에 고와시(井上毅)의 경우 헌법적 관점이 아닌 입법정책적 시각에서 배심제를 반대하였다. 헌법론의 차원에서 배심제를 반대했던 인물로는 사이토 다카오(斉藤隆夫)[32]를 들 수 있다. 그는 헌법에서 규정한 재판관의 자격을 내세우며 배심법의 위헌론을 전개하였다. 즉 대일본제국헌법은 제24조에서 일본 신민은 법률이 정하는 재판관의 재판을 받을 권리를 박탈당하지

31 이 점은 우리에게도 시사하는 바가 크다. 대한민국헌법 제27조는 '헌법과 법률이 정한 법관에 의하여 법률에 의한 재판을 받을 권리'를 규정하고 있고, 이 점이 배심원 평결의 권고적 효력에 대한 근거로 제시되고 있기 때문이다.

32 사이토 다카오(斎藤隆夫)는 일본의 변호사, 정치인이다. 제국의회 중의원에서 입헌주의·의회정치·자유주의를 옹호하고, 탁월한 언변과 연설력으로 군부의 정치 개입과 파시즘을 비판했다.

아니한다고 규정하고 있다. 이 경우 재판관은 헌법 제58조 제1항에 따르면 법률이 정한 자격을 갖춘 자로 임명한다고 되어 있으므로, 법률에 의해서 배심원을 재판관으로 규정할 경우 배심원 역시 헌법상의 재판에 참여가 가능한 것으로 여겨질 수 있다. 그렇지만 헌법 제58조 제2항은 재판관은 형법의 선고나 징계의 처분에 따르는 외에는 면직되지 아니한다고 규정하여 헌법상으로 재판관의 독립을 보장하고 있고, 관리의 임명은 천황의 대권 사항으로 재판관 역시 천황이 임명하도록 되어 있다. 이 두 가지 이유에서 선거나 추첨에 의해서 선정되는 배심원은 헌법상의 권한을 갖는 재판관과 같은 지위가 보장되지 않는다. 따라서 배심제는 그를 구성하는 배심원의 헌법상 지위에서 판단하여 위헌일 수밖에 없다. 또한 그는 재판은 사실의 인정과 법률의 적용을 모두 포함하는 것으로 양자 모두 재판관의 권한이므로, 사실의 인정을 재판관의 자격이 없는 배심원에게 맡기는 배심제는 역시 헌법에 위반된다고 하였다.[33]

당시 사이토(斉藤) 이외에도 배심제의 위헌성을 주장한 인물은 여럿이 있었는데, 대표적인 학자로는 오바 시게마(大場茂馬)[34]를 들 수 있다. 그는 구미에서 배심제가 여러 형태로 시행되고 있고, 그에 관한 사고 역시 다양했다는 전제에서 배심제를 크게 두 유형으로 나누었다. 그 하나는 영국의 예로 배심원에 의한 사실의 인정은 재판이 아니라는 사고에서 배심원과 재판관을 구분하여 시행하는 제도가 있고, 다른 하나는 배심원의 사실인정도 재판의 일부이며, 따라서 재판 사무를 배심

33 中原精一(2000), 앞의 책, 21-22頁.

34 오바 시게마(大場茂馬)는 일본의 형법학자, 변호사, 정치가다. 그의 형법학은 주관주의·신파가 형법학의 주류가 되어 가던 시기 자유주의적이면서도 도의를 중시하는 구파의 입장을 유지했던 것으로 평가된다.

원과 재판관이 분담하고 있다는 사고에서 시행하는 제도가 있다고 하였다. 그런데 그는 일본의 경우에는 이러한 구분을 논할 필요도 없는 것이 헌법 제24조에 규정된 법률이 정하는 재판관은 헌법 제58조 제2항에 따라서 종신관을 의미하는 것이기 때문에(법률에 의하면 정년제였음), 종신관이 아닌 배심원이 참여하는 재판은 헌법에 위반되는 것이라고 하였다. 오바 시게마는 참심제 역시 종신관 이외의 재판관에 의해서 재판을 받는 것이기 때문에 위헌이라고 하였다.[35]

(2) 합헌론

합헌론에는 두 가지의 큰 흐름이 있었는데, 하나는 변호사 에기 마코토(江木衷)[36] 등이 주장한 합헌론으로, 그 주된 근거는 배심이 사실의 인정에 관한 것이라는 데 있었다. 즉 재판을 사실의 인정과 법령 적용의 두 단계로 나눈 뒤 사실의 인정은 헌법에서 규정하고 있는 재판에는 맞지 않는, 따라서 배심원이 사실을 인정하고 그에 기초하여 재판관이 법을 적용하고 판결을 내리는 배심제는 헌법에 위반하지 않는다는 주장이다. 그는 사실인정과 법령 적용은 별개, 즉 독립적인 것임을 비교법상으로 논증한 뒤, 요컨대 대일본제국헌법은 법률의 적용은 사법권 행사에 규정한 바가 있지만, 법률을 적용할 사실인정 방법은 법률에 양보하고 있으므로, 현행 제도에 있어서는 사실인정 방법은 재판소구성법 및 다른 법률에서 정한 바가 되고, 배심제도 역시 사실인

35 中原精一(2000), 앞의 책, 22-23頁.

36 에기 마코토(江木衷)는 메이지에서 다이쇼 시기에 걸쳐 활약한 저명한 법률가로 中央大學의 전신인 英吉利法律學校의 설립자 중 1명이다. 그는 경찰청, 법무부, 내무부 등에서 근무한 후 변호사로 활약하였고, 법률학자로 다수의 저서와 논문을 남겼다.

정의 방법을 정한 법률이며, 배심제도의 설립은 법률로 법률을 개정하는 것에 불과하여 하등 헌법과 저촉되지 않는다고 주장하였다.[37]

에기(江木)의 주장 중에 특이한 점은 천황제 유지 장치로서 배심법의 합헌론을 적극 주장하였다는 점이다. 당시 일본 변호사회의 실력자로 정재계의 인맥이 넓었던 그는 大逆事件에서 천황제 붕괴의 위험을 느끼고 배심제를 강력히 추진하였다. 즉 사상범·정치범으로서의 형사범죄자를 강력히 처벌하는 것은 오히려 일반 국민에게 권력의 횡포라는 인상을 주게 되고, 천황 중심의 정치 체제를 붕괴시킬 수 있다. 따라서 배심재판을 통하여 형사처벌의 민주적 절차를 국민에게 납득시킴으로써, 천황제에 대한 비판을 회피해야 한다는 것이었다. 배심제가 잘 기능한다면 국민이 천황제를 비판하는 것도 사라지고, 필연적으로 천황제를 파괴하려는 정치범도 감소한다는 것이 그의 생각이었다. 요컨대 그는 천황제 유지를 위한 장치로서의 배심제를 주장하였다고 할 수 있다.[38]

합헌론의 다른 흐름으로는 사실의 인정과 법령의 적용을 분리하지 않고 양자 모두 하나의 재판이라는 입장에서 배심제의 합헌성을 주장한 미노베 다쓰키치(美濃部達吉)[39]가 있다. 그는 처음에는 배심제가 대

---

37 江木衷·原道嘉·花井卓蔵 공저의『陪審制度法理観』(大正10年 刊)에 나오는 내용으로 中原精一(2000), 앞의 책, 23-24頁에 인용된 것을 재인용하였다.

38 中原精一(2000), 앞의 책, 19-20頁.

39 미노베 다쓰키치(美濃部達吉)는 일본의 헌법학자·행정법학자로 동경제국대학 교수가 되어 國家法人說을 주장함으로써 메이지 헌법에 민주적인 해석을 부여하였다. 이른바 천황기관설 사건으로 그의 헌법학은 國體에 반하는 것으로 비판되었지만,『日本行政法』을 비롯한 학문적 연구에서 성과를 올리며 의연한 태도를 견지해 왔다. 제2차 세계대전 후의 헌법 개정에서는 헌법문제조사회의 고문으로 참여하였고, 일본국헌법의 초안 성립 후에는 추밀고문관으로 그 심의에 관여함으로써

일본제국헌법 제24조의 국민이 재판관(裁判官)의 재판을 받을 권리를 침해하고, 사법권은 천황의 이름으로 법률에 의거하여 재판소(裁判所)에서 행사하도록 한 제57조에 저촉된다는 비판에 따라 배심제의 합헌론에 소극적이었다. 예를 들어 그는 1918년(大正7)에 출판한『憲法講話』에서 배심제를 채용하는 이해득실도 상당히 의심스러운 문제라고 하면서 단순히 각국의 예를 소개만 하였다. 그가 적극적으로 배심제에 대해서 논하기 시작한 것은 하라 내각(原內閣)이 의회에 제출한 배심법안에 대한 위헌론을 반박하면서부터다.[40]

미노베는 우선 사실의 인정은 사법권의 행사에 해당하는 것이기 때문에 배심원이 그를 행사하는 것은 헌법 제57조의 조문을 문의(文意)에 따라 엄격히 해석할 경우 헌법에 저촉되는 것이라고 하였다. 그러나 그는 헌법은 국가 통치의 기초 원칙을 정한 것이고 배심제는 입헌정치에 수반한 필연의 제도이므로, 문자에 구속되어서는 안 된다고 주장하였다. 즉 배심제 위헌론은 헌법의 문자만을 헌법 해석의 표준으로 삼아 생긴 논의로서 바로 條文法學의 폐단에 빠진 것이라고 하였다. 헌법의 실천 사례를 보면 통치권은 천황이 총람하는 것이지만, 지방자치제도는 이의 예외로 지방자치단체에 자치 권리를 인정하고 있고, 또 경찰서장이 경찰범에게 즉결 처분을 내리는 것도 재판소가 아닌 곳에서 사법권을 행사하도록 하는 것인데, 이를 엄격하게 보면 모두 헌법에 위반된다는 것이 그의 주장이다.[41]

이러한 미노베의 주장은 엄밀하게 보면 배심제 합헌론이라기보다는 헌법정책론에 따른 배심제 긍정론이라고 할 수 있다. 그가 본격적

전후의 헌법학계를 주도하였다.

40 中原精一(2000), 앞의 책, 25頁.

41 위의 책, 26頁.

인 배심제 합헌론을 전개한 것은 배심법 제정 이후다. 그는 1932년(昭和7) 『憲法撮要』[42]에서 배심제도는 대다수의 입헌국가에 공통된 제도로 입헌정치에 거의 수반하는 필연의 제도라고 하였다. 특히 그는 배심법에서 배심을 사퇴할 권리가 피고인에게 있다는 조항을 규정함으로써,[43] 배심법의 위헌성은 해소되었다고 주장하였다. 이러한 그의 견해는 현대의 합헌론에까지 주요한 영향을 미쳤다. 다만, 그가 위헌성 해소의 근거로 제시한 피고인의 사퇴 조항은 당시 배심제를 경원시하던 법조삼륜의 시각과 맞물려 오히려 배심제 운용의 심각한 저해 요소로 작용했음을 지적할 수 있다.[44]

2) 재판원법의 헌법 적합성

(1) 위헌론

재판원법의 위헌성을 주장하는 견해에서는, 우선 재판원법이 일본국헌법 제32조가 보장하는 재판소에서 재판을 받을 권리와 제37조 제1항이 보장하는 공평한 재판소의 신속한 공개 재판을 받을 권리를 침해한다고 주장한다. 양자 모두 직업 재판관의 재판을 받을 권리를

42 美濃部達吉의 『憲法撮要』는 穂積八束의 『憲法提要』(1910), 佐々木惣一의 『日本憲法要論』(1930)과 함께 구헌법하의 대표적인 헌법 교과서로 평가된다. 천황기관설 및 헌법의 자유주의적 해석, 목적론적 방법 등을 특색으로 한다. 1935년 제국의회 등에서 천황기관설이 공격을 받으면서 그의 다른 저서인 『逐条憲法精義』, 『日本憲法の基本主義』와 함께 발매금지 처분을 받는다.

43 배심법 제6조에서는 피고인은 검사의 피고사건 진술 전에는 사건을 배심의 평의에 부치는 것을 사퇴하거나 또는 배심재판 청구를 취하할 수 있다고 규정하고 있었다.

44 中原精一(2000), 앞의 책, 54頁.

가리키는 것으로 직업 재판관의 재판을 받을 권리는 재판관에 의한 법령의 해석 및 사실인정, 양형을 받을 권리 전부를 포함하는 것이기 때문이다. 또한 재판원이 재판에 참여한다고 해서 바로 위헌이라고 할 수는 없지만, 피고인에게 불리한 결과가 발생한다면 역시 위헌에 해당한다. 예를 들어 재판관 3명 중 2명이 무죄를 주장하는 경우 재판관에 의한 재판은 무죄가 되지만, 재판원의 다수가 유죄를 주장할 경우 무죄가 뒤집히기 때문에 피고인에게 불리한 재판으로 위헌인 것이다. 직업 재판관의 재판을 받을 권리는 헌법상 보장되는 것이기 때문에 피고인이 불이익을 각오하고 재판원재판을 요구한 경우는 별론으로 하더라도, 피고인에게 선택권이 인정되지 않는다면 피고인에게 불리한 결론을 강요할 수 없는 것이기 때문이다.[45]

헌법에서 배심제나 참심제에 관한 명문을 규정으로 두고 있지 않은 것도 위헌론의 근거로 제시된다. 직업 재판관과 일반인이 함께 재판에 참여하는 제도를 조문으로 헌법에 규정하지 않은 것은 현행 헌법이 재판원법과 같은 국민참여제도를 인정하고 있지 않다는 것을 의미한다. 즉 일본국헌법 「제6장 사법」은 재판에 대해서는 재판관만이 그를 취급하도록 하는 취지로 규정된 것이기 때문에 일반인이 재판에 참여할 경우 헌법에 위반되는 것이다. 「제6장 사법」의 첫 번째 조항인 헌법 제76조 제1항만 보아도 모든 사법권은 최고재판소 및 법률이 정하는 바에 따라 설치된 하급재판소에 속한다고 규정하고 있는데, 하급재판소는 재판원이 참여하는 것을 예정하고 있지 않기 때문에 재판원이 참여하는 재판은 동 조항에 위반되는 것이다. 또한 헌법 제76조 제3항은 모든 재판관은 그 양심에 따라 독립하여 그 직권을 행사하고, 이 헌

45 高山俊吉(2006), 『裁判員制度はいらない』, 講談社, 56-58頁.

법 및 법률에만 구속된다고 규정하고 있는데, 재판관이 유죄를 확신하는 경우에도 재판원이 반대할 경우 무죄판결을 내려야 하므로 역시 동 조항에 위반되는 것이다.[46]

재판원법은 국민 부담이라는 관점에서도 헌법에 위반됨이 지적된다. 추첨으로 선정되었을 뿐인 국민에게 재판원으로서의 의무를 지워 며칠을 공판에 참석시키고, 장시간 증거 조사에 배석시키고, 피고인의 운명을 결정짓게 하는 것은 의사에 반하는 노역에 해당하는 것이다. 헌법 제18조에서는 범죄로 인한 처벌을 제외하고는 의사에 반하는 노역에 종사하지 않도록 규정하고 있다. 재판원이 되어 피고인을 심판하는 것이 국민의 명확한 의무로서 헌법에 규정되어 있지 않은 이상 재판원법이 국민에게 재판에 참여할 수 있는 권한을 부여한 것이라고 해석하는 것은 궤변에 불과하다고 할 수 있다. 또한 재판원에게 여비나 일당 등이 지급된다고 해도 의사에 반하는 노역임에는 변함이 없다. 재판원 직무의 중대한 심리적·육체적 부담은 일당을 받으면 줄어드는 것과 같은 성질의 것이 아니기 때문이다.[47]

끝으로 헌법 제정 과정을 통해서도 재판원법의 위헌성은 확인된다. 헌법 제정 당시 배심제 채택에 관한 논의가 있었다는 것, 그리고 정부 관계자 중에서 배심제가 헌법에 어긋나지 않는다는 견해가 있었음은 확실하지만, 그것이 종국적으로 피고인의 운명을 결정할 수 있는 전형적인 배심제를 의미하는 것이었는지는 의심스럽다. 헌법상의 재판관이 아닌 자가 피고인의 운명을 결정할 수 있다는 제도의 합헌성과 헌법상의 재판관이 아닌 자의 판단이 재판관을 구속하지는 않고 피고

46 위의 책, 61-62頁.

47 西野喜一(2012),「裁判員制度合憲判決にみる最高裁判所の思想とその問題点」,『法政理論』44巻 2·3号, 新潟大学法学会, 92-95頁.

인의 운명의 최종 결정권은 법관에 유보되어 있다는 제도의 합헌성은 천양지차이기 때문이다. 헌법과 동시에 시행된 재판소법 제3조 제3항에서 배심제 채택을 배제하지 않는다고 하였지만, 이는 헌법 제정 과정에서 배심론과 부합한 결과로서 규정된 것이 아니라, 헌법 제정 후 시행 전 당시 점령군의 무리한 명령으로 그렇게 규정할 수밖에 없었던 것이었다. 즉 재판소법은 기본법에 해당하는 것이기 때문에 점령군의 입장에서 미래의 가능성을 위해 그 길을 열어 두는 조항을 굳이 넣어 두었던 것뿐이라고 할 수 있다.[48]

(2) 합헌론

재판원법 제정 과정에서 종래 배심제의 합헌성을 주장하는 견해는 제한적 합헌론과 무조건 합헌론으로 대별되어 제시되었다. 학설의 추이를 보면 제한적 합헌론이 우세했지만,[49] 무조건 합헌론이 유력하게 대두되었다고 할 수 있다.[50] 제한적 합헌론은 사법권이 모두 재판소에 속한다고 되어 있어도 소송절차에 재판관 이외인 자의 참여를 전혀

---

48 위의 논문, 86-89頁.

49 제한적 합헌론은 헌법에 국민이 참여하는 재판에 관한 명문의 규정이 없고, 재판소는 직업 재판관으로 구성됨을 전제로 하고 있으며, 배심원의 평결이 재판관을 구속할 경우 사법권의 독립을 침해할 수 있다는 점을 주요 논거로 하고 있는데, 이는 배심제에 대한 전전 위헌론의 논거를 답습한 것이라는 지적이 있다. 大石和彦(2001), 「国民の司法参加をめぐる憲法問題」, 『白鴎法学』 18号, 白鴎大学法学部, 127-129頁.

50 무조건 합헌론은 그 이론적 기초를 미노베(美濃部)의 견해에 두고 있다. 즉 헌법의 해석에 있어서는 헌법의 합리적 정신을 표준으로 할 수 있도록 문자의 말단에 구애되어서는 안 되며, 메이지헌법 아래에서도 재판소는 배심원의 판단에 구속될 수 있다는 해석이 가능한 것으로, 배심제는 입헌정치에 수반하는 필연의 제도라는 것이다. 大石和彦(2001), 위의 논문, 135-136頁.

인정하지 않겠다는 취지는 아니며, 피고인에게 배심을 사퇴할 자유가 인정되고 재판관이 결론을 내린다는 명분을 깨뜨리지 않는다는(배심의 평결은 재판관을 구속하지 않는다는) 조건이 충족되면 배심제는 합헌이라고 주장하였다. 반면 무조건 합헌론은 재판관이 배심의 평결에 구속되지 않는 한에서 합헌이라고 하는 제한론에 대해서 이는 배심이 사법권이 귀속하는 재판소의 구성 요소가 될 수 없다는 근거가 불확실한 전제에 기초한 것이라고 반박하였다. 또한 법률상 개념의 해석이 사회통념에 따라야 할 경우에는 직업 재판관보다는 사회에서 뽑힌 배심에 의한 판단에 의거해야 할 이유가 있으며, 배심제 도입으로 현재의 형사소송의 폐해를 바로잡는 효과도 기대할 수 있다고 주장하였다.[51]

제한적 합헌론과 무조건 합헌론의 타당성을 논할 때는 대일본제국헌법 제24조에서 신민의 권리로서 '재판관'의 재판을 받을 권리를 규정하였던 것을 현행 일본국헌법 제32조에서는 '재판소'의 재판을 받을 권리로 규정하게 된 경위를 주목할 필요가 있다. 재판관에 의한 재판이라면 제한적 합헌론이 타당하지만, 재판소에 의한 재판이라면 일반 국민이 참여하여 평결을 내리는 재판을 포함할 수 있기 때문이다. 한편, 무조건 합헌론에 의할 경우에도 헌법상 근거 규정은 보이지 않는다. 따라서 문제는 정말 형사재판에 국민의 참여를 요구하는 명문의 규정이 존재하지 않는가라는 점이다.[52]

현행 헌법 제37조 제1항의 영어 원문은 "In all criminal cases the accused shall enjoy the right to a speedy and public trial by an impartial tribunal"로 규정되어 있다. 여기에서 'court'가 아닌 'tribunal'

51 鯰越溢弘(2004), 앞의 책, 9-10頁.

52 위의 책, 10頁.

로 되어 있는 것에 주목할 필요가 있다. 양자 모두 '재판소'라는 역어가 틀린 것이라고는 할 수 없지만 court는 재판관으로 구성된 통상의 법원을 뜻하며, tribunal은 사법 또는 준사법적 기능을 하는 기관까지를 포함한다. 헌법 제76조 제2항의 특별 '재판소'도 영어 원문은 extraordinary 'tribunal'로 되어 있다. tribunal은 그 주재자(chairman)가 법조 자격이 있는 경우도 있지만, 대부분의 구성원은 일반인(layman)으로 되어 있다는 특징이 있다. 따라서 헌법 제37조 제1항의 재판소는 재판관에 의해서만 구성되는 통상의 재판소가 아닌 일반인을 구성원으로 포함하는 포괄적 의미의 재판소를 뜻하는 것으로 해석되어야 한다.[53]

이러한 해석이 타당한 이유는, 현행 헌법이 미국 헌법을 모델로 작성되었기 때문이다. 즉, 헌법 제37조 제1항의 영어 원문과 미국연방 수정헌법 제6조 "In all criminal prosecutions, the accused shall enjoy the right to a speedy and public trial, by an impartial jury of State"를 비교하면 분명해진다. 우선 'criminal prosecutions'와 'criminal cases'는 그 함의에 있어서는 동의라고 할 수 있다. 'tribunal'의 경우 재판장은 법조인이지만, 대부분의 구성원이 일반인으로 구성되어 있는 재판소라는 점에서 'jury'와 'tribunal'도 동일한 의미로 볼 수 있다. 'jury'로 규정하지 않은 이유는 배심제 부활이 GHQ 담당자에게는 당연한 것으로 생각되어 헌법의 조문에 대해서는 'court'가 아닌 'tribunal'로 규정하고, 배심제에 대해서는 헌법 제정과 병행하여 논의되던 재판소법에 규정하면 충분하다고 생각한 것이다. 이러한 해석에 따를 경우 재판소법 제3조 제3항이 형사사건에 대해서만 배심제의 부활을 규정한 이유가 모순

53 위의 책, 10-11頁.

없이 이해될 수 있으며, 현행 헌법 역시 적어도 형사사건에 관해서는 헌법 제37조 제1항을 근거로 배심제의 부활을 포함한 국민의 사법참여를 요구하고 있다고 보아야 할 것이다.[54]

3) 최고재판소의 판결

일본 최고재판소는 재판원법에 대해서 대법정 2011년 11월 16일 판결[55]과 소법정 2012년 1월 13일 판결[56]을 통하여 헌법에 위반되지 않음을 거듭 밝혔다.[57] 주요한 취지로는 우선 대일본제국헌법과 일본국헌법 사이의 조문의 변화를 들고 있다. 즉 구헌법은 제24조에서 “일본신민은 법률이 정하는 재판관의 재판을 받을 권리를 박탈당하지 아니한다”라고 규정하고 있었지만, 현행 헌법은 제32조에서 “누구든지 재판소에서 재판을 받을 권리를 박탈당하지 아니한다”라고 규정하고, 헌법 제37조 제1항에서는 “모든 형사사건에 있어서 피고인은 공평한 재판소의 신속한 공개재판을 받을 권리를 가진다”라고 규정하여 ‘재판관에 의한 재판’에서 ‘재판소의 재판’으로 표현이 바뀌었다.

54 위의 책, 11頁.

55 最高裁判所 平成22(あ)1196号, 平成23年 11月 16日, 大法廷 判決.

56 最高裁判所 平成22(あ)1299号, 平成24年 1月 13日, 第二小法廷 判決.

57 최고재판소 판결에 대한 평석은 다음 문헌을 참조하였다. 青野篤(2012),「裁判員制度の合憲性: 最高裁平成23年11月16日大法廷判決」,『大分大学経済論集』64·1号, 大分大学経済学会; 西野喜一(2012), 앞의 논문; 新屋達之(2013),「裁判員制度の合憲性(最判2012年1月13日刑集 66巻 1号 1頁): 併せ, 討議民主主義と裁判員制度に関する若干の検討」,『大宮ローレビュー』9号, 大宮法科大学院大学; 柳瀬昇(2016),「裁判員制度の憲法適合性」,『日本法学』82巻 3号, 日本大学法学部; 柳瀬昇(2017),「裁判員の職務等と被告人の裁判選択権をめぐる憲法問題」,『日本法学』82巻 4号, 日本大学法学部.

헌법 제정 과정에 대한 관련 자료에 의하면, 헌법의 이러한 문리 측면에서 헌법 제정 당시 정부 내부에서는 배심제나 참심제를 채택하는 것도 가능하다고 해석된 것이 인정된다. 그렇다면 헌법상 국민의 사법참여가 금지된 것으로 해석할 이유가 없으며, 국민의 사법참여에 관한 제도의 합헌성은 구체적으로 설치된 제도가 적정한 형사재판을 실현하기 위한 제 원칙에 저촉되는지 아닌지에 의해서 결정되어야 할 것이다. 또한 국민의 사법참여를 채택하는 경우 형사소송상의 제 원칙이 확보되고 있는 한 배심제로 할지 참심제로 할지를 포함한 그 내용을 입법정책에 맡긴 것으로 해석된다.

다음으로 재판원법의 구체적 규정을 살펴보면, 재판원의 권한은 재판관과 함께 공판정에서 심리에 임하여 평의에 있어서 사실인정, 법령의 적용 및 유죄의 경우 형의 양정에 관한 의견을 제시하고, 평결을 행하는 것으로 되어 있다. 이들 재판원이 관여하는 판단은 모두 사법작용의 내용을 이루는 것이지만, 반드시 미리 법률적인 지식, 경험을 갖는 것이 불가결한 사항이라고는 말할 수 없다. 더욱이 재판장은 재판원이 그 직책을 충분히 수행할 수 있도록 배려해야 한다고 되어 있는 것도 고려하면 이런 권한을 부여받은 재판원이 다양한 시각과 감각을 반영시키고, 재판관과 협의를 통해서 양식 있는 결론에 이르는 것은 충분히 기대할 수 있다. 이러한 재판원제도의 구조를 고려한다면 공평한 재판소에서 법과 증거에 근거하여 적정한 재판이 시행되는 것이 제도적으로 충분히 보장되기 때문에 적정 절차를 보장한 헌법 제31조, 누구에 대해서도 재판소에서 재판을 받을 권리를 보장한 헌법 제32조, 모든 형사사건에서 피고인에게 공평한 재판소에서 신속한 공개재판을 보장한 헌법 제37조 제1항에 위반된다고 할 수 없다.

또한 헌법은 「제6장 사법」에서 최고재판소와 달리 하급재판소에 대해서는 재판관만으로 구성된다는 취지를 명시한 규정을 두고 있지 않다.[58] 따라서 헌법이 최고재판소와 달리 하급재판소에 대해서는 국민의 사법참여를 금지하고 있다고는 해석되지 않는다. 그러므로 재판관과 국민으로 구성되는 재판체가 바로 헌법상의 재판소에 해당하지 않는다고 말할 수는 없다. 문제는 재판원제도하에서 재판관과 국민에 의해 구성되는 재판체가 형사재판에 관한 다양한 헌법상의 요청에 적합한 재판소라고 할 수 있는지 여부에 있다. 재판원법에서는 그러한 헌법상의 요청에 맞추어, 독립하여 직권을 행사할 수 있도록 신분이 보장된 재판관과 형평성·중립성을 확보할 수 있도록 배려된 절차하에 선임된 재판원에 의해서 재판원재판 대상사건을 다루는 재판체가 구성되도록 규정하고 있다. 따라서 재판원법은 모든 사법권은 재판소에 속한다고 규정한 헌법 제76조 제1항 및 하급재판소의 구성에 관한 헌법 제80조 제1항에 위반된다고 할 수 없다.

재판관은 헌법 및 법률에 구속된다고 규정한 헌법 제76조 제3항 위반에 대해서도, 헌법이 일반적으로 국민의 사법참여를 허용했고, 재판원법이 헌법에 적합하게 이를 법제화한 것인 이상 재판원법이 규정하는 평결제도하에서 재판관이 때로는 자신의 의견과 다른 결론에 따르지 않을 수 없는 경우가 있다고 하더라도, 그것은 헌법에 적합한 법률에 구속되는 결과이기 때문에 헌법 위반이라고 할 수 없다. 역시 헌법 제76조 제2항 위반에 대해서도 재판원제도에 의한 재판체는 지방재판소에 속하는 것이며, 그 제1심 판결에 대해서는 고등재판소에 항소

58 최고재판소에 대해서는 그 長인 재판관 및 법률이 정하는 원수의 기타 재판관으로 구성된다고 규정한(제79조 제1항) 반면, 하급재판소에 대해서는 하급재판소의 재판관은 최고재판소가 지명한 자의 명단으로 내각에서 임명한다고 규정하여(제80조 제1항) 재판관의 자격에 대해서만 언급하고 있다.

및 최고재판소에 상고가 인정되고 있어서 재판관과 재판원으로 구성된 재판체가 헌법에서 금지하고 있는 특별재판소에 해당된다고도 할 수 없다.

끝으로 재판원제도에서는 공평한 재판소에서의 법과 증거에 근거한 적정한 재판이 제도적으로 보장되는 등, 적정한 형사재판을 실현하기 위한 제 원칙이 확보되어 있으므로 재판원제도에 의한 심리재판을 받을지 여부에 대해서 피고인에게 선택권이 인정되지 않았다는 이유로 헌법에 위반된다고 할 수는 없다. 또한 재판원에 대해서도 재판원의 직무 등은 사법권의 행사에 대한 국민의 참여라는 점에서 참정권과 같은 권한을 국민에게 부여하는 것이기 때문에 이를 헌법 제18조 후단에서 금지하고 있는 의사에 반하는 노역으로 보는 것은 적절치 않으며, 재판원 또는 재판원 후보자의 부담을 경감하는 조치를 마련하는 등, 기본적 인권을 침해하는 내용도 찾아볼 수 없기 때문에 역시 헌법에 위반된다고 할 수 없다.

최고재판소에서는 위와 같은 이유로 재판원법이 헌법에 위반되는 점이 없다고 판결하면서 다음과 같이 끝을 맺고 있다. 법조에 의해서만 운영되는 사법의 고도의 전문성은 때로는 국민의 이해를 어렵게 하고 그 감각에서 괴리한 것이 될 수도 있다는 측면이 있다. 형사재판처럼 국민의 일상생활과 밀접히 관련되어 국민의 이해와 지지가 불가결한 영역에서는 이 점에 대한 배려가 특히 중요하다. 재판원제도는 국민의 관점·감각과 법조의 전문성이 항상 교류함으로써 상호 이해를 깊이 하여, 각각의 장점을 살리는 형사재판의 실현을 목표로 하는 것이라고 할 수 있다. 그 목적을 충분히 달성하려면 장기적인 시점에서의 노력의 축적을 요하는 것은 말할 필요도 없지만, 그 과정 또한 국민에 뿌리내리는 사법을 실현하는 데 그 의의가 크다고 본다.

4. 재판원법의 법적 쟁점[59]

일본의 재판원제도는 최고재판소가 밝히고 있는 바와 같이 재판원이 개별 사건마다 국민 가운데 무작위로 선임되고 재판관과 같은 신분이 없다는 점에서는 배심제와 유사하지만, 재판관과 함께 사실인정, 법령의 적용 및 형량 판단을 한다는 점에서는 참심제와도 공통되는 바가 적지 않아서 일본의 독특한 국민사법참여제도라고 할 수 있다. 최고재판소의 합헌 판결로 재판원법의 헌법 적합성 논란은 일단락되었다고 볼 수 있지만, 배심제적 요소와 참심제적 요소가 혼합되어 있다는 측면에서는 여전히 제도의 정합성 문제가 제기되고 있다. 여기에서는 이러한 점에 주목하여 재판원법 제정 과정에 있어 논란이 되었던 주요 법적 쟁점들을 검토해 보기로 한다.

1) 대상사건의 범위

2001년 사법제도개혁심의회 의견서에도 나타난 바이지만, 재판원법은 배심법의 경우 그 대상사건이 상당히 제한적이어서 사법 운영에 대한 국민의 참여가 적절히 이루어지지 못했다는 반성에서 출발하였다. 그러나 60년이 더 흐른 시점에서의 재도입 논의도 대상사건을 미국에서와 같이 형사사건의 대부분으로 확대하는 것에는 주저케 했다.[60] 시민 단체에서는 재판원제도의 의의를 사실인정의 적정화, 즉 시

59 배심제도와 재판원제도의 주요 내용 비교는 〈표 2-5〉에 수록했다.

60 미국의 형사배심제도는 수정헌법 제6조에 근거한다. 즉 수정헌법 제6조에서는 모든 형사사건에서 배심재판을 받을 권리를 보장하고 있다. 그러나 미국 연방대법원은 모든 형사사건에 배심재판을 받을 권리를 인정하지는 않고, 의회가 결정한 형

민의 건전한 양식으로 기소된 사실의 존부를 판단하는 데 두어야 한다는 입장에서 대상사건을 다툼이 있는 모든 형사사건으로 해야 한다는 견해를 제시하기도 했다.[61] 그렇지만 좀 더 지배적인 견해는 재판원제도의 원활한 안착을 위해서는 형사사건 중 일부 사건에서부터 시작하는 것이 적당하다는 것이었다.

일부 사건에서부터 재판원제도를 시작한다고 해도 여전히 문제는 남았다. '적당한' 사건의 범위를 정하는 것이 결코 쉽지 않은 과제였기 때문이다. 여기에는 재판원제도에 대한 국민의 관심과 재판원으로 참여할 국민의 부담, 그리고 새로운 제도 아래에서 유무죄의 판단을 받아야 할 피고인의 방어권이 모두 고려되어야 했다. 사법제도개혁심의회 의견서에 따른 재판원법 대상사건의 기본 방향은 우선 법정형이 무거운 중대 범죄로 정한다는 것이었다.[62] 재판원제도에 대한 국민적 관심을 환기시킬 수 있고, 그만큼 사회적 영향도 크기 때문이다.[63] 이에

벌의 정도를 사안의 중대성을 판단 기준으로 삼아 법정형이 6개월 이하인 죄에 대해서는 배심재판을 인정하지 않는다. 미국의 배심제도와 관련해서는 닐 비드마르 엮음(2007), 『세계의 배심제도』, 김상준 등 옮김, 나남, 165-214쪽 참조.

61 新倉修(2004), 「裁判員制度の可能性と課題」, 『刑事司法への市民参加: 高窪貞人教授古稀祝賀記念論文集』, 現代人文社, 26頁. 재판원이 지방재판소에 설치되는 것을 전제로 하면 간이재판소 관할 사건은 제외될 것이므로, 재판원제도 실시에 따른 부담도 큰 문제가 되지 않을 것으로 보았다.

62 司法制度改革審議会意見書: 21世紀の日本を支える司法制度 — IV. 国民的基盤の確立 第1. 国民的基盤の確立(国民の司法参加) 1. 刑事訴訟手続への新たな参加制度の導入 (3) 対象となる刑事事件.

63 사형사건에 대해서는 재판원재판의 대상으로 하는 것이 적절하지 않다는 견해도 있었다. 다만, 최고재판소의 千葉勝美 재판관은 최근 2015년 판례에서 다음과 같은 의견을 제시하였다. 사형이라는 궁극의 형벌에 대한 국민의 의견·감각은 다양하고 그 적용이 문제가 되는 중대사건에 대해서 국민이 참여하여 판단함으로써, 국민의 이해를 깊게 하고 형사사법의 민주적 기반을 공고히 할 수 있는 것으

따라 법정합의사건(法定合議事件, 형법 제77조 및 제78조 제외[64])을 대상으로 하는 A안, 사형 또는 무기징역·금고에 해당하는 범죄(형법 제77죄 제외)를 대상으로 하는 B안, 법정합의사건으로 고의 범죄행위로 피해자를 사망케 한 사건을 대상으로 하는 C안이 제시되었다. 본격적으로 논의가 시작된 2001년 통계에 의하면 A안은 약 4,600명, B안은 약 2,440명, C안은 약 900명의 피고인이 대상자에 해당하였다. 최종적으로는 연립여당의 여당협의합의(與黨協議合意)를 거쳐 B안과 C안에 해당하는 범죄를 모두 대상사건으로 하는 것으로 입법되었는데(재판원법 제2조 제1항), 이 경우 약 2,800명의 피고인이 대상자였다.[65]

재판원제도 도입 초기의 국민적 관심을 위해서 중대 범죄로 대상사건을 정한 것이었지만, 이 경우 쟁점이 많아지거나 방대한 증거 조사가 필요할 수 있고, 그에 따라 피고인은 물론 재판원의 부담 또한 적지 않을 것이 예상되었다. 따라서 경미한 사건에서부터 시작해서 운용을 안정시키고 점차 범위를 확대해 가는 것이 적당하다는 의견도 있었다. 그렇지만 중대 범죄로 대상사건을 정할 경우 재판원의 부담을 조금이라도 경감시키기 위해서는 보다 내실 있고 신속한 심리가 요청될 것이고, 이는 형사소송 전반에 대한 개선의 압력으로 작용할 수 있기 때문에 중대사건부터 재판원제도를 시행하는 것으로 의견이 모아졌다.[66]

로, 국민의 사법참여의 의미·가치가 발휘되는 장면이기도 하다. 最高裁判所 平成25(あ)1127号, 平成27年 2月 3日, 第二小法廷 決定.

64 일본 형법 제77조 내지 제79조는 내란에 관한 죄로 재판소법 제16조 제4호 및 제24조 제2호의 규정에 의하여 지방재판소 관할이 아닌 고등재판소 관할이기 때문에 이 제외 규정은 주의적인 규정이라고 할 수 있다.

65 池田修(2006), 『解説 裁判員法: 立法の経緯と課題』, 弘文堂, 8-9頁.

66 위의 책, 10頁.

법정합의사건을 대상으로 하는 A안의 경우 법정합의사건의 요건을 정한 재판소법 제26조 제2호에 의하면 사형 또는 무기, 단기 1년 이상의 징역·금고에 해당하는 범죄가 대상사건이 된다. 이 경우 2001년 당시 약 4,600명의 피고인이 재판원재판을 받는 것이 되는데, 제도의 시행 초기에 감당하기에는 많은 사건 수라고 하여 A안은 채택되지 않았다.[67] B안에 C안을 더한 것은 고의에 의한 살인뿐만 아니라 상해치사 등의 결과적가중범의 경우에도 피해자의 사망이라는 정서적 요소를 고려하면 중대 범죄로 인식되었기 때문에 대상사건에 포함시키는 것으로 하였다.[68] 그리고 A안에 의할 경우 공문서위조죄, 영리 목적의 약물소지죄, 권총소지죄, 공중도덕상 유해한 업무에 취직하게 할 목적의 직업소개죄 등도 포함되었는데, 이러한 사건들은 반드시 국민의 관심이 높아 사회적 영향이 크다고는 할 수 없다고 하는 견해가 있었고, 이는 A안을 채택하지 않은 또 다른 이유로 제시되었다.[69]

이처럼 재판원법의 대상사건을 정하는 데 있어 국민적 관심의 환기와 재판원재판의 현실적 소화가 주된 결정 요소로 작용하였고, 대상사건이 가장 많았던 A안 대신 B안에 C안을 추가하는 절충적인 형태로 범위가 결정되었음을 알 수 있다. 그렇지만 재판원제도의 도입 시 대상 범위를 되도록 확대하는 것이 바람직하다는 견해가 있었고, 국민의 부담이나 피고인 대응 능력을 감안할 때 A안을 충분히 소화할 수 있다는 견해도 있었다. 그럼에도 절충적인 형태로 입법이 된 것에 대해서는 형사사법에의 국민참여라는 재판원법의 본래 취지를 제대로 살

67 위의 책, 9頁.

68 新倉修(2004), 앞의 논문, 22-23頁.

69 池田修(2006), 앞의 책, 9頁.

리지 못했다는 비판이 있었다.[70] 실제 재판원제도 논의 당시의 통계를 보더라도 B안과 C안에 따른 재판원제도 대상사건은 2000년 2,598건, 2001년 2,750건, 2002년 2,818건, 2003년 3,089건으로 나타났는데, 2003년의 3,089건은 지방재판소 전체 1심 사건의 3.9% 정도에 불과한 건수였다.[71]

2) 피고인의 선택권 및 재판소의 제외권한

재판원재판 대상사건의 범위가 정해졌다고 하더라도 그에 해당하는 모든 사건에 대해서 재판원재판이 반드시 이루어져야 하는가는 또 다른 문제다. 이는 피고인에게 재판원재판에 대한 선택권을 부여해야 하는지와 재판소에 사건을 재판원재판에서 제외할 수 있는 권한을 부여해야 하는지의 문제로 연결된다. 피고인에 대한 선택권 부여에는 새로운 제도의 안착과 신속한 형사재판이라는 이념의 실현, 그리고 그 안에 피고인의 방어권 보호라는 문제들이 중첩되어 있다. 재판소의 제외권한 역시 피고인과 재판원 중 누구의 이익을 위한 제외권한인가, 그 제외의 사유는 어떻게 설정되어야 하는가의 문제를 제기하고 있다.

(1) 피고인의 선택권

피고인의 선택권부터 먼저 살펴보면, 사법제도개혁심의회의 기본 방침은 재판원제도가 개별 피고인을 위한 것이라기보다는 일반 국민에게 또는 재판제도로서 중요한 의의를 가지고 도입한 것이므로, 소송의

70 新倉修(2004), 앞의 논문, 23頁.

71 池田修(2006), 앞의 책, 9頁.

일방 당사자인 피고인이 재판원이 참석한 재판체의 재판을 받기를 사퇴하고 재판관만에 의한 재판을 선택하는 것은 인정하지 않도록 해야 한다는 것이었다.[72] 즉 피고인에게 선택권을 부여해서 재판원이 참여하는 합의체를 피할 수 있게 할 경우 재판원제도의 도입으로 기대되는 형사절차의 변화를 달성하지 못할 수도 있다는 우려에서 피고인에게 재판원재판의 선택권을 인정하지 않았다는 것이다.[73] 또 다른 측면에서는 재판원이 참여하는 형사재판의 경우 무죄를 노리고 부인하는 피고인 수가 늘어날 것이기 때문에 피고인에게 선택권을 부여하는 것은 바람직하지 않았다는 것이다.[74]

여기에는 배심법의 운용 경험도 작용했던 것으로 보인다. 배심법은 제6조에서 피고인은 검사의 피고사건 진술 전에는 사건을 배심의 평의에 부치는 것을 사퇴하거나 또는 배심재판 청구를 취하할 수 있다고 규정하고 있었다. 또한 동법 제41조에서는 재판관은 배심재판에서 피고인에게 배심의 평의에 부치는 것을 사퇴할 수 있음을 고지하도록 규정하고 있었다. 이러한 배심법 조항에 근거하여 당시 재판 실무에서는 재판관이 배심재판의 불리함을 설명하면서 배심재판을 취하하거나 사퇴하도록 권고하는 경우가 많아 배심재판의 실제 이용이 저조했음은 전술한 바와 같다.

그렇지만 제도의 운영상의 문제점과 규범적 정합성은 분명 구분되어야 할 문제로, 피고인에게 재판원재판에 대한 선택권을 부여하지

72 司法制度改革審議会意見書: 21世紀の日本を支える司法制度 ― IV. 国民的基盤の確立 第1. 国民的基盤の確立(国民の司法参加) 1. 刑事訴訟手続への新たな参加制度の導入 (3) 対象となる刑事事件.

73 池田修(2006), 앞의 책, 14頁.

74 新倉修(2004), 앞의 논문, 26頁.

않은 것은 새로운 참여 제도의 도입이라는 명분을 앞세워 피고인의 헌법상 권리를 충분히 고려하지 않은 판단이었다고 할 수 있다. 이는 후술할 재판소의 제외권한과 비교해 보아도 균형성을 상실한 것이라고 할 수 있는데, 재판원의 안전을 고려하여 재판소에 재판원재판을 실시하지 않을 권한을 규정했음에도 불구하고, 당사자 일방인 피고인에게는 적극적인 선택권을 부여하지 않은 것은 피고인의 방어권을 충분히 보장하지 않은 것일 뿐만 아니라, 형사사건에서 피고인에게 신속한 재판을 받을 권리를 보장하고 있는 일본국헌법의 이념에도 충실하지 못한 것이기 때문이다.[75]

피고인이 무죄를 노리고 재판원재판을 선택할 것이라는 견해에 대해서도 잘못된 가정과 전제에 근거한 것이라는 비판이 있다. 잘못된 가정이라는 것은 재판원이 참여하는 형사재판이 법관에 의한 재판보다 무죄율이 높다는 가정을 말한다. 재판원이 참여하는 경우에도 기본적으로는 사실인정 여부는 증거에 의해서 판단하고, 증거에 관한 규칙이 기존의 재판과 다르지 않기 때문에 재판원이 참여하는 경우라도 그것을 이유로 무죄가 늘어난다고 보는 것은 오해다. 또한 미국의 배심재판에 대해서 억울하면 배심재판을 원하고, 유죄이면 가벼운 형량을 구

75 다만, 일본 최고재판소에 의하면 재판원제도 아래에서 공평한 재판소에서의 법과 증거에 근거한 적정한 재판이 제도적으로 보장되는 등 형사재판의 제 원칙이 확보되어 있으므로, 재판원제도에 의한 심리재판을 받는지 여부에 대해서 피고인에게 선택권이 인정되지 않기 때문에 동 제도가 헌법에 위반되는 것은 아니라고 하였다(最高裁判所 平成22(あ)1299号, 平成24年 1月 13日, 第二小法廷 判決). 그러나 이 판례는 피고인에게 선택권을 부여하지 않은 것의 합헌성을 적극적으로 설시한 것이라기보다는 피고인에게 선택권이 없더라도 공평한 형사재판을 받을 권리가 보장되고 있으므로, 선택권이 없는 것을 두고 바로 위헌이라고는 할 수 없다는 소극적인 취지의 합헌성을 설시한 것으로 보아야 한다.

하며 이른바 벤치 트라이얼(bench trial: 법관에 의한 재판)을 원한다는 속언이 있지만, 억울한 피고인에게 무죄의 판단을 하는 것이 바로 적정한 재판의 요청이므로 그 때문에 피고인의 선택권을 부정하는 것은 잘못된 전제라는 것이다.[76]

또한 피고인의 선택권 부인은 신속한 형사재판의 이념과도 충돌하는 면이 있다. 피고인의 자백에 따른 벤치 트라이얼의 경우 재판 진행이 신속히 이루어져 형사절차는 조기에 종결된다. 이는 피고인을 위한 신속한 형사재판이라는 이념에서 정당화될 수 있는 것이며, 일본국 헌법 역시 제37조에서 이를 기본권의 하나로 규정하고 있다. 재판원법에서는 전술한 바와 같이 공소사실에 다툼이 없는 경우 보다 간소한 구성의 합의체에서 재판을 받을 수 있도록 규정하고 있다. 예외적 합의체의 당부는 별론으로 하더라도, 이는 피고인의 자백 여하에 따라 절차의 이원적 진행을 예정한 것이라고 할 수 있다. 이러한 상황에서 피고인의 선택권을 인정하지 않은 것은 제도의 기능적 안착이라는 목표에 경도되어 형사절차로부터의 조기 해방이라는 피고인의 이익을 고려하지 않은 것이라고 할 수 있다.

(2) 재판소의 제외권한

다음으로 재판소의 제외권한을 보면 피고인의 선택권과는 달리 재판소의 제외권한은 인정하는 것으로 결정되었다. 사법제도개혁심의회는 재판원에 대한 위해나 협박의 우려가 있는 조직범죄, 테러사건 등 특수한 사건의 경우에는 재판원재판 대상사건에서 제외할 수 있는

76 新倉修(2004), 앞의 논문, 26頁.

장치를 마련하는 것도 검토의 여지가 있다는 의견을 제시했다.[77] 이는 재판원법의 입법에도 반영되어 피고인 또는 피고인이 속한 단체의 구성원이 재판원이나 재판원 친족의 생명, 신체, 재산에 위해를 가하거나 생활의 평온을 현저하게 침해할 우려가 있으면 재판원재판에서 제외하는 결정을 내릴 수 있도록 규정하였다(재판원법 제3조).

재판원법에서 재판원의 안전을 고려하게 된 것은 재판원재판의 대상사건을 중대 범죄로 한 것과도 관련되는데, 재판원의 출석을 확보하고 혹시 모를 공정성 시비를 피하기 위해 아예 재판원재판에서 제외할 수 있는 길을 열어 둔 것이다. 이에 대해서 재판원의 안전은 다른 방법으로 확보해야 한다는 의견도 있었지만, 검토회에서 일정 사건을 제외하는 것은 불가피하다는 의견이 우세했던 것으로 전한다. 그렇지만 제외 사유를 보다 명확히 해야 한다는 요청이 있었기 때문에 재판원의 막연한 불안감이 아닌 직무 수행에 곤란을 겪을 정도의 어려움으로 엄격하게 해석되어야 한다는 의견이 있었고, 당초 안에 있던 '기타 사정으로 재판원에 공정한 판단을 기대할 수 없는 상황'도 최종안에서는 삭제되었다. 그리고 장기간의 심리가 필요해 재판원에게 과도한 부담을 지울 수 있는 경우에도 제외 사유로 인정해야 한다는 의견이 있었지만, 이 역시 채택되지 않았다.[78]

한편, 재판원법의 최종 입법에서는 재판원재판의 제외 사유가 있을 경우 검찰관, 피고인 또는 변호인의 청구, 직권으로 재판관 합의체

---

77 司法制度改革審議会意見書: 21世紀の日本を支える司法制度 — IV. 国民的基盤の確立 第1. 国民的基盤の確立(国民の司法参加) 1. 刑事訴訟手続への新たな参加制度の導入 (3) 対象となる刑事事件.

78 池田修(2006), 앞의 책, 12-14頁. 2015년 법 개정에 의하여 심리가 장기화되거나 공판 횟수가 많아질 경우에는 제외 결정을 할 수 있도록 하였다.

에 결정하도록 하였다. 피고인의 경우 검찰관과의 균형을 맞춘 것이지만, 재판원에 대한 위해가 피고인에게 반드시 유리한 경우만을 의미하지는 않을 것이기 때문에 그 타당성은 인정된다. 그리고 흔치 않은 경우겠지만, 피고인에게 재판원재판에 대한 선택권을 소극적인 측면에서 인정한 것으로도 볼 수 있다. 그리고 재판관에 직권으로 제외할 수 있는 권한을 인정한 것은 당사자의 청구를 기다릴 것도 없이 명백하게 부적당하다고 생각되는 경우에는 재판관의 직권 발동이 필요하다는 발상이 있었던 것으로 보인다. 그렇지만 피고인에게는 재판원재판의 선택권을 부여하지 않으면서도 재판관에게는 재판원의 위험을 부각시켜 직권에 의한 제외권한을 인정한 것은 제외 사유를 최대한 명확하고 엄격하게 규정하면서도 재판관을 위한 세심한 배려를 놓치지 않았던 것으로 평가된다.[79]

3) 재판원의 규모

2001년 사법제도개혁심의회 의견서에서는 재판원의 규모와 관련하여 재판원의 주체적·실질적 관여를 확보하라는 요청과 평의의 실효성을 확보하라는 요청에 입각해서 대상사건의 중대성 정도나 국민에 대한 의의·부담을 고려하여 적절한 수로 정해야 한다는 의견을 제시했다.[80] 그런데 재판원의 주체적·실질적 관여를 위해서는 좀 더 많은 재판원이 바람직할 것이고, 평의의 실효성을 위해서라면 재판원의 수가

---

79 新倉修(2004), 앞의 논문, 25頁.

80 司法制度改革審議会意見書: 21世紀の日本を支える司法制度 ― IV. 国民的基盤の確立 第1. 国民的基盤の確立(国民の司法参加) 1. 刑事訴訟手続への新たな参加制度の導入 (1) 基本的構造.

적정 수준으로 제한되어야 할 것이다. 따라서 심의회의 의견서는 재판원의 규모에 대해서 이렇다 할 방향성을 제시하지 못한 것이라고 할 수 있다. 실제 재판원의 규모는 재판원법 입법 과정에서 견해 대립이 가장 심했던 부분이기도 하다.

구체적으로는 재판관 3명에 재판원 2~3명으로 재판원을 최소화하는 방안과 재판관 1~2명에 재판원 9~11명으로 재판원을 최대화하는 방안, 그리고 그 사이의 여러 절충적 방안이 제시되었는데, 여기에는 이른바 '콤팩트론'과 '와이드론'의 대치가 있었다. 콤팩트론은 재판관과 동수 정도로 하여 재판원의 관여를 한정해야 한다는 견해였고, 와이드론은 재판원의 수를 상당 다수로 해야 한다는 견해였다. 사법제도개혁추진본부 재판원제도·형사검토회나 공적변호검토회에서는 콤팩트론을 지지하였고, 일본변호사연합회에서는 와이드론을 지지하였다.[81]

연립여당 내에서는 자유민주당의 프로젝트팀이 재판관 3명에 재판원 4명의 의견을 제시하였고, 공명당은 재판관 2명에 재판원 7명을 당론으로 결정했다. 야당은 민주당에서 재판관 1명에 재판원 10명이 적합하다는 의견을 공표했다. 2004년 1월 여당 프로젝트팀은 재판관 3명에 재판원 6명의 합의체를 원칙으로 하되, 피고인이 공소사실을 인정하는 경우에는 재판관 1명에 재판원 4명의 합의체도 가능한 것으로 의견을 조율했다. 이는 재판원제도·형사검토회에도 제시되었고, 사법개혁추진본부의 안으로 채택되었다.[82]

당시 재판원법 법안은 연립여당인 자민당·공명당의 정책 합의를

81 池田修(2006), 앞의 책, 20-21頁; 新倉修(2004), 앞의 논문, 11頁.

82 土屋美明(2012), 앞의 논문, 5-6頁.

거쳐서 내각제출법안의 형태로 국회에서 심의가 진행되고 있었다. 그렇지만 야당인 민주당·공산당·사민당에서도 대안 내지 수정안을 공표하여 대치하고 있는 상태였다. 여당 법안이 국회에 제출되기 이전 야당과의 협의를 통해서 일부 변경되고 여야의 대치점이 해소될 가능성도 있었지만, 시간이 촉박하다는 이유로 여야 간 충분한 합의를 도출해 내지 못하였다. 재판원의 규모에 대해서도 사법개혁추진본부 재판원제도·형사검토회에서 제출한 안을 토대로 법안이 작성되었다고 할 수 있다.[83]

재판관 3명·재판원 6명의 원칙적 합의체와 재판관 1명·재판원 4명의 예외적 합의체는 최종 입법에도 그대로 반영되었다(재판원법 제2조 제2·3항). 이는 재판원법상 합의체의 구성을 이원적으로 하는 것인데, 사법제도개혁추진본부와 자민당이 지지하는 방안을 원칙으로 하고 공명당이 지지하는 방안을 예외로 해서 절충한 것이었다. 이는 그간 심도 있게 검토되지 않았던 방안으로 논란이 있었는데, 연립여당 내에서도 재판원 수에 대해서 의견은 엇갈리고 시간이 부족한 상황에서 격론의 응수는 허하여도 결렬은 불허한다는 암묵적 합의에 따라 이른바 정치적 교지(狡智)에 의해서 도출된 최종안이었다고 할 수 있다.[84]

이 같은 이중적 구성과 관련하여 이른바 콤팩트론에서는 재판원 수가 6명으로 증가한 것에 대해서도 비판적이었지만, 그보다 재판관 1명과 재판원 4명의 합의체 구성이 가능하도록 한 것에 대해서 더 비판적이었다. 원칙적 합의체에서 재판관과 재판원을 각각 2명씩 줄여서 예외적 합의체를 구성한다는 것인데, 그 방식에 합리적 근거가 없을

83 新倉修(2004), 앞의 논문, 11頁.

84 위의 논문, 12-13頁.

뿐만 아니라, 다른 법정합의사건과의 균형을 위해서도 재판원재판 역시 재판관 3명의 체제를 유지하는 것이 바람직하다는 것이었다.[85]

그렇지만 여기에는 재판의 수준을 확보 또는 개선하기 위해서는 재판원의 참여보다는 기존 3명의 재판관 수를 유지하는 것이 핵심이라는 사고가 여전히 깔려 있었다고 할 수 있다. 일반 국민의 건전한 분별력을 신뢰하고, 재판원의 주체적·실질적 참여를 도모한다는 관점에서 본다면 재판원이 이미 합의체의 구성원으로 재판에 참여한 이상 직업법관에 의해서만 진행되던 기존의 합의체 재판관 수 3명을 고집할 필요가 없었기 때문이다.

한편 재판관 1명·재판원 4명의 예외적 합의체 구성 요건을 살펴보면, 공판 전 정리절차에서 공소사실에 관하여 다툼이 없다고 인정되고, 사건의 내용 및 기타의 사정을 고려하여 적당하다고 인정될 경우에 가능한 것으로 규정되어 있다(재판원법 제2조 제3항). 여기에서 기타의 사정이 문제되는데, 경우에 따라서는 피고인의 자백이 있는 경우에도 재판소에서 예외적 합의체에서 재판하는 것이 적당하지 않다고 판단하면 재판관 3명·재판원 6명으로 구성되는 합의체에서 재판이 진행될 수 있기 때문이다.

기타의 사정에 대해서는 재판원의 경우 사실인정은 물론 형의 양정에까지 참여하기 때문에 양형 판단이 기타의 사정으로 고려될 수 있다는 견해가 있었다. 즉 일반 국민의 법감정을 반영한 양형 판단의 실현을 위해서 피고인의 자백 여부에 관계없이 원칙적 합의체 구성이 필요한 경우가 있다는 것이다. 또한 사형사건의 경우에도 피고인의 자백 여부와 관계없이 신중한 심리를 위해 재판관 3명·재판원 6명 모두 참

85 위의 논문, 14頁.

여하는 것이 필요하고, 이것이 기타의 사정으로 반드시 고려되어야 한다는 견해가 있었다.[86]

그러나 이 같은 사후적 해석론과는 별론으로 재판관 1명·재판원 4명이라는 예외적 합의체 구성안은 제도적 정합성을 살리지 못한 것이라고 보아야 할 것이다. 기타의 사정 고려 여하에 따라 피고인의 자백 여부, 즉 공소사실 다툼 여부를 기준으로 한 원칙과 예외의 구분 취지가 무색해지고, 미국에서와 같은 신속한 형사절차의 종결이라는 의미도 살릴 수 없기 때문이다. "사건의 내용 및 기타의 사정 고려"라는 법문의 삽입도 결국 재판소의 운영의 묘에 맡긴다는 것이지만, 합의체 구성의 원칙과 예외의 구분에 대한 이론적 근거나 일관된 기준을 찾지 못한 자신감 결여에서 이루어진 것이라고 할 수 있다.

이처럼 재판원의 규모, 좀 더 본질적으로는 재판관과 재판원의 구성비에 관한 논의는 재판원제도의 핵심을 이루는 것이었지만, 사법제도개혁심의회 의견서에서도 뚜렷한 방향성을 제시하지 못하였고, 이른바 콤팩트론과 와이드론의 대치만이 있었다. 이 과정에서 재판관 수는 법정합의사건 재판관 3명이라는 틀을 벗어나지 못한 채 3명으로 정해졌고, 재판원 수는 양 극단에 있던 견해의 평균이라 할 수 있는 6명으로 정해졌다. 이는 형사절차에의 주체적·실질적 국민참여라는 대의가 합의점의 도출, 시간의 촉박이라는 기능적 명분 아래 매몰된 것이라고 할 수 있다. 또한 연립여당이라는 정치적 이해관계에 따라 급조된 예외적 합의체는 제도의 정합성마저 유지하지 못한 것이라고 할 수 있다.[87]

---

86 위의 논문, 14-16頁.

87 예외적 합의체는 실제로도 전혀 활용되지 않아 2016년까지 예외적 합의체로 재판원재판이 진행된 경우는 한 건도 없었다.

4) 재판원의 권한

일본의 재판원제도는 배심제와 참심제를 절충한 독자적인 형태로 평가받는다. 재판원은 기본적으로 중의원의원 선거권이 있는 국민[88] 중에서 무작위로 선임되지만, 재판원에게 사실의 인정, 법령의 적용, 형의 양정에 관한 권한을 부여하고 있기 때문이다. 이러한 제도가 가능했던 것은 2000년대 일본에서 형사사건에 대한 국민참여가 재논의되었을 때 배심제 또는 참심제 어느 하나에 구애받지 않고 자유롭게 논의를 진행해 보자는 분위기가 있었기 때문이다. 일본의 재판원제도는 재판원 선임이라는 측면에서는 배심제에 가깝고, 재판원 권한이라는 측면에서는 참심제에 가깝다.[89] 결국 재판원의 권한은 일본 재판원제도의 핵심을 이루면서 그 실질적 성격을 규정짓는 요소라고 할 수 있다.

사법제도개혁심의회 의견서에서는 재판원이 관여하는 의의를 다음과 같이 밝히고 있다. 즉 재판관과 재판원이 책임을 분담하면서 법률 전문가인 재판관과 비법률가인 재판원이 상호 소통을 통해서 각각의 지식과 경험을 공유하고, 그 성과를 재판 내용에 반영한다는 점이

---

88 재판원법 제정 당시에는 만 20세 이상의 유권자였으나, 2015년 공직선거법 등의 일부 개정에 따라 만 18세 이상의 유권자로 조정되었다. 다만, 공직선거법 부칙에 만 18세 이상 만 20세 미만인 자는 就職禁止事由에 해당한다고 규정하여 재판원이 될 수 있는 자격을 여전히 만 20세 이상인 자로 제한하고 있다.

89 일본 최고재판소에 의하면 일본국헌법은 일반적으로는 국민의 사법참여를 허용하고 있으며, 그를 채택하는 경우에는 피고인의 보호를 위한 형사소송상의 제 원칙이 확보되고 있는 한, 배심제로 할지 참심제로 할지를 포함한 구체적인 내용은 입법정책에 있는 것으로 해석된다고 하였다. 最高裁判所 平成22(あ)1196号, 平成23年 11月 16日, 大法廷 判決.

다. 이러한 의의는 범죄사실의 인정 또는 유무죄 판정 국면에 그치기보다는 국민의 관심이 높은 형의 양정 국면에도 타당하므로, 모두 재판원이 관여하고 건전한 사회 통념을 반영하는 것으로 해야 한다. 또한 재판관과 재판원의 상호 소통에 의한 지식·경험의 공유라는 절차에 의의가 있는 것이므로 법관과 재판원은 함께 의논하여 유무죄의 결정 및 형의 양정을 실시하는 것으로 해야 한다. 다만, 법률문제, 소송절차상의 문제 등 전문성·기술성이 높다고 생각되는 사항에 대한 재판원의 관여 여부에 대해서는 추가적인 검토가 필요하다는 의견을 제시했다.[90]

이에 따라 재판원법에서도 재판원의 권한에 관해서 사실의 인정, 법령의 적용, 형의 양정에 관한 판단은 합의체 구성원인 재판관과 재판원이 합의에 의한다고 명시적으로 규정하였다(재판원법 제6조 제1항). 이와 함께 구성 재판관만의 합의에 의한 전문적·기술적 사항은 법령의 해석에 관한 판단, 소송절차에 관한 판단을 대상으로 하였다(동법 제6조 제2항). 사실의 인정은 증거재판주의를 정한 형사소송법의 사실인정과 마찬가지로 형벌권의 존부 여부 및 범위를 정하는 사실인정을 의미한다. 그러므로 직접적으로는 소인으로 제시된 범죄구성요건에 해당하는 구체적 사실의 인정을 의미하는데, 이를 입증하기 위해서 필요한 간접사실의 인정과 심리에도 재판원은 참여하게 된다. 반면 소송절차상의 판단의 전제가 되는 사실은 위법수집 증거와 자백의 임의성 판단처럼 사안에 따라서는 유무죄의 결론에 직접 영향을 줄 수 있는 것이어도 재판원은 관여하지 않는다. 법령의 적용은 이른바 법령의 대입으

---

90 司法制度改革審議会意見書: 21世紀の日本を支える司法制度－IV. 国民的基盤の確立 第1. 国民的基盤の確立(国民の司法参加) 1. 刑事訴訟手続への新たな参加制度の導入 (1) 基本的構造 ア 裁判官と裁判員との役割分担の在り方.

로 재판관이 제시한 법률해석을 전제로 인정한 사실이 그에 해당되는지 여부를 판단하는 것을 의미한다. 형의 양정은 유죄인 경우에는 형의 종류와 형기 또는 금액을 결정하는 것으로, 재량에 따른 형의 집행유예, 보호관찰, 미결구금일수의 산입, 벌금의 환형처분, 몰수·추징도 포함될 것이다.[91]

재판원제도·형사검토회에서는 초안으로서 재판원은 유무죄의 결정 및 형의 양정에 관하여 심리 및 재판한다, 재판원은 그 심리에서 재판장에게 고하고, 증인을 심문하고 피고인의 진술을 요구할 수 있도록 한다, 재판관은 적당하다고 인정하는 경우에는 재판원을 소송절차에 관한 판단 또는 법령의 해석에 관한 심리에 참석하게 하고, 그 의견을 들을 수 있는 것으로 한다는 방안이 제시되었다. 기본 방향에는 이론이 없었지만, 일부 소송절차에 관한 판단 가운데, 위법수집 증거와 자백의 임의성에 관한 판단에 대해서 재판원의 관여를 인정해야 한다는 의견이 있었다. 그러나 이에 대해서는 소송절차에 관한 판단은 전문성·기술성이 높고, 신속성이 요구되는 것도 적지 않는 데다 위법수집 증거나 임의성은 재판원제도의 대상사건이 되지 않는 사건에서도 같은 판단이 요구되는 사항이므로, 법적 정합성의 필요에 따라 이들 사항을 달리 취급할 합리적 이유가 없다는 반대의견이 대세였다. 소송절차에 관한 판단을 위한 심리와 실체 판단을 위한 심리가 밀접히 관련된 경우도 적지 않기 때문에 공판정에서 각 쟁점을 판단할 때 일부러 재판원을 배제하고 재판관만이 합의한다는 것도 부자연스럽고, 제도의 도입 취지에서도 바람직하지 않다는 의견도 있었다. 그렇지만 그 심리나 평의에 재판원도 동석하고 재판관이 필요하다고 생각했을 때 의견을

91 池田修(2006), 앞의 책, 31頁.

들을 수 있다면 원안이 적절하다는 것에 이론이 없었다.[92]

이와 같이 참심제를 기본으로 한 재판원의 권한에 대해서는 무엇보다도 사실인정뿐만 아니라 양형 판단에까지 국민의 상식을 반영할 수 있다는 점이 장점으로 제시된다. 재판에 익숙하지 않은 참심원이 유기징역 또는 벌금 등의 경우 어느 정도의 연수 또는 액수가 상당한 것인지를 판단하기는 어렵다고 할 수 있을지도 모르지만, 유사한 사안의 양형 자료가 주어지면 어느 정도 정확한 판단을 기대할 수 있을 것이다. 또한 재판원이 사실인정뿐만 아니라 양형 판단까지 실시하는 것은 피고인이 부인한 사건에 한정하지 않고 자백한 사건까지 그 대상으로 하고 있는 것과도 연결되어 재판원재판 대상사건의 적용 범위가 넓어진다는 것도 장점으로 제시된다.[93]

피고인의 자백사건까지 적용 범위가 넓어진다는 점에 대해서는 좀 더 논의가 필요한데, 재판원제도에서는 제도의 안착을 위하여 피고인에게 재판원재판에 대한 선택권을 부여하지 않았다. 이것이 피고인의 방어권 보장이나 신속한 형사재판의 이념과 상충하는 면이 있음은 전술한 바와 같다. 피고인의 부인사건만을 대상으로 하는 영미법계의 경우 공판 모두에 피고인에게 유죄냐 무죄냐의 답변을 요구하여 이후의 절차를 구별하는 어레인먼트(arraignment) 제도를 채택하고 있으므로, 부인사건과 자백사건과의 구별이 뚜렷하고, 피고인은 가벼운 형량을 요구하면서 벤치 트라이얼을 원할 수도 있다. 재판원법에서는 이와 같은 어레인먼트 제도를 채택하지 않았고, 피고인에게 국민참여방식의 심리를 원하는지 여부에 대한 선택권을 부여하지도 않았다.

---

92 위의 책, 33-34頁.

93 川島健治(2004), 「刑事裁判への国民の参加にともなう諸問題」, 『刑事司法への市民参加: 高窪貞人教授古稀祝賀記念論文集』, 現代人文社, 99-100頁.

여기에는 재판원제도를 도입하기는 하였지만, 그것이 일부 형사사건을 대상으로 하고 있으므로, 영미법계와 구분되는 대륙법계 형사소송의 틀 전체를 바꿀 수는 없다는 점과 일단 도입된 재판원제도가 피고인의 선택권 행사로 회피되는 것은 바람직하지 않다는 점 등이 고려되었던 것으로 보인다. 결국 재판원제도의 시행으로 기대되는 형사절차의 변화를 달성하기 위하여 피고인에게 선택권을 부여하지는 않았지만, 재판원에게 사실의 인정과 법률의 적용은 물론 양의 양정에 관한 권한까지 부여함으로써, 형사재판에 보다 폭넓게 국민의 상식을 반영할 수 있도록 했다는 점에서 피고인 자백사건의 양형 판단까지 재판원재판의 대상으로 확대한 의의를 찾을 수 있을 것이다.

5) 평결의 방식

평결의 방식 역시 재판원제도에 있어 가장 핵심적인 문제 중 하나라고 할 수 있다. 재판원의 평결에 구속력을 인정한다고 하더라도 문제는 여전히 남는다. 평결의 방식에 따라 재판원의 의견 개진이 형식적인 것에 그칠 수 있기 때문이다. 2001년 사법제도개혁심의회 의견서에서 재판관과 재판원이 서로 책임을 분담하고 협동하여 재판 내용을 결정한다는 제도의 취지에 따라 적어도 재판관 또는 재판원 일방의 다수에 의해서 피고인에게 불리한 결정이 내려져서는 안 된다고 한 것도 이러한 문제의식을 반영한 것이다.[94] 재판원의 주체적이고 실질적인 참여가 확보될 수 있으려면 무엇보다 재판원의 의견이 최종적인 판

94 司法制度改革審議会意見書: 21世紀の日本を支える司法制度 ― IV. 国民的基盤の確立 第1. 国民的基盤の確立(国民の司法参加) 1. 刑事訴訟手続への新たな参加制度の導入 (1) 基本的構造 イ 裁判体の構成·評決の方法.

결 결과에 영향을 미칠 수 있어야 한다. 평결의 방식은 이와 직접 관련된 문제라고 할 수 있다.

현행 재판원법의 관련 조문을 보면 재판원이 관여하는 판단은 구성 재판관과 재판원 쌍방의 의견을 포함한 합의체 원수의 과반수 의견에 의하도록 규정되어 있다(재판원법 제67조). 애초에 재판원법의 논의 과정에서는 사법제도개혁심의회 의견서에 적시된 단서를 기본으로 몇 가지 평결 방식이 개진되었다. 우선 현행 재판원법과 비슷한 내용의 A안 외에 단순 다수결에 의하지만, 피고인에게 불리한 재판은 재판관 1명 이상과 재판원 1명 이상이 찬성하지 않으면 안 된다는 B안, 단순 다수결에 의하지만, 피고인에게 불리한 재판은 재판관 과반수와 재판원 1명 이상이 찬성하지 않으면 안 된다는 C안 등이 제시되었다. 이외에도 합의체의 3분의 2 이상의 특별 다수결로 해야 한다는 의견도 있었지만, 현행의 단순 다수결과 다른 요건으로 하는 합리적 근거가 없다는 등의 이유로 A안을 지지하는 의견이 대세였다. 또한 B안에 대해서는 최종평결을 한다면 '의심스러울 때는 피고인의 이익으로'라는 원칙이 적용되는 형사사건에서는 A안과 같은 것이 되고, 그 도중의 논점마다 열리는 평결을 한다면 피고인의 유불리 판단이 분명하지 않은 것도 적지 않을 것이라는 문제가 지적되었다.[95]

이와 같은 재판원법의 평결 방식은 기본적으로는 재판소법에서 과반수의 의견에 의하도록 한 것을 전제로 하면서, 재판관 또는 재판원 일방만의 다수결로 결정하지 못하도록 한 사법제도개혁심의회의 의견을 반영한 것이라고 할 수 있다. 그렇지만 하급심 재판소의 합의체는 재판관 3명으로 구성되기 때문에 2:1 과반수라고 하더라도 실

95 池田修(2006), 앞의 책, 39頁.

질적으로는 재판관 3분의 2에 의해서 결정되는 것으로 볼 수도 있다. 따라서 신중한 평의라는 관점에서 보면 단순 다수결을 기본으로 하고 있는 현행 평결 방식에는 문제가 있다. 유죄판결일 경우에는 3분의 2 다수결을 요구하거나, 사형을 선고하는 경우에는 전원일치를 요구하는 것을 생각해 볼 수 있을 것이다.[96] 특히 재판관 3명과 재판원 6명의 재판체를 전제로 생각하면 재판원 4명이 무죄라는 의견이라도 재판관 3명과 재판원 2명이 유죄라는 의견이 있으면 유죄평결이 내려진다. 이는 합리적 의심을 넘어서는 증명을 원칙으로 하는 형사재판에서 시민의 양식에 따른 판단을 반드시 보장하지는 않는다는 것을 의미한다.[97]

이러한 우려가 모의재판원재판의 경우이긴 하지만, 현실화된 경우도 있었다. 일본에서는 재판원제도 시행에 앞서 재판소, 검찰청, 변호사회가 공동으로 모의재판원재판을 전국 각지에서 실시하였다. 2006년『季刊 刑事辯護』(45号)에서는「모의재판원재판을 검증한다」라는 특집에서 교토에서 열린 다음과 같은 모의재판원재판 사례를 소개하고 있다.[98] 사건의 개요는 피고인이 매제인 피해자로부터 안면 등을 구타당한 것에 분노하여 칼날 길이 약 27cm의 소 잡는 칼[牛刀]로 피해자의 왼쪽 가슴을 1회 찔렀는데(상처의 깊이는 약 17cm였음), 그로 인해 피

96 실제로 일본변호사연합회에서는 사형을 선고할 때 전원 일치를 요하는 의견을 제시하였다. 中根憲一(2004),「裁判員制度: 主要論点に対する各界の提案·意見」,『レファレンス』平成16年 5月号, 国立国会図書館, 80頁 참조.

97 新倉修(2004), 앞의 논문, 21頁.

98 伊佐千尋(2006),『裁判員制度は刑事裁判を変えるか: 陪審制度を求める理由』, 現代人文社, 8-9頁. 여기에 소개된 모의재판원재판 사례는 小原健司 변호사가 2006년『季刊 刑事辯護』45号, 2006, 98頁 이하에 기고한 것으로, 이를 재인용하였다.

해자의 좌측 폐, 심장 위의 대동맥이 손상되어 그 자리에서 출혈로 사망하였다. 피고인은 살인죄 및 銃刀法 위반으로 기소되었는데, 사건의 쟁점은 살인의 실행행위 유무, 살의(殺意)의 유무였다. 피고인이 가지고 있던 칼이 피해자의 왼쪽 가슴에 박힌 데 따라 피해자가 사망한 것, 범행 직전에 양측이 상당량의 술을 마신 것, 그리고 싸움이 있었던 것에 대해서는 다툼이 없었다.

이 재판이 주목을 받은 이유는 평결에 이르는 과정 때문이었다. 살의의 유무에 관해 당초의 평의에서는 재판관 3명 전원은 '살의 있음'이었고, 재판원 6명 전원은 '살의 없음'이었지만, 최종적으로는 재판원 2명이 '살의 있음'으로 의견을 바꾸어서 최종평결은 '살의 있음'으로 되었다. 애초에 재판원이 살의가 없다고 본 이유의 대부분이 피고인의 동기가 약함에 의한 것임을 간파한 재판관은 살의의 인정에 있어 흉기의 형상과 같은 객관적 요소를 강조하면서 '지금까지 형사재판의 경험에서'라는 측면을 강조하고, 재판원에 대해서 개별적으로 "피고인은 피해자의 어느 부분을 찌르는지 인식하지 않았던가?"라는 관점에서 질문을 하였다. 그래도 기대하는 반응이 없다고 생각되자(1명의 재판원은 이 시점에서 '살의 있음'으로 의견을 바꿈), 재판관은 정말 사소한 동기에서 살인에 이르는 사례가 경험상 있었다는 점, 본 사건 같은 동기라도 살인의 동기가 될 수 있다는 점, 또한 동기 없는 살인도 있다는 점을 강조하고, "다치게 할 생각이라면 보통 어떤 행동을 취했겠는가?"라는 질문을 던지면서 재판원이 의견을 바꾸기를 원했던 것으로 전한다. 흉기의 형상, 상처의 부위 및 깊이 등과 같은 객관적 사정을 중시하여 살의를 인정하는 것은 재판관에게는 당연시되던 것이기는 하였다.

모의재판원재판의 경우지만, 이 사례는 평의 과정과 최종평결에서 나타날 수 있는 문제점을 적나라하게 보여준다. 우선 사례에서와 같이 재판관의 생각이 강요된 경우 법률에 대한 지식이 부족하고 실무 경험도 없는 재판원이 전문가인 재판관의 의견에 반론을 제기하고 자신의 생각을 주장하기는 사실상 어렵다.[99] 재판관이 1명인 모의재판에서조차도 1명의 재판관이 미치는 영향이 큰 것으로 보고되는데, 재판관이 3명이나 있는 상황에서 사회 대표로서의 성격도 충분치 않은 소수 6명의 재판원에게 '시민(市民)의 감각(感覺)'을 재판에 반영시킬 것을 기대하는 것 자체가 무리일 수 있다. 결국 이를 양식 있는 재판관의 노력에 맡길 수밖에 없다고 한다면, 재판관의 관료적 체질이나 질서유지적 체질을 고려할 때 이는 재판원이 재판관과 함께 협의하도록 한 재판원제도의 숙명적 결함으로 지적될 수 있다.[100] 또한 재판관 사이에 합의만 있다면 2명의 재판원만 설득시키면 다수 재판원의 의견에도 불구하고 재판관이 원하는 최종평결을 관철시킬 수 있다는 극단적인 결과에 대한 우려 역시 지적된다.

---

99 영국에서 판사의 영향력을 조사한 연구에서도 유사한 점이 확인되었다. 영국에서는 1993년 800건 이상의 형사법원사건을 대상으로 판사의 사건 개요 설명에 대한 배심원의 견해를 조사하였다. 해당 연구에서는 "일부 배심원을 상대로 판사의 사건 개요 설명이 유죄 또는 무죄를 암시하는 것으로 생각하였는가?" "판사의 암시가 어느 정도 증거에 의하여 뒷받침되었다고 생각하였는가?"라는 질문을 하였다. 결과는 상당히 충격적으로 응답자 중 33%가 판사의 사건 개요 설명이 유죄 또는 무죄를 암시한다고 답하였고, 판사의 사건 개요 설명에 포함된 암시는 사건의 결과와 밀접한 관련이 있는 것으로 나타났다. 닐 비드마르 엮음(2007), 앞의 책, 151-154쪽.

100 伊佐千尋(2006), 앞의 책, 9頁.

5. 결론: 한국에의 시사점

지금까지 일본의 1923년 배심법부터 2004년 재판원법까지 법제정의 경위, 헌법 적합성의 문제 및 최고재판소의 판결, 그리고 재판원법의 법적 쟁점들을 살펴보았다. 일본의 재판원법은 참심제와 배심제의 어느 것에도 속하지 않는 일본 고유의 제도로 평가된다. 그러한 법제정은 전전(戰前) 배심제의 운영 경험에 따른 보다 유연한 사고와 당시의 정치적 지형에 따른 타협의 결과물이라고 할 수 있다.

재판원법은 무엇보다 재판관과 재판원의 구분이라는 한계가 있고, 향후 대상사건 범위의 확대나 피고인의 선택권 부여, 보다 적정한 재판원의 규모와 평결의 방식에 대해서 재검토가 필요한 부분들이 있다. 그렇지만 재판원이 직접 재판관과 협의하여 사실의 인정과 법령의 적용은 물론 형의 양정에 관한 결정에까지 참여할 수 있도록 한 점에서는 한국의 국민참여재판법보다 사법에의 국민참여라는 대의에 한층 더 가깝게 설계된 것이라고 할 수 있다.

법조에 의해서만 운영되는 사법의 고도의 전문성은 때로는 국민의 이해를 어렵게 하고 그 감각에서 괴리된 것이 될 수도 있으므로, 국민의 관점·감각과 법조의 전문성이 항상 교류함으로써 상호 이해를 깊이 하여, 각각의 장점을 살리는 형사재판의 실현을 목표로 해야 한다. 재판의 독립은 국민으로부터의 독립이 아니라, 공정한 판단을 위한 당사자로부터의 독립, 재판에 영향을 미치려는 일단의 세력으로부터의 독립을 의미하는 것이며, 재판의 전문성이 사법절차에 국민을 배제시키는 논거로 사용되어서는 안 된다.

국민참여재판법 제정 과정에 있었던 위헌성 시비에 대한 고민은 이미 한 세기 전 미노베에 의해서 그 해결책이 제시되었던 내용이었다. 즉 헌법은 국가 통치의 기초 원칙을 정한 것이고 배심제는 입헌정치에 수반된 필연의 제도이므로, 법문의 자구에 구속되어서는 안 된다. 배심제 위헌론은 헌법의 자구만을 헌법해석의 표준으로 삼아 생긴 논의로서 바로 조문법학(條文法學)의 폐단에 빠진 것이라고 미노베는 지적하였다. 이후 한국에서의 논의는 그를 본뜨지도 못한 상태에 머물러 있었다고 해도 과언이 아닐 것이다.

다행히 국민참여재판법의 제정을 계기로 국민이 사법에 참여할 수 있는 길이 열렸고, 최근의 헌법 개정안은 그 길이 더 확대될 수 있음을 보여 주었다. 그렇지만 '법관'을 '법원'으로 바꾼다고 해서 문제가 다 해결되는 것이 아니라, 그 '법원'을 'court'로 번역해야 하는지, 아니면 'tribunal'로 번역해야 하는지에 대한 좀 더 진지한 고민이 있어야 한다. 서론에서 언급했던, 토크빌이 배심제도는 단순한 사법제도가 아닌 정치제도의 하나로서 파악되어야 한다고 한 것도, 독립성과 전문성이라는 갑 속에서 유리될 수 있는 사법이 입헌정치와 국민주권 반영이라는 틀 안에서 국민의 참여와 함께 운영되어야 함을 강조한 것과 다름없다.

표 2-1. 배심법 관련 연표

시기	내용
1910년 3월 3일	입헌정우회 소속 의원의 「배심제도 설립에 관한 건의안」을 중의원(제26 제국의회)에서 채택·통과
1912년 7월 30일	천황 붕어에 따른 大正 개원
1914년 6월 18일	原敬, 제3대 입헌정우회 총재 취임
1914년 7월 28일	제1차 세계대전 발발(일본은 8.23 독일에 대한 선전포고로 참전)
1918년 8월 29일	富山현에서 시작된 쌀 소동이 전국으로 파급
1918년 9월 29일	原敬 내각 성립(大正9년 5월 15일까지 原敬이 사법대신 겸직)
1919년 7월 8일	임시법제심의회 관제를 정함
1919년 7월 9일	임시법제심의회는 총재 穂積陳重, 부총재 平沼騏一郎, 위원 및 간사로 구성되어 배심법의 가부나 법안 심의
1920년 6월 28일	임시법제심의회는 배심법의 필요성을 인지하고, 입안강령을 가결, 정부에 답신
1920년 7월 28일	사법성에 배심법조사위원회가 설치되어 穂積陳重 이하 위원·간사 임명, 배심법의 초안 작성에 착수
1921년 1월 1일	배심법안을 추밀원에 자문
1921년 5월 4일	추밀원의 반대다수에 따라 정부는 배심법안의 자문 철회
1921년 6월 21일	제2차 배심법안을 추밀원에 자문
1921년 10월 25일	추밀원의 반대다수에 따라 배심법안의 자문 철회
1921년 10월 26일	제3차 배심법안을 추밀원에 자문
1921년 11월 4일	내각총리대신 原敬이 도쿄역에서 살해됨
1922년 2월 27일	추밀원이 수정된 배심법안 승인
1922년 3월 22일	중의원(제45 제국의회)에서 배심법안 가결
1922년 3월 26일	귀족원(제45 제국의회)에서는 의사 지연에 따른 배심법안 심의 미완료로 폐기
1922년 5월 4일	형사소송법(구 형사소송법) 개정 공포
1923년 2월 20일	추밀원에서 배심법안 승인
1923년 3월 2일	중의원(제46 제국의회)에서 배심법안 가결
1923년 3월 21일	귀족원(제46 제국의회)에서 찬성 143, 반대 8로 배심법안 가결

시기	내용
1923년 4월 18일	배심법 공포
1923년 9월 1일	관동대지진
1925년 4월 22일	치안유지법 공포
1925년 5월 5일	중의원의원선거법 개정 공포
1926년 12월 25일	천황 붕어에 따른 昭和 개원
1927년 5월 28일	배심법시행규칙(사법성령) 제정
1928년 9월 3일	배심 관련 판검사를 사법부에 소집 후, 배심법 시행에 관한 연구회 개최(회기 4일간)
1928년 9월 18일	배심원 여비 일당 및 숙박료 규칙의 건 공포
1928년 10월 1일	배심법 시행(이 날을 昭和 4년부터 사법 기념일로 함)
1928년 10월 25일	전국 최초의 배심재판에 의한 판결이 大分지방재판소에서 내려짐(살인미수 사건에 대해서 배심단은 살의를 인정하지 않고, 재판소는 징역 6월 선고)
1929년 3월 4일	大分지방재판소는 배심원 후보자로 출석을 명하였는데도 결석한 자에 대해서 처음으로 배심법 위반을 묻고 과료 판결
1929년 4월 4일	배심법 중 치안유지법 피고 사건은 배심의 평의에 부치지 않도록 하는 개정의 건 공포
1930년	세계공황이 일본에 파급되어 昭和공황 발생
1931년 9월 18일	만주사변 발발
1932년 1월 28일	상해사변 발발
1932년 5월 15일	5·15사건(해군사관들이 내각총리대신 犬養毅 살해)
1933년 3월 27일	일본, 국제연맹 탈퇴 통고
1935년 2월 18일	귀족원에서 美濃部達吉 박사의 천황기관설이 공격당함
1936년 2월 26일	2·26사건(육군장교들이 대장대신 高橋是清 등 살해)
1937년 7월 7일	일중전쟁 개전(北京 교외 盧溝橋에서 일중 양군 충돌)
1938년 4월 1일	국가총동원법 공포
1939년 9월 1일	제2차 세계대전 개전(독일군, 폴란드에 침공 개시)
1940년 9월 27일	일·독·이 3국 동맹 조인
1941년 3월 12일	배심법 개정(배심원유자격자 명부 및 배심원 후보자 명부 조정 시기 개정)
1941년 12월 8일	태평양전쟁 개전(하와이 진주만 공격, 연합군에 대한 선전 포고)
1943년 4월 1일	배심법의 정지에 관한 법률 공포, 시행

출처: 法務省 法務史料展示室.

표 2-2. 전전(戰前) 배심법 제정과 전후(戰後) 논의의 전개

시기	내용
전전(戰前)	
1923년 4월 18일	배심법 제정
1928년	배심재판 개시
1943년 4월 1일	배심법의 정지에 관한 법률(법88호) 부칙 제3항 배심법은 금번 전쟁이 종료된 후 재시행하는 것으로, 그 기일은 각 조에 대해 칙령으로 이를 정한다
전후(戰後)	
1945년 10월 11일	헌법문제조사회 발족
1945년 11월 9일	사법제도개정심의회 설치
1945년 12월 18일	사법제도개정심의회: 참심제안 제시
1946년 2월 13일	GHQ 초안의 일본 제시
1946년 3월 6일	헌법 개정 초안 요강
1946년 3월	GHQ 민간정보부 보안과 법률반의 대위가 개인적 수정안으로 사법성에 배심법 개정 내용 제시
1946년 5월 13일	추밀원 정부 답변: 새 헌법에서는 배심제(참고적 의견 청취) 인정 가능
1946년 6월 28일	제90 임시제국의회: 金森 국무대신·木村 법무상의 배심제 부정적 발언
1946년 7월	임시사법제도개정준비협의회(형사국 시안에서는 배심제 채용) 설치
1946년 7월	임시법제조사회(내각총리대신자문기관)·사법법제심의회(사법대신 자문기관) 설치
1946년 9월 27일	임시법제조사회: 재판소법안 요강 확정(GHQ 불승인)
1946년 11월 3일	일본국헌법 공포
1947년 3월 3일	특별법안개정위원회 설치(일본과 GHQ의 대표로 구성)
1947년 3월 10일	특별법안개정위원회(제5회): 재판소법 3조 3항 요구
1947년 3월 15일	중의원재판소법안위원회: 木村 국무대신의 배심제 시행은 시기상조 발언

출처: 木幡洋子(2008), 「陪審法と裁判員制度: 民主主義国家と主権者教育保障への架橋としての裁判員制度」, 『社会福祉研究』 10巻, 18頁, 日本社会福祉学会.

표 2-3. '국민의 사법참여'에 관한 사법제도개혁심의회 심의 경과

심의회 일정	내용
第8회 1999년 12월 8일	최고재판소의 '국민의 사법참여'에 대한 의견 「21세기의 사법제도를 생각: 사법제도 개혁에 관한 재판소의 기본적인 생각」
第17회 2000년 4월 17일	「국민의 사법참여에 대해서」(藤田耕三 위원에 의한 보고) 배심·참심제도의 문제점 정리
第18회 2000년 4월 25일	「국민의 기대에 부응하는 형사사법의 기본 방향」(水原敏博 위원에 의한 보고 및 의견 교환) "또한 배심제를 휴면한 것도 새 형사소송이 당사자주의를 기본으로 한 것과의 정합성을 잃었다는 비판도 강하다."
第30회 2000년 9월 12일	'국민의 사법참여'에 대해서(법조삼륜으로부터의 공청회 및 의견 교환) 최고재판소: 평결권을 갖지 않는 참심제 법무성: 배심·참심제 도입은 소송절차의 변경이 필수적으로 헌법에 저촉될 우려(재판관의 독립·재판소 구성)
第31회 2000년 9월 18일	'국민의 사법참여'에 대해서(石井 위원, 高木 위원, 吉岡 위원에 의한 보고 및 의견 교환) 石井宏治 위원(石井철공소 대표이사 사장): 배심·참심 도입 반대 高木剛 위원(일본노동조합총연합회 부회장): 배심제 도입 吉岡初子 위원(주부연합회 사무국장): 배심제 도입
第32회 2000년 9월 26일	'국민의 사법참여'에 대해서(의견 교환 및 '소송절차에의 참여'에 대한 심의 결과 정리)
第43회 2001년 1월 9일	'국민의 사법참여'에 대해서(전문가들로부터의 청취 및 의견 교환) 藤倉皓一郎(帝塚山대학 교수) 三谷太一郎(成蹊대학 교수) 松尾浩也(東京대학 명예교수)
第45회 2001년 1월 30일	'국민의 사법참여'에 대해서(井上正仁 위원의 보고 및 의견 교환) '재판원'이라는 용어가 처음 등장
第51회 2001년 3월 13일	'국민의 사법참여'에 대해서(심의 결과 정리) 재판관과 재판원의 협동 방식으로 정리

출처: 木幡洋子(2008), 「陪審法と裁判員制度: 民主主義国家と主権者教育保障への架橋としての裁判員制度」, 『社会福祉研究』 10巻, 19頁, 日本社会福祉学会.

표 2-4. 재판원법 법안 제출까지의 주요 움직임

시기	정부·여당의 움직임	야당·일본변호사연합회 등의 움직임
2001년 6월 12일	사법제도개혁심의회, 『사법제도개혁심의회의견서: 21세기의 일본을 뒷받침하는 사법제도』를 小泉 총리에게 제출	
2002년 3월 19일	「사법제도개혁추진계획」을 각의 결정	
5월 29일		「사법개혁국민회의」 출범 (회장: 亀井正夫 사회경제생산성본부회장)
6월 12일		「시민의 재판원제도 모임」 출범 (대표 간사: 片山徒有, 佐野洋, 毛利甚八)
8월 1일 ~ 10월 31일	「형사소송절차에 대한 새로운 참여제도 도입」, 「형사재판의 충실·신속화」 및 「공소제기의 방식」에 대한 의견 모집(사법제도개혁추진본부사무국)	
11월 11일		「사법개혁국민회의」, 『「피가 통하는 사법」을 실현하기 위한 제1차 제언 ~사법의 본질을 바꾸는 구조개혁을~』 발표
2003년 3월 11일	사법제도개혁추진본부사무국, 『재판원제도에 대해서』(이른바 「원안」) 공표	
4월 1일 ~ 5월 31일	재판원제도 및 검찰심사회제도에 대한 의견 모집(사법제도개혁추진본부사무국)	
5월 9일 ~ 5월 12일		시사통신사, '재판원제도에 관한 여론 조사' 실시
5월 16일	재판원제도·형사검토회, 일본신문협회·일본잡지협회·일본민간방송연맹에서 공청회	
5월 22일		「시민의 재판원제도 모임」, 정시 총회에서 「재판원제도의 제도설계안」 승인
5월 30일		일본변호사연합회, 『재판원제도 「원안」에 대한 의견』 발표
7월 12일 ~ 7월 13일		売신문사, 재판원제도의 도입에 대한 전국여론조사 실시

시기	정부·여당의 움직임	야당·일본변호사연합회 등의 움직임
7월 25일		「재판원제도추진의원연맹」 출범 (회장: 橋本龍太郎 전 총리)
9월 6일 ~ 9월 7일		일본여론조사회, 재판원제도에 관한 전국연론조사 실시
10월		「재판원제도에 반대하는 모임」 출범 (대표: 大久保太郎, 小田村四郎, 高池勝彦, 長谷川三千子)
10월 28일	재판원제도·형사검토회 좌장, 『가능한 재판원제도의 개요에 대해서』(이른바 「좌장시안」) 공표	
11월 18일 ~ 12월 17일	재판원제도, 형사재판의 충실·신속화 및 검찰심사회제도에 관한 의견 모집 (사법제도개혁추진본부사무국)	
12월 4일		민주당, 사법개혁WT좌장·차기 내각 법무대신 이름으로 「재판원제도 설계에 관한 구상」 발표
12월 11일		일본변호사연합회, 『재판원제도 및 형사재판의 충실·신속화에 관한 의견서』 발표
12월 16일	자유민주당 정무조사회 사법제도조사회 「재판원제도와 국민의 사법참여에 관한 소위원회」, 『재판원제도의 기본방향에 대해서』 발표	「재판원제도에 반대하는 모임」, 사법제도개혁추진본부사무국에 의견서 제출
2004년 1월 26일	여당정책책임자회의 사법제도개혁 프로젝트팀 합의(『재판원제도의 도입에 대해서』)	
1월 29일	사법제도개혁추진본부사무국, 『재판원제도의 개요에 대해서(골격안)』 공표	
1월 30일~ 2월 13일	재판원제도, 형사재판의 충실·신속화 및 검찰심사회제도의 골격안에 대한 의견 모집(사법제도개혁추진본부사무국)	
2월 12일		일본변호사연합회, 『재판원제도, 형사재판의 충실·신속화 및 검찰심사회제도의 골격안에 대한 의견서』 발표
3월 2일	「재판원이 참가하는 형사재판에 관한 법률안」 각의 결정, 국회 제출	

출처: 中根憲一(2004), 「裁判員制度: 主要論点に対する各界の提案·意見」, 『レファレンス』(平成16年5月号), 2004, 93頁, 国立国会図書館.

표 2-5. 배심제도와 재판원제도 비교

구분	배심제도	재판원제도
실시 기간	• 昭和3년(1928)부터 昭和18년(1943)까지	• 平成21년(2009) 5월부터 시행
제도 도입의 의의	• 형사재판절차도 국민의 참여를 인정하는 것이 입헌정치의 본래 취지에 부합하는 것이므로 타당함 • 재판관이 아닌 일반인을 국민 중에서 선출하여 재판절차에 참여시키고, 그 판단을 가미한다면 형사재판에 대한 신뢰가 두터워짐 • 배심제도를 실시하면 국민은 자연히 재판소에 친밀감을 갖게 되고, 법률 사상이 길러짐	• 국민이 형사재판에 참여함으로써 판결에 국민의 감각이 반영되어 사법이 지금까지 이상으로 국민으로부터의 신뢰와 이해를 받게 됨(사법의 국민적 기반의 확립) • 법률 전문가가 아닌 재판원이 참여하는 것을 계기로 하여 재판이 신속히 이루어지게 되고, 또한 재판절차와 판결이 알기 쉬워짐
배심원·재판원 수	• 12명	• 6명(피고인이 사실을 다투지 않는 등 일정한 조건에서는 4명)
배심원·재판원 자격	• 30세 이상의 남자 • 2년 이상 직접 국세 3엔 이상을 납부하는 것 등	• 중의원의원의 선거권을 가지고 있을 것
배심원·재판원 선정 방법	• 배심원의 자격이 있는 사람 중에서 추첨 등으로 선출	• 선거권이 있는 사람 중에서 추첨 등으로 선출
배심원·재판원 역할	• 배심원만으로 논의하고, 범죄사실의 유무를 결정함 • 유죄의 경우 형의 내용(종류와 경중)은 재판관만으로 결정	• 재판원(6명)과 재판관(3명)이 함께 논의하여 유무죄를 결정함 • 유죄의 경우에는 형의 내용도 재판원이 재판관과 함께 논의하고 결정함
유죄·무죄의 평결 방법	• 다수결	• 원칙적으로 다수결 (단, 재판관 및 재판원의 최소 각 1명의 찬성이 필요함)
불복의 경우	• 검찰 측도, 피고 측도 항소할 수 없음	• 항소할 수 있음

출처: 法務省 法務史料展示室.

참고문헌

국내 문헌

닐 비드마르 엮음(2007), 『세계의 배심제도』, 김상준 등 옮김, 나남.

안경환·한인섭(2005), 『배심제와 시민의 사법참여』, 집문당.

한인섭(2009), 「한국의 배심원재판: 준비과정과 시행원년의 성과를 검토한다」, 『서울대학교 法學』 50권 2호, 서울대학교 법학연구소.

일본 문헌

高山俊吉(2006), 『裁判員制度はいらない』, 講談社.

大石和彦(2001), 「国民の司法参加をめぐる憲法問題」, 『白鴎法学』 18号, 白鴎大学法学部.

柳瀬昇(2016), 「裁判員制度の憲法適合性」, 『日本法学』 82巻 3号, 日本大学法学部.

柳瀬昇(2017), 「裁判員の職務等と被告人の裁判選択権をめぐる憲法問題」, 『日本法学』 82巻 4号, 日本大学法学部.

木幡洋子(2008), 「陪審法と裁判員制度: 民主主義国家と主権者教育保障への架橋としての裁判員制度」, 『社会福祉研究』 10巻, 日本社会福祉学会.

西野喜一(2012), 「裁判員制度合憲判決にみる最高裁判所の思想とその問題点」, 『法政理論』 44巻 2·3号, 新潟大学法学会.

西村健(2000), 「いま, なぜ陪審制度なのか—参審制度との対比も含めて」, 『日本に陪審制度は導入できるのか—その可能性と問題点』, 現代人文社.

新屋達之(2013), 「裁判員制度の合憲性(最判2012年1月13日 刑集 66巻 1号 1頁): 併せ, 討議民主主義と裁判員制度に関する若干の検討」, 『大宮ローレビュー』 9号, 大宮法科大学院大学.

新倉修(2004), 「裁判員制度の可能性と課題」, 『刑事司法への市民参加: 高窪貞人教授古稀祝賀記念論文集』, 現代人文社.

鯰越溢弘(2004), 『裁判員制度と国民の司法参加: 刑事司法の大転換への道』, 現代人文社.

伊佐千尋(2006), 『裁判員制度は刑事裁判を変えるか: 陪審制度を求める理由』, 現代人文社.
中根憲一(2004),「裁判員制度: 主要論点に対する各界の提案·意見」,『レファレンス』平成16年 5月号, 国立国会図書館.
中原精一(2000),『陪審制復活の条件: 憲法論と日本文化論の視点から』, 現代人文社.
池田修(2006),『解説 裁判員法: 立法の経緯と課題』, 弘文堂.
川島健治(2004),「刑事裁判への国民の参加にともなう諸問題」,『刑事司法への市民参加: 高窪貞人教授古稀祝賀記念論文集』, 現代人文社.
青野篤(2012),「裁判員制度の合憲性: 最高裁平成23年11月16日大法廷判決」,『大分大学経済論集』64·1号, 大分大学経済学会.
土屋美明(2012),「裁判員制度の背景と課題: 世代を超えて課題の克服へ定着させ, 豊かな司法を」,『総合法律支援論叢』1号, 日本司法支援センター.

영미 문헌

de Toqueville, Alexis (trans. Henry Reeve), *Democracy in America*, An Electronic Classics Series Publication. (http://aspirant.at.ua/Books/dem-in-america1.pdf)

인터넷 자료

日本 最高裁判所　www.courts.go.jp/
日本 法務省　www.moj.go.jp/
日本 弁護士連合会　www.nichibenren.or.jp/
日本 首相官邸　www.kantei.go.jp/
(2020년 6월 18일 최종 방문)

제3장

일본 재판원법 시행 후의 개정에 관한 검토

우지이에 히토시(氏家 仁)

1. 서론

2019년 5월로서 일본에서 국민의 형사사법 참가 제도인 재판원제도가 시작한 지 10년이 되었다.[1] 이 제도는 「재판원이 참가하는 형사재판에 관한 법률」(平成16(2004)년 법률 제63호, 2004년 5월 28일 공포, 2009년 5월 21일 시행. 이하 '재판원법'이라 함)에 의한 것이며, ① 사형, 무기징역·금고에 해당하는 죄에 관한 사건(살인, 강도치상 등)과 법정합의사건 중 고의의 범죄행위에 의하여 피해자를 사망하게 한 죄에 관한 사건(상해치사, 위험운전치사 등)에 관한 지방재판소에서의 제1심에 대하여, ② 피고인의 의사와 상관없이 원칙적으로 재판관 3명·재판원 6명으로 구성되는 총 9명의 합의체로 심리하고, ③ 재판관과 재판원의 합의에 의하여 사실인정, 법령 적용, 유죄인 경우에는 양형 판단까지도 함께하는 것이다. 또한 이 제도의 내용에 대해서는 한국에서도 자세히 소개되어 있기 때문에[2] 이 장에서는 그 부분은 제외하기로 한다.[3]

한편 한국에서도 거의 같은 시기에 국민참여재판제도가 도입되어(「국민의 형사재판 참여에 관한 법률」, 법률 제8495호, 2007년 6월 1일 공포, 2008년 1월 1일 시행) 대상사건을 확대하는 등의 개정을 거쳐 현재에 이르고 있다. 또한 국민참여재판제도는 새로 도입한 과도기적인 제도이기 때문

* 제3장은 대검찰청, 『형사법의 신동향』 94호(2019)에 수록된 내용이다.

1 재판원제도의 실시 상황에 대해서는 「裁判員制度10年の総括報告書」를 포함해서 最高裁判所 사이트(裁判員制度の実施状況について) www.saibanin.courts.go.jp/topics/detail/09_12_05-10jissi_jyoukyou.html(2020.6.18. 최종 방문) 참조.

2 예를 들어 오기소료(2014), 「국민참여재판제도와 재판원제도의 시행 후 상황 및 향후 과제」, 『성균관법학』 26권 4호, 성균관대학교 법학연구소, 93쪽 이하가 있다.

3 일본에서의 대표적인 재판원제도에 관한 문헌으로 池田修·合田悦三·安東章(2016), 『解説 裁判員法: 立法の経緯と課題』(第3版), 弘文堂이 있다.

에, 시행 경과의 분석 등을 통해 추후 이 제도의 최종 형태를 결정하도록 되어 있었으나(동법 제55조 참조),[4] 널리 알려진 바와 같이 국민사법참여위원회에서의 최종 형태의 의결(2013년 3월)과 법무부의 동법 개정안 제출(2014년 6월) 등, 최종 형태를 결정하기 위한 동법 개정의 움직임은 있었지만, 최종적으로는 국회의 임기 만료(2016년 5월)로 법 개정을 이루지 못하였다. 그렇기 때문에 앞으로도 한국에서는 국민참여재판제도의 최종 형태 결정을 위한 동법 개정을 둘러싼 논의가 계속될 것으로 생각된다. 그래서 이러한 한일 양국의 국민의 형사사법참여제도는 내용에 있어 크게 다르다고 할 수 있지만, 거의 같은 시기에 도입되었고 거의 같은 기간의 경험을 쌓았기 때문에, 서로에게 참고 사항으로서의 필요성도 높다는 점에서 일본의 재판원법 시행 후의 개정 상황을 개관함으로써, 향후 진행될 한국에서의 동법 개정 논의에 시사점을 제공하고자 한다.

이와 관련하여 일본에서 재판원법 시행 후의 개정은 타법 개정 등 작은 개정을 제외하면 중요한 개정은 한 번 있었다.[5] 그 개정은 2015년에 장기간의 심판을 필요로 하는 사건 등을 대상사건에서 제외할 수 있도록 하는 규정 신설 등을 내용으로 한 것이다. 이 장에서는 주로 이 개정에 대하여 개관하고 소개하고자 한다.

한편으로, 재판원법이 시행되기 전에 「재판원이 참가하는 형사재판에 관한 법률 등의 일부를 개정하는 법률」(平成19(2007)년 법률 제60호, 2007년 5월 30일 공포·시행(재판원법 개정 부분))에 의하여 주로 부분판결제도

---

4 법원행정처(2007), 『국민의 형사재판 참여에 관한 법률 해설』, 105-106쪽.

5 재판원법의 개정은 타법 개정을 포함해서 총 14회 있었는데, 이에 대해서는 国立国会図書館 사이트(日本法令索引) https://hourei.ndl.go.jp/(2020.6.18. 최종 방문)에서 '裁判員法'으로 검색하면 그 내용을 알 수 있다.

의 창설을 내용으로 하는 재판원법 개정이 있었다. 그렇지만 동 개정법은 재판원제도가 시행하기에 앞서 이미 제도에 반영된 것으로, 시행 후의 개정이라고 할 수 없기 때문에 이 장에서는 논의 대상에 포함시키지 않았다.[6]

2. 재판원법 시행 후의 개정[7]

1) 개정 경위

재판원법 부칙 제9조에는 "정부는 이 법률의 시행 후 3년을 경과

---

6 이 법 개정의 취지, 내용 등에 대해서는 辻裕教(2007), 「「裁判員の参加する刑事裁判に関する法律」の解説(1)」, 『法曹時報』 59巻 11号, 40-54頁; 隄良行(2007), 「裁判員法の円滑な実施に向けて」, 『時の法令』 1793号, 22頁 이하; 隄良行(2007), 「裁判員の参加する刑事裁判に関する法律等の一部を改正する法律について」(前編), (後編), 『研修』 711号, 57頁 이하, 712号(2007), 53頁 이하; 隄良行(2007), 「裁判員の参加する刑事裁判に関する法律等の一部を改正する法律の概要」, 『ジュリスト』 1342号, 154頁 이하; 隄良行(2007), 「裁判員の参加する刑事裁判に関する法律等の一部を改正する法律の解説」, 『捜査研究』 676号, 47頁 이하; 江口和伸(2007), 「裁判員の参加する刑事裁判に関する法律等の一部を改正する法律について」, 『刑事法ジャーナル』 9号, 88頁 이하 등을 참조. 아울러 法務省 사이트(法制審議会 刑事法(裁判員制度関係)部会) www.moj.go.jp/shingi1/shingi_keiji_saibanin_index.html(2020.6.18. 최종 방문)도 참조한다.

7 여기에서의 기술은 주로 浅沼雄介(2015), 「裁判員の参加する刑事裁判に関する法律の一部を改正する法律について」, 『法曹時報』 67巻 12号, 35頁 이하(이하 '浅沼'라고 함)를 기초로 한 것이다. 이 외에 2015년 법 개정의 취지, 내용 등에 대한 논고로, 内田亜也子(2015), 「施行後6年を迎えた裁判員制度の評価と課題」, 『立法と調査』 368号, 16頁 이하; 近藤拓哉(2015), 「弁護士のための新法令紹介第399回」, 『自由と正義』 66巻 11号, 74頁 이하; 浅沼雄介(2015), 「裁判員の参加する刑

한 경우에 이 법률의 시행 상황에 대하여 검토하고, 필요하다고 인정된 때에는 그 결과에 기초하여 재판원이 참여하는 형사재판제도가 일본 사법제도의 기반으로서의 역할을 다할 수 있도록 필요한 조치를 강구하여야 한다"라고 규정하고 있다.

따라서 법무성은 부칙 제9조에 의한 검토에 있어서 2009년 9월 재판원제도의 운용에 종사하는 법조 실무가, 형사법 연구자, 각계의 지식인 등 11명의 의원으로 구성된 '재판원제도에 관한 검토회'를 설치하며 재판원법 시행 상황과 그에 근거한 조치의 필요성을 검토하였다.[8]

그리고 동 검토회에서는 2013년 6월 21일에 『'재판원제도에 관한 검토회' 정리보고서』를 공개했는데, 여기서 법제상의 조치가 필요하다고 한 것은 다음과 같다.[9]

事裁判に関する法律の一部を改正する法律について」, 『刑事法ジャーナル』 46号, 75頁 이하; 土倉健太(2015), 「裁判員の参加する刑事裁判に関する法律の一部を改正する法律の概要」, 『法律のひろば』 68巻 12号, 51頁 이하; 土倉健太(2015), 「長期間の審判を要する事件等を対象事件から除外可能に」, 『 時の法令』 1992号, 39頁 이하 참조.

8 裁判員制度に関する検討会, 『裁判員制度に関する検討会取りまとめ報告書』(平成25年6月), 2-3頁(이하 '『取りまとめ報告書』'라고 함).
재판원제도에 관한 검토회는 총 18회의 회의가 개최되었는데, 각회의 회의 의사록과 자료에 대해서는 法務省 사이트(裁判員制度に関する検討会) www.moj.go.jp/shingi1/keiji_kentoukai_saibaninseido_top.html(2020.6.18. 최종 방문) 참조; 『取りまとめ報告書』, 30-32頁.

9 한편, 법제상의 조치가 필요하지 않은 것으로는, (1) 대상사건의 범위 등에 관하여 '성범죄에 관한 사안은 일률적으로 제외하여야 한다는 등의 의견', '피고인이 청구한 부인 사안을 대상에 추가하여야 한다는 의견' 등에 대해서는 검토했으나 대상사건의 범위를 변경해서는 안 된다는 의견이 많았고, (4) 평의, 평결에 관하여 '유죄판결 등 피고인에게 불리한 판단을 하기 위한 평결 요건으로 재판원의 과반수와 재판관의 과반수를 요구하여야 한다는 의견', '사형선고를 위해서는 전원일치 또는 특별 다수의 평결이 필요하다는 의견'도 있었으나 이러한 의견에 대해서는 법

① 공판심리의 기간이 매우 장기화될 가능성이 큰 사건에 대하여 재판원의 부담이 과중해질 수 있다는 점에서 이를 회피하기 위해 예외적으로 재판관만에 의한 재판을 실시할 수 있도록 하는 제도를 도입하자는 의견이 많았다. ((1) 대상사건의 범위 등)
② 중대한 재해 발생 등의 비상사태 발생 시에 재판원 후보자의 적절한 호출방법에 있어서 중대한 재해 등으로 일정 범위의 후보자가 사퇴 신청을 한 경우에는 사퇴가 허가될 것이 대체로 명백하지만, 한편 사퇴 신청 그 자체가 현저히 곤란한 경우에는 재판소에서 예외적으로 그러한 후보자에 대하여 호출장을 송부하지 않는 조치가 가능하도록 하는 근거 규정을 마련하는 것과 더불어, 비상사태 시에 재판소 출석이 곤란하다는 내용의 사퇴 사유를 독립한 사퇴 사유의 유형으로서 신설하는 법제상의 조치가 요구된다는 의견이 많았다. ((2) 재판원 등 선임절차)
③ 선임절차에서의 피해자 등의 프라이버시 보호를 통한 그 부담에의 배려의 바람직한 상태와 관련하여 선임절차에서의 피해자 등에 대한 배려 의무를 정하는 것과 같은 규정을 신설하는 것이 바람직하다는 의견이 적지 않게 제시되었고, 이에 반대하는 의견은 보이지 아니하였다. ((5) 피해자 등에 대한 배려를 위한 조치)

동 검토회의 정리 결과 등을 근거로 법무성에서 필요한 검토를 한 후, 법무대신은 2013년 10월 15일에 법제심의회에 위 사항을 내용으로 하는 재판원법 일부 개정에 관한 자문을 하였다(자문 제97호).[10]

위 자문은 ① '장기간의 심판을 필요로 하는 사건 등의 대상사건에

제상의 조치를 행하지 아니하여야 한다는 의견이 많았고, (6) 상소에 관하여 '사형 선고를 받은 피고인이 상소하지 아니한 경우나 상소를 취하한 경우에도 법률상 자동적으로 상소심의 심사를 받을 수 있도록 하는 제도에 대해서 검토하여야 한다는 의견'도 있었으나 다수 의견에 이르지는 못하였다(『取りまとめ報告書』, 30-32頁).

10 浅沼雄介(2015), 앞의 논문, 37頁.

서의 제외', ② '중대한 재해 시에 재판원 사퇴 사유의 추가', ③ '비상재해 시에 호출할 재판원 후보자 등에서 제외하는 조치의 추가', ④ '재판원 등 선임절차에서의 피해자를 특정하게 되는 사항의 취급'을 요강(골자)으로 하는 것이다.

법제심의회는 위 자문에 대해서는 먼저 '형사법(재판원제도 관계)부회'에 회부하여 심의하기로 하였다.[11] 동 부회에서는 총 5회의 회의가 개최되었고, 2014년 7월 14일 자문의 요강(골자)을 일부 수정한 요강(골자)안을 채택하여 법제심의회에 보고하였다.[12] 그리고 법제심의회는 같은 날, 동 부회에서 일부 수정한 요강(골자)안을 채택하고 법무대신에게 답신하였다.[13]

이와 같이 법제심의회의 답신을 받아 법무성에서 필요한 입안 작업을 행하였고, 이에 따라 '재판원이 참가하는 형사재판에 관한 법률의 일부를 개정하는 법률안'이 국회에 제출되었다.[14] 이 법안에 대해서는 중의원에서 "정부는 이 법률의 시행 후 3년을 경과한 경우에 신법의 시행 상황 등에 대하여 검토를 하고 필요하다고 인정된 때에는 그 결과에 기초하여 재판원이 참여하는 재판제도가 일본의 사법제도의 기반으로서 보다 중요한 역할을 다할 수 있도록 필요한 조치를 강구하여야 한다"라는 이른바 '검토 조항'을 부칙에 추가한 수정안이 2015년 5월

11 法務省 사이트(法制審議会第170回会議(平成25年 10月 15日 開催)) www.moj.go.jp/shingi1/shingi03500019.html(2020.6.18. 최종 방문).

12 형사법(재판원제도 관계)부회의 각 회의 회의 의사록과 자료에 대해서는 法務省 사이트(法制審議会－刑事法(裁判員制度関係)部会) www.moj.go.jp/shingi1/shingi03500020.html(2020.6.18. 최종 방문) 참조.

13 法務省 사이트(法制審議会第172回会議(平成26年 7月 14日 開催)) www.moj.go.jp/shingi1/shingi03500023.html(2020.6.18. 최종 방문).

14 浅沼雄介(2015), 앞의 논문, 42頁.

19일에 가결되었고, 참의원에서도 2015년 6월 5일에 그대로 가결되면서 법률로 성립되었다(平成27(2015)년 법률 제37호, 2015년 6월 12일 공포, 2015년 12월 12일 시행).[15] 이하 이 장에서는 이 법률을 '개정법'이라 하고 개정법에 의한 개정 사항에 대하여 개관하고 소개한다.

2) 장기간 심판을 필요로 하는 사건 등의 대상사건에서의 제외

대상사건에서의 제외

제3조의2 ① 지방재판소는 제2조 제1항 각호에서 규정한 사건에 대하여 다음의 어느 하나에 해당하는 때에는 검찰관, 피고인이나 변호인의 청구에 따라 또는 직권으로 이것을 재판관의 합의체로 취급하는 결정을 하여야 한다.

1. 공판 전 정리절차에 의한 당해 사건의 쟁점과 증거의 정리를 거친 경우에, 심판에 필요할 것으로 예상되는 기간이 현저히 장기간에 이를 것 또는 재판원이 출두하여야 할 것으로 예상되는 공판기일이나 공판준비가 현저히 많을 것을 회피할 수 없을 때에는 다른 사건에서의 재판원 선임이나 해임 상황, 제27조 제1항에 규정한 재판원 등 선임절차의 경과나 기타의 사정을 고려하고 재판원의 선임이 곤란하거나 심판에 필요할 것으로 예상되는 기간의 종료에 이르기까지 재판원의 직무수행을 확보하는 것이 곤란하다고 인정될 때
2. 제2조 제1항의 합의체를 구성하는 재판원의 수가 부족하고 재판원에 선임할 보충재판원이 없을 경우에 이후의 심판에 필요할 것으로 예상되는 기간이 현저히 장기간에 이를 것 또는 그 기간 중에 재판원이 출두하여야 할 것으로 예상되는 공판기일이나 공판준비가 현저히 많을 것을 회피할 수 없을 때에는 다른 사건에서의 재판원 선임이나 해임 상황, 제46조 제2항과 동항에서 준용하는 제38조 제1항 후단의 규정에 의한 재판원과 보

15 위의 논문, 42-44頁.

충재판원의 선임을 위한 절차의 경과나 기타의 사정을 고려하고 재판원 선임이 곤란하거나 심판에 필요할 것으로 예상되는 기간의 종료에 이르기까지 재판원의 직무수행을 확보하는 것이 곤란하다고 인정될 때

② 전조 제2항, 제3항, 제5항과 제6항의 규정은 전항의 결정과 동항의 청구를 각하하는 결정에 대하여 준용한다.

③ 제1항의 결정 또는 동항의 청구를 각하하는 결정에서는 미리 당해 제2조 제1항 각호에 규정하는 사건이 계속하는 재판소의 재판장의 의견을 들어야 한다.

(본조 신설)

본조의 신설을 통하여 심판에 필요할 것으로 예상되는 기간이 현저히 장기간에 이르는 사안이나 재판원이 출석하여야 할 것으로 예상되는 공판기일 등이 현저히 많아지는 사안에서는 일정한 요건하에 제외결정을 하고, 재판원재판이 아니라 재판관만으로 심리·판결을 할 수 있도록 하였다.

이러한 심판에 필요한 기간이 현저히 장기간에 이르는 사안 등에서는 재판원의 부담이 과중될 우려가 생길 수 있기 때문에, 그러한 사태는 회피하여야 한다(재판원법 제51조에서는 재판관, 검찰관과 변호인은 재판원의 부담이 과중해지지 않도록 해야 한다고 규정하고 있음).[16] 또한 그러한 사안에서는 재판원의 선임 등에 필요한 기간도 장기간에 이르는 경우가 생길 수 있으나, 피고인과 관련 없는 사정으로 공판이 장기간에 걸쳐 시작할 수 없다거나 판결에 이르는 기간이 쓸데없이 장기화되는 등의 사태가 발생한 경우에는, 피고인의 신속한 재판을 받을 이익이 부당하게

16 위의 논문, 49頁.

훼손될 수도 있다.[17] 그래서 장기간의 심판을 필요로 하는 사건 등을 대상사건에서 제외할 수 있도록 하는 제도가 마련된 것이다.

먼저 본조 제1항은, 지방재판소는 재판원재판 대상사건에 대하여 아래 ①, ②의 어느 하나에 해당하는 때에는 검찰관, 피고인이나 변호인의 청구에 따라 또는 직권으로 이를 재판원이 참여하는 합의체가 아니라 재판관의 합의체(3명) 사건으로 하는 결정(즉 제외결정)을 해야 한다고 한다.

본조에 의한 제외결정은 두 가지 상황에서 할 수 있는데, ① 재판원·보충재판원의 선임 전에 하는 경우(본조 제1항 제1호), ② 재판원·보충재판원의 선임 후에 재판원에 부족이 생겨 그 부족한 재판원에 선임할 보충재판원이 없는 경우(본조 제1항 제2호)다.

①의 경우 제외결정의 요건은 (i) 공판 전 정리절차에 의한 당해 사건의 쟁점과 증거의 정리를 거친 경우에, (ii) 심판에 필요할 것으로 예상되는 기간이 현저히 장기간에 이를 것 또는 재판원이 출두해야 할 것으로 예상되는 공판기일이나 공판준비가 현저히 많을 것을 회피할 수 없을 때에, (iii) 다른 사건에서의 재판원 선임이나 해임 상황, 제27조 제1항에서 규정한 재판원 등 선임절차의 경과, 기타 사정을 고려하여 재판원 선임이 곤란하거나 심판에 필요할 것으로 예상되는 기간의 종료에 이르기까지 재판원의 직무수행을 확보하는 것이 곤란하다고 인정될 때다(본조 제1항 제1호).

②의 경우 제외결정의 요건은 (i) 제2조 제1항의 합의체를 구성하는 재판원의 수에 부족이 생기고 재판원에 선임할 보충재판원이 없을 경우, (ii) 이후의 심판에 필요할 것으로 예상되는 기간이 현저히 장기

17 위의 논문, 48-50頁.

간에 이르는 것 또는 그 기간 중에 재판원이 출두해야 할 것으로 예상되는 공판기일이나 공판준비가 현저히 많을 것을 회피할 수 없을 때, (iii) 다른 사건에서의 재판원 선임이나 해임 상황, 제46조 제2항과 동항에서 준용하는 제38조 제1항 후단의 규정에 의한 재판원과 보충재판원의 선임을 위한 절차(필자 주: 재판원·보충재판원의 추가 선임절차)의 경과, 기타 사정을 고려하여 재판원의 선임이 곤란하거나 심판에 필요할 것으로 예상되는 기간의 종료에 이르기까지 재판원의 직무수행을 확보하는 것이 곤란하다고 인정될 때다(본조 제1항 제2호).

위 각호의 요건 중 (ii)와 (iii)의 구조는 기본적으로 같으나 먼저 (ii)에 대해서 살펴보면, ① '기간이 현저히 장기간에 이르는 것', '공판기일……(이) 현저히 많을 것'이 요건이 되는데, 이것은 개별·구체적인 사정에 의하여 판단될 것이고, ② 이것을 '회피할 수 없을 때'가 요건이 되는데 이것은 회피하기 위하여 취할 수 있는 수단(예를 들면 공판 전·기일 간 정리절차에서의 쟁점이나 증거 정리 등)을 다한 것을 말한다.[18] 다음으로 (iii)에 대해서 살펴보면, 제외결정을 하기 위해서는 '재판원 선임이 곤란하거나 심판에 필요할 것으로 예상되는 기간의 종료에 이르기까지 재판원의 직무수행을 확보하는 것이 곤란하다'고 인정되어야 하고, 그 요건의 인정에 있어서는 ① '다른 사건에서의 재판원 선임이나 해임 상황'을 고려하도록 되어 있는데, 이것은 다른 과거의 대상사건에서 재판원 선임의 어려움이나, 해임의 빈도 또는 그 사유 등의 사정을 말한다. 예를 들면 당해 사건의 심판 예정 기간보다 짧았던 과거의 다른 사건에서 여러 번 선임절차를 실시했어야 해서 재판원의 선임에 곤란한 사정이 생기거나, 재판원의 해임이 잇따라서 심리의 속행에 상당한 곤

18 위의 논문, 50, 52-53頁.

란이 수반되었다는 사정은 위 요건의 인정에 작용하는 사정이 될 수 있다.

또한 ② '재판원 등 선임절차의 경과'(제1호), '재판원과 보충재판원의 선임을 위한 절차'(제2호)도 고려하도록 되어 있는데, 이것은 이러한 선임절차의 기일에서 필요한 수의 재판원·보충재판원을 선임할 수 있었는지, 할 수 없었을 경우 재판원 후보자의 사퇴 신청이 어떠한 이유에 의하여, 어느 정도 있었는지 등의 사정을 말하는 것이다. 예를 들면 필요한 수의 재판원·보충재판원을 선임할 수 없었거나 사퇴 신청이 매우 높은 비율로 나타난 사정은 위 요건의 인정에 영향을 미치는 사정이 될 수 있다.[19]

본조 제2항에 의하여 제외결정이나 재외청구를 각하하는 결정을 할 경우에는 재판원법 제3조 제2항, 제3항, 제5항, 제6항의 규정을 준용한다고 하고 있다. 여기서 준용되는 재판원법 제3조는 동법 제정 당시부터 규정되어 있는 제외결정(재판원 등에 대한 가해의 염려가 있는 경우 등)에 관한 규정이다.

그래서 먼저 ① 동 결정에 대해서는 합의체에서 해야 하지만 이 합의체에는 수소재판소의 재판관은 관여하지 못한다(제3조 제2항의 준용). 이는 수소재판소의 재판관이 재판원의 관여를 회피했다는 의혹이 생기는 것을 피하려고 한 것이다.[20] 다만 동 결정에 있어서는 미리 수소재판소 재판장의 의견을 들어야 한다(본조 제3항). 이것은 수소재판소 재판장이 '공판 전 정리절차'에서의 쟁점과 증거정리의 구체적인 상황 등에 대하여 가장 자세히 파악하고 있는 것으로 생각되기 때문이다.[21]

---

19 위의 논문, 53-55頁.

20 위의 논문, 58頁.

21 위의 논문, 59頁.

또한 ② 동 결정을 함에 있어서 미리 검찰관과 피고인 또는 변호인의 의견을 들어야 하고(제3조 제3항의 준용), ③ 형사소송법상의 사실조사를 할 수 있고, 동 결정에는 이유를 붙여야 한다(제3조 제5항의 준용). ④ 동 결정에 대해서는 즉시항고를 할 수 있고 이 경우 형사소송법이 준용된다(제3조 제6항의 준용).

한편 2018년 말까지의 통계를 보면,[22] 제3조의2에 의한 제외결정은 개정법 시행 후 단 1건도 없었다.[23]

3) 중대한 재해 시 재판원 사퇴 사유의 추가

사퇴 사유

제16조 다음 각호의 어느 하나에 해당하는 자는 재판원이 될 것에 대하여 사퇴 신청을 할 수 있다.

(……)

8. 다음에 규정한 사유, 기타 정령으로 정한 부득이한 사유가 있고 재판원의 직무를 행할 것 또는 재판원 후보자로 제27조 제1항에 규정한 재판원 등 선임절차의 기일에 출두하는 것이 곤란한 자

(……)

ホ 중대한 재해에 의하여 생활 기반에 현저한 피해를 받고 그 생활의 재건을 위한 용무를 행할 필요가 있을 것

(ホ신설)

22 最高裁判所 사이트(裁判員制度の実施状況について), 주 1 참조.

23 지금까지의 재판원재판의 최장의 심리 기간, 최다의 공판 횟수는 모두 2018년 11월 8일에 판결이 선고된 고베(神戸)지방재판소 히메지(姫路)지부 사건이며, 심리 기간은 2018년 4월 16일에 열린 첫 공판부터 207일, 공판 횟수도 70회에 이르렀다(『読売新聞』, 2018.11.9, 조간 34면).

본 개정에 의하여 사퇴 사유(한국의 국민참여재판에서는 '(신청에 의한) 면제 사유'에 상당함)의 하나인 '다음에 규정한 사유……가 있고 재판원의 직무를 행할 것 또는 재판원 후보자로 제27조 제1항에 규정한 재판원 등 선임절차의 기일에 출두하는 것이 곤란한 자'(본조 제8호)에 '중대한 재해에 의하여 생활 기반에 현저한 피해를 받고 그 생활의 재건을 위한 용무를 행할 필요가 있을 것'(본조 제8호 ホ)이라는 사유가 추가되었다.

이것은 동일본대지진 재해(東日本大震災, 2011년 3월 11일 발생)의 경험에 비추어 보면, 이 사유에 해당하는 경우에는 사퇴가 인정되는 것이 바람직하고, 이를 재판원법상 명확히 규정하는 것이 합당하기 때문이다.[24] 또한 이는 동일본대지진 재해와 같이 매우 대규모인 재해에 의하여 가옥이 파괴된 경우 등은 물론, 예를 들면 호우로 뒷산이 무너져 자택이 붕괴되어 생활의 재건을 위하여 여러 가지 용무를 행할 필요가 있는 경우도 포함된다.[25]

4) 비상 재해 시 호출할 재판원 후보자 등에서 제외할 조치의 추가

> **비상 재해 시 호출을 하지 않을 조치**
> 제27조의2 재판소는 전조 제1항 본문의 규정에도 불구하고 제26조 제3항의 규정에 따라 선정된 재판원 후보자 중 현저히 극심한 비상 재해에 의하여 우편물의 배달이나 수거가 극히 곤란한 지역 또는 교통이 두절되거나 차단된 지역에 주소가 있는 자에 대해서는 전조 제1항의 규정에 의한 호출을 하지 아니할 수 있다.
>
> (본조 신설)

24 浅沼雄介(2015), 앞의 논문, 70-71頁.

25 위의 논문, 71頁.

재판소는 재판원 후보자에 대해서는 재판원 등 선임절차의 기일을 정하고 호출해야 하지만(재판원법 제27조 제1항 본문), 본조에 의하여 '현저히 극심한 비상 재해에 의하여 우편물의 배달이나 수거가 극히 곤란한 지역 또는 교통이 두절되거나 차단된 지역에 주소가 있는 자'에 대해서는 위 호출을 하지 아니할 수 있다는 예외 조치를 마련하였다.[26]

본조의 사유에 해당하는 지역에 주소가 있는 재판원 후보자는 재판원의 직무를 행하거나 재판원 등 선임절차의 기일에 출석하는 것이 곤란한 것임은 분명하다. 만일 이러한 자가 사퇴 신청을 한 경우에는 이것을 인정해야 타당하고, 이러한 경우에는 애초에 사퇴 신청을 하는 것 자체가 곤란하다고 할 수 있다.[27] 또한 이러한 자에 대하여 — 현실적으로 부과될 것이라고는 생각하기 어렵지만 — 과태료 제재를 수반하는 출석의 법적 의무가 생기는 호출을 하는 것은 이재민에게 과도한 부담을 주는 것이므로, 예외적으로 호출하지 않을 수 있도록 하였다.[28]

이 '현저히 극심한 비상 재해'란 한신·아와지대지진 재해(阪神·淡路大震災, 1995년 1월 17일 발생), 니가타현 주에쓰 지진(新潟県中越地震, 2004년 10월 23일 발생), 동일본대지진 재해와 같은 재해이며, 위 3)의 사퇴 사유로서의 '중대한 재해'와는 구별되는 것이다. 이것은 본조가 일정한 구역에 주소가 있는 자를 일률적으로 제외하는 조치이므로, 그 대상에는 교통이 두절되는 것과 같은 특히 예외적인 경우에 한정할 필요가 있기

26 개정법에 의하여 구분심리결정이 있는 경우의 선임예정 재판원에 대해서도 마찬가지로 재판원법 제97조 제2항의 선임절차에의 호출을 하지 않을 수 있도록 되었다(제97조 제5항의 개정).

27 위의 논문, 74頁.

28 위의 논문, 74頁.

때문이다.[29]

5) 재판원 등 선임절차에서 피해자를 특정하는 사항의 취급

> **피해자 특정 사항의 취급**
> 제33조의2 ① 재판관, 검찰관, 피고인과 변호인은 형사소송법 제290조의2 제1항 또는 제3항의 결정이 있는 사건의 재판원 등 선임절차에서 재판원 후보자에 대하여 정당한 이유 없이 피해자 특정 사항(동조 제1항에 규정하는 피해자 특정 사항을 말한다. 이하 본조에서 같다)을 밝혀서는 아니 된다.
> ② 재판장은 전항에서 규정하는 재판원 등 선임절차에서 재판원 후보자에 대하여 피해자 특정 사항이 밝혀진 경우에는 당해 재판원 후보자에 대하여 당해 피해자 특정 사항을 공개하여서는 아니 된다는 취지를 고지하여야 한다.
> ③ 전항의 규정에 의한 고지를 받은 재판원 후보자 또는 당해 재판원 후보자였던 자는 재판원 등 선임절차에서 알게 된 피해자 특정 사항을 공개하여서는 아니 된다.
>
> (본조 신설)

재판원 등 선임절차에서는 재판원 후보자에 대하여 사건과 관련한 부적격 사유(한국의 국민참여재판에서는 '제척사유'에 상당함)가 있는지, 불공평한 재판을 할 우려가 있는지를 판단하기 위해서 피해자와의 관계 등 필요한 질문을 할 수 있도록 되어 있는데(재판원법 제34조 제1항, 제2항), 그때 피해자의 성명이 밝혀지는 등 피해자 특정 사항(성명, 주소, 기타의 피해자를 특정할 수 있는 사항)이 재판원 후보자에 알려지는 사태가 상정된

29 위의 논문, 75, 77頁.

다.[30]

형사소송법 제290조의2 제1항과 제3항에서는 일정한 경우에 피해자 특정 사항이 공개 법정에서 밝혀지지 않는다는 취지의 결정을 할 수 있는데(피해자 특정 사항의 비닉(秘匿) 결정), 이 규정은 재판원 등 선임절차에 적용되지 않고, 또한 재판원법에서는 재판원·보충재판원에 선임되지 않았던 재판원 후보자에 대해서는 비밀유지 의무(守秘義務)가 부과되지 않았기 때문에(재판원법에 의한 비밀유지 의무는 재판원(제9조 제2항), 보충재판원(제10조 제4항, 제9조 제2항)에게 부과하는 것임), 만일 선임절차에서 피해자 특정 사항이 밝혀지고 재판원 후보자가 알게 된 것을 공개해도 바로 위법이 된다고 할 수 없었으므로, 피해자의 권리이익의 보호에 만전을 기하고 피해자에게 안도감을 주면서 사법에 대한 보다 확실한 신뢰를 확보하기 위하여 다음과 같은 규정을 마련하였다.[31]

먼저, 재판관, 검찰관, 피고인과 변호인은 형사소송법의 규정에 의한 피해자 특정 사항의 비닉 결정이 있는 사건의 재판원 등 선임절차에서는 재판원 후보자에 대하여 정당한 이유 없이 피해자 특정 사항을 밝혀서는 안 된다(본조 제1항).

재판장은 비닉 결정이 있는 사건의 재판원 등 선임절차에서 재판원 후보자에 대하여 피해자 특정 사항이 밝혀진 경우에는 당해 재판원 후보자에 대하여 당해 피해자 특정 사항을 공개하여서는 안 된다는 취지를 고지하여야 한다(본조 제2항).

재판장의 위 고지를 받은 재판원 후보자 또는 당해 재판원 후보자였던 자는 재판원 등 선임절차에서 알게 된 피해자 특정 사항을 공개

30 위의 논문, 79-80頁.

31 위의 논문, 80頁.

하여서는 안 된다(본조 제3항). 다만, 이 규정에 위반하더라도 이에 대한 벌칙이 있는 것은 아니다.

3. 결론

이 장에서는 재판원법 시행 후의 주요 개정인 2015년 개정법의 내용에 대하여 개관하였다.

앞서 언급한 바와 같이 본 개정법 부칙 제3항에서는 "시행 후 3년을 경과한 경우에 신법[32]의 시행 상황 등에 대하여 검토를 하고 필요하다고 인정된 때에는 …… 필요한 조치를 강구하여야 한다"라고 규정하고 있다(이른바 '검토 조항').

이 검토 조항에 의해 2019년 1월 법무성은 11명의 의원으로 구성된 '재판원제도의 시행 상황 등에 관한 검토회'를 설치하였고, 지금까지(2020.6.18. 현재) 총 11회의 회의가 열렸다.[33] 이 검토회에서는 지속적으로 논점 정리와 의견 교환 등이 이루어진 후, 법제상의 조치가 필요한 것이 있으면 이에 기초하여 법무성에서 재판원법의 개정을 검토할 것으로 예상되기 때문에, 검토회에서의 논의에 대해서도 지속적인 확인 및 검토가 요구된다.

덧붙여, '재판원제도의 시행 상황 등에 관한 검토회'는 2020년 12월까지 총 16회의 회의를 열었고, 같은 달 검토회 '정리 보고서'(裁判員

32 '신법'이란 개정법에 의한 개정 후의 재판원법을 가리킨다(개정법 부칙 제2항).

33 재판원제도의 시행 상황 등에 관한 검토회의 각 회의 회의 의사록과 자료에 대해서는 法務省 사이트(裁判員制度の施行状況等に関する検討会) www.moj.go.jp/keiji1/keiji12_00146.html(2020.6.18. 최종 방문) 참조.

制度の施行状況等に関する検討会, 「裁判員制度の施行状況等に関する検討会取りまとめ報告書」(令和2年 12月))를 공개하였다. 이 보고서에서는 "이 검토회에서는 다양한 관점에서 재판원재판의 시행 상황 등에 대하여 논의하였으며, 재판원제도는 개정법에 의하여 마련된 제도를 포함하여 대체로 순조롭게 운용되고 있다고 평가할 수 있다"라고 결론내렸다. 이에 따라 법무성은 2021년 1월 이른바 '검토 조항'(개정법 부칙 제3항)에 따른 '필요한 조치'로서의 법 개정은 필요 없다고 발표하였다.[34]

34 法務省, 「裁判員制度の施行状況等に関する検討会」の取りまとめ報告書を踏まえた検討結果について」.

참고문헌

국내 문헌

법원행정처(2007), 『국민의 형사재판 참여에 관한 법률 해설』.

일본 문헌

江口和伸(2007), 「裁判員の参加する刑事裁判に関する法律等の一部を改正する法律」について」, 『刑事法ジャ — ナル』 9号.

近藤拓哉(2015), 「弁護士のための新法令紹介第399回」, 『自由と正義』 66巻 11号.

内田亜也子(2015), 「施行後6年を迎えた裁判員制度の評価と課題」, 『立法と調査』 368号.

辻裕教(2007), 「裁判員の参加する刑事裁判に関する法律の解説(1)」, 『法曹時報』 59巻 11号.

隄良行(2007), 「裁判員の参加する刑事裁判に関する法律等の一部を改正する法律について(前編)」, 『研修』 711号.

隄良行(2007), 「裁判員の参加する刑事裁判に関する法律等の一部を改正する法律について(後編)」, 『研修』 712号.

隄良行(2007), 「裁判員の参加する刑事裁判に関する法律等の一部を改正する法律の概要」, 『ジュリスト』 1342号.

隄良行(2007), 「裁判員の参加する刑事裁判に関する法律等の一部を改正する法律の解説」, 『捜査研究』 676号.

隄良行(2007), 「裁判員法の円滑な実施に向けて」, 『時の法令』 1793号.

浅沼雄介(2015), 「裁判員の参加する刑事裁判に関する法律の一部を改正する法律について」, 『刑事法ジャ — ナル』 46号.

浅沼雄介(2015), 「裁判員の参加する刑事裁判に関する法律の一部を改正する法律について」, 『法曹時報』 67巻 12号.

土倉健太(2015), 「裁判員の参加する刑事裁判に関する法律の一部を改正する法律の概要」, 『法律のひろば』 68巻 12号.

土倉健太(2015), 「長期間の審判を要する事件等を対象事件から除外可能に」, 『時の法令』1992号.

기타 자료

裁判員制度に関する検討会(平成25年6月),「裁判員制度に関する検討会取りまとめ報告書」.

인터넷 자료

法務省 사이트(裁判員制度の施行状況等に関する検討会) www.moj.go.jp/keiji1/keiji12_00146.html(2020.6.18. 최종 방문)
法務省 사이트(法制審議会 刑事法(裁判員制度関係)部会) www.moj.go.jp/shingi1/shingi_keiji_saibanin_index.html(2020.6.18. 최종 방문)

제4장

일본의 재판원재판과 수사 환경의 변화

김현숙

1. 서론

일본의 현행 재판원제도는 1999년 사법개혁의 일환으로 설치된 사법제도개혁심의회에서 2001년 6월 도입을 주장함으로써 본격적으로 도입이 추진되었다. 사법제도개혁추진법(2001년 11월)이 통과되고 같은 해 사법제도개혁추진본부가 설치되면서 2004년 5월 재판원법이 의회를 통과하여 2009년 5월부터 시행되고 있다.

일본의 재판원은 2009년 5월 21일 제도 도입 이래, 2016년 12월 말까지 전국에서 약 5만 5천 명가량이 선출되었고, 재판원재판으로 판결을 받은 수도 9,600여 명에 이른다.[1]

한국의 국민참여재판과 마찬가지로 일본의 재판원재판은 일반 국민이 재판 과정에 참여하여 재판 내용에 국민의 건전한 사회 상식을 반영함으로써 국민의 사법에 관한 이해와 지지를 바탕으로 사법권이 견고한 국민적 기반을 다지는 것을 그 목적으로 삼고 있다. 또한 형사소송절차에서 일반 국민이 재판관과 함께 책임을 부담하고 협력하여 재판을 이끌어 가고 그 결과를 이루어 내는 데 주체적이고 실질적인 참여를 하는 것을 내용으로 한다. 일본은 오랜 기간 수사와 재판을 포함한 형사절차에서 자백에 편중하고 밀실수사나 재판을 한다는 비판을

* 제4장은 한국경찰법학회, 『경찰법연구』 제17권 제2호(2019.6)에 수록된 내용이다.

1 「裁判員制度の実施状況について」(2016.12). 일본 최고재판소 재판원제도 사이트(www.saibanin.courts.go.jp/vcms_lf/h28_jissi_matome.pdf) 참조. 2017년 한 해 선임된 재판원 수는 5,536명(보충재판원 1,896명)으로 1,076건의 사건을 담당하였다(「裁判員裁判対象事件を対象として, 裁判員裁判の実施状況等」, 平成29年12月末·速報, 5頁). 우리나라의 국민참여재판 실시 현황과 비교하여 분석하고자 했으나, 대법원의 통계 어디에도 국민참여재판에 대한 공식 통계가 없어 비교하지 못하였다.

받아왔기 때문에 형사사법을 개혁하는 밑거름으로서 최초로 논의된 것이 국민의 사법참여 방안이었고, 그 결과물이 재판원재판제도의 도입으로 이어진 것이라고 할 수 있다.

일본의 「재판원이 참가하는 형사재판에 관한 법률(裁判員の参加する刑事裁判に関する法律)」(이하 '재판원법(裁判員法)'이라 함) 제2조, 제4조, 제5조에 따르면 재판원재판의 대상사건은 ① 사형 또는 무기징역이나 금고에 해당하는 죄, ② 일본재판소법 법정합의부 관할 사건(사형, 무기징역과 금고, 단기 1년 이상의 징역과 금고에 해당하는 범죄사건) 중에서 고의의 범죄행위로 인하여 사람을 사망케 한 범죄, ③ 앞의 ①, ②와 병합심리되는 사건, ④ 법조 변경으로 앞의 ①, ②에 해당되지 않지만 이미 재판원재판으로 진행되는 경우를 그 대상사건으로 하고 있다. 특히 한국의 국민참여재판과 비교해 볼 때, 피고인의 의사와 관계없이 대상사건에 해당하면 모두 재판원에 의한 재판을 받게 되며 피고인에게 선택권이 없다는 점에 차이가 있고, 이러한 점에서 한국의 국민참여재판보다 훨씬 많은 수의 재판이 진행되고 있다.

재판원재판의 대상사건은 원칙적으로 3명의 재판관과 6명의 재판원으로 구성되는 합의체에 의해 처리되지만, 공판 전 정리절차에 의한 쟁점 및 증거 정리에 있어서 공소사실에 대해 다툼이 없다고 인정되고 사건의 내용 및 기타의 사정을 고려하여 적당하다고 인정되는 경우에는 재판소의 결정에 의해 1명의 재판관과 4명의 재판원으로 구성되는 합의체가 심리 및 재판할 수 있다(재판원법 제2조 제2항, 제3항).

재판원이 참여하는 재판에서는 '보고, 듣고, 나누는(見て、聞いて、分かる)'[2] 심리라는 것을 중심으로 삼고 있기 때문에 재판원이 참여하지

2 遠藤邦彦(2013), 「裁判員裁判における審理のあり方」, 井上正仁·酒巻匡 編, 『刑

않는 일반 재판보다 절차가 매우 세분화되어 있고, 절차를 진행함에 있어서 중요시되는 지점이 달라질 수밖에 없다. 재판원이 보고 들으면서 그 사안에서 중요한 쟁점들을 나누어 판단할 수 있어야 하기 때문에 증거를 다루는 의미나 일반인의 이해도도 고려해야 한다. 또한 사건의 쟁점을 최대한 간략하게 하기 위한 공판 전 정리수속을 어떻게 진행하느냐에 따라 이후 본건 공판에서 사건을 바라보는 '관점의 질'에 영향을 미치게 된다고 한다. 재판원이 이후의 재판에서 집중력을 확보하기 위해서는 제공된 정보가 일반인이 소화할 수 있을 정도의 합리적인 양과 질의 형태여야 할 필요가 있고, 재판원과 재판관과의 정보 격차를 해소하기 위해서도 공판 전 정리절차를 진행하고 쟁점이 되는 증거를 정리한 후 증거조사로 넘어가는 것이 갈수록 중요시되고 있다. 그 결과 재판원재판을 시행한 이후 지속적으로 공판 전 정리절차 기일이 길어지고 있는 실정[3]이다.

한편, 재판에서 재판원제도의 도입은 재판 과정 및 공판 전 정리절차는 물론이고 그 이전 단계인 수사절차와 수사 환경을 변화시키는 데에도 큰 영향을 미치고 있다. 재판원제도가 시행되기 전인 2006년

事訴訟法の争点(裁判員制度と刑事手続)』, 『Jurist』 増刊, 204頁.

3 「裁判員裁判対象事件を対象として, 裁判員裁判の実施状況等」, 平成31年 1月末·速報에 따르면, 2018년 재판원재판으로 판결이 선고된 인원은 1,038명, 평균 심리기간은 10.1개월(자백사건 7.7개월, 부인사건 12.3개월)로, 이 중 공판 전 정리수속 기간 평균이 8.2개월(자백사건 6.1개월, 부인사건 10.0개월)이다. 2009년과 비교할 때 평균 심리기간은 5.0개월에서 10.1개월로 2배가량 늘어났지만, 공판 전 정리수속 기간은 2.8개월에서 8.2개월로 3배가량 증가하였다(www.saibanin.courts.go.jp/vcms_lf/h31_1_saibaninsokuhou.pdf). 공판 전 정리수속 기간의 장기화 우려에 대한 견해는 合田悦三(2013), 「公判前整理手続の長期化(特集 裁判員裁判の現状と課題)」, 『刑事法ジャーナル』 36, 成文堂, 37-43頁 참조.

일본 경찰청은 경찰 전체 회의를 열어 재판원제도를 실시하기에 앞서 수사 운영상 유의 사항을 배포하게 된다.[4] 이 문건은 일반 국민이 참여하는 재판원재판의 특성을 고려하여 ① 객관적인 증거를 수집하는 데 철저를 기하고, ② 수사 서류를 간소화하고 명료화하며, ③ 수사의 적정성—특히 피의자의 자백의 임의성과 신용성에 의심이 없도록—을 확보하고, ④ 검찰관과 긴밀한 유대 및 협력 관계를 확보할 필요가 있다는 점을 주요 내용으로 한다. 사법개혁에 발맞추어 도입된 제도의 취지에 맞게 지나치게 피의자의 자백에만 의존하던 관행을 깨뜨리고 조사 과정을 투명하게 하여 재판원이 재판의 대상이 되는 기소사실에 대해 합리적인 의심을 갖지 않도록 하자는 것이다.

그렇다면 실제로 재판원제도가 도입된 이후 일본의 수사 환경은 자백에 치중하지 않고, 진술의 임의성을 진정 확보하는 방향으로 향하였는지, 수사절차가 일반인의 법 감정에 부합하게 변화해 가고 있는지 알아볼 필요가 있다. 특히 '읽는 재판'이 아닌 '보여 주고 들려 주는 재판'을 모토로 삼고 있는 재판원재판에서 기존에 법정에 제출되었던 수사 서류는 어떠한 형태로 바뀌어 운용되고 있을까? 종래의 공판에서 수사 서류가 증거로 채용되었을 때 대부분은 법정에서 검찰관이 그 요지를 고지하면 재판관은 법정 외에서 정독을 하고 재판에 임하는 모습을 보였다면, 재판원은 법정에서 직접 읽고 들리는 내용을 파악하여야 하기 때문에 기존의 수사 서류처럼 두껍고 자세하며 어려운 법률용어로 작성된 것은 증거로서 제대로 활용하기가 어려울 것[5]이라는 판단

4 「裁判員制度の実施に向けた捜査運営上の留意事項について」, 平成18年(2006) 4月 1日(www.npa.go.jp/pdc/notification/keiji/keiki/keiki20060401.pdf).

5 일본은 재판원재판이 실시된 이래 법조계와 학계에서 꾸준히 법률용어를 간소화하고 있으며, 검찰관과 변호인 양 당사자도 법정에서 설명을 최대한 쉽게 할 수

이 들었을 것이다. 같은 의미에서 재판원재판이 활성화됨에 따라 중등학교 이상의 일반인에 대한 법 교육에 대한 방향성 논의도 구체적으로 이루어지고 있다.[6] 단순히 생활인으로서의 시민법 교육의 형태가 아니라 기본적인 법률용어의 의미와 학계-실무의 논쟁, 기존의 판례들도 포함하여 구체적인 사례를 들어 법교육을 하고 있으며 이에 재판소, 검찰, 변호사 단체가 모두 참여하고 있다.

2. 일본의 형사절차상 피의자 진술 환경의 변화

1) 밀실에서 행해졌던 피의자 신문의 가시화 움직임

재판원재판이 도입되는 과정에서 형사사법제도 개혁의 방안으로 일본변호사협회가 꼽은 가장 절실한 것은 바로 밀실수사, 자백조서를 주요 증거로 삼는 재판 관행에서 벗어난 '수사 과정의 투명화' 실현이

있도록 기관 교육을 활발히 하고 있다. 그러나 체계적이고 조직적으로 교육을 받은 재판원재판 전담 검찰관에 비해 변호인의 설명을 알아듣기 어려웠다는 조사 결과도 있는 것으로 볼 때, 앞으로도 법률용어를 포함하여 법정에서 사용하는 용어를 일반인이 이해하기 쉽게 고쳐 나갈 필요성이 있어 보인다. 最高裁判所(2018.3), 『裁判員等経験者に対するアンケート 調査結果報告書』(平成29年), 5頁(問3. 法廷での説明等のわかりやすさ)에 대하여 검찰관의 설명을 이해하기 쉬웠다는 응답은 65.7%였으나, 변호인의 경우에는 36.6%에 불과하였다(www.saibanin.courts.go.jp/vcms_lf/h29-a-1.pdf).

6 後藤貞人(2013), 「裁判員裁判と法教育(特集 刑事司法情報と法教育: 裁判員裁判時代の法教育のゆくえ)」, 『刑法雑誌』 52巻 1号, 55-61頁; 渡邊弘(2013), 「初等中等教育における「市民の司法参加」教育のあるべき方向性(特集 刑事司法情報と法教育: 裁判員裁判時代の法教育のゆくえ)」, 『刑法雑誌』 52巻 1号, 42-54頁.

었다. 즉 피의자의 신문 결과물이 아닌 신문 과정 자체를 외부로 보여주는 것을 모토로 삼았던 것이다. 신문 과정을 외부로 드러내는 방식에는 ① 서면에 의한 방법, ② 신문 과정의 녹음·녹화를 통한 방법, ③ 변호인이 입회하는 방법, ④ 신문에 참여한 수사관이 재판정에서 직접 진술을 하는 방법 등을 들 수 있다.

첫째, 신문 시에 직접 신문을 하는 수사관이 아닌 투명 유리를 통하거나 조사실 밖에서 녹취한 서면을 재판에 증거로 제출하는 방법이 있다. 일본변호사협회는 '피의자 노트'라는 것을 활용하여 피의자 신문 과정을 피의자가 직접 서면으로 작성하게 하고 있고, 수사기관에서는 취조경과일람표와 신문상황관찰기록서를 작성하고 피고인이 재판소에서 자백의 임의성을 다투고자 할 때에는 이를 기초로 한 진술을 하고 있다.

둘째, 피의자 신문 과정을 녹음·녹화하여 자백의 임의성을 다투거나 피고인이 부인하는 사건에서 양 당사자가 재판소에 이를 제출하는 방법이 있다. 재판원재판이 시작되면서 경찰과 검찰 모두에서 피의자 강하게 부인하는 사건들에 대한 녹음·녹화를 하고 있는데, 변호사협회에서 주장하는 녹음·녹화와는 그 내용이나 범위가 차이가 있기 때문에 그 점에 대해서는 추후 서술하기로 한다.

셋째, 신문에 참여한 수사관이 재판정에서 직접 진술을 하는 방법이 있다. 재판원재판의 심리 과정에서는 서증에 의한 취조 방식을 최소화하고 법정에서 정확한 사실판단을 위하여 조서를 낭독하기도 하지만, 공판 전 정리절차를 거치면서 조서의 내용을 명확히 이해할 수 없다고 판단될 때에는 당해 수사관이 증인으로 출석하여 조서 내용을 확인하도록 하고 있다.

이하에서는 재판원제도의 시행과 더불어 이러한 수사절차나 방식이 어떻게 변화·활용되고 있는지 구체적으로 살펴보고자 한다.

2) 서면을 통한 피의자 신문의 가시화

(1) 취조경과일람표의 부침(浮沈)

일본의 재판소들은 자백의 임의성을 다투는 경우 '취조경과일람표(取調べ経過一覧表)'를 검찰에 제출하도록 명하여, 이를 기초로 경찰관에게 법정에서 증언하도록 하는 제도를 실시하고 있다. 재판원재판 이전의 취조경과일람표는 자백의 임의성이나 신용성을 재판관이 적정하고 효율적으로 판단하기 위하여 신문의 외형적인 상황이나 신문 당시에 대한 객관적인 상황에 대해 기소 후에 검찰관이 일괄하여 표로 정리한 것이었다.

애초에 이 제도가 시행될 무렵이던 1990년대 초·중반[7]에는 객관적으로 신문의 경과 과정을 파악할 수 있기 때문에 피의자가 부인에서 자백으로 진술을 바꾸어 가는 상황을 판단하는 데 효과적이고, 임의성 심리 문제를 줄이는 데 획기적인 시도로 평가받았다. 그러나 이 취조경과일람표는 수사관인 검찰관의 작업에 의존하는 것이어서 검찰관의 대응이 소극적이고 비협조적일 때에는 제대로 그 취지를 살릴 수 없다는 문제점이 있었다.[8] 또한 장시간 취조가 진행될 때에는 재판에서 일람표를 활용할 수 없을 정도로 수사기관이 의식을 가지고 일람표를 작성하기도 어려웠던 것이 현실이라고 한다.

---

7 이 제도는 1990년 5월부터 전국적으로 활용되었다고 한다. 中山隆夫(2017), 「新時代の刑事司法制度について: 録音録画制度を中心に」, 『刑法雑誌』 56巻 3号, 352頁.

8 위의 논문, 351-352頁.

재판원제도 도입 직전까지는 일부 지방재판소에서 취조경과일람표를 수사보고서에 편철해 증거로 제출되기도 하였다.[9] 그러나 재판원재판 이후에는 재판소 제출용으로 작성되었던 탓에 어려운 법률용어나 약어로 작성되었던 취조경과일람표는 재판원의 증거조사에 부적절하였기 때문에 현재는 재판에서 활용되지 않고 있다. 즉 일반인이 재판원으로 참여하는 재판원재판의 특성상 재판에서 사용되는 용어들을 최대한 순화하여 알기 쉽게 풀어 써야 했기에 재판원재판의 증거로 활용되기에는 적절치 않은 측면이 있었던 것으로 보인다.

(2) 재판원제도 도입 직전의 취조상황관찰기록서

현재의 재판원제도가 도입되는 데 결정적인 역할을 한 일본의 '사법제도개혁심의회(司法制度改革審議会)'에서 발표한 최종의견서에서 동 심의회는 '피의자 신문의 적정성을 확보하기 위하여 그 신문 과정과 신문 당시의 상황에 대하여 신문이 행해질 때마다 서면에 의하여 기록을 의무화하는 제도'를 도입할 것을 제안하였다.[10] 재판원재판이 시작되었

9 [有印私文書偽造·同行使, 詐欺被告事件] 大阪地方裁判所 平成17年(わ)第3116号, 平成20年 3月 11日 判決: 이 사건에서 피고인은 검찰관이 작성한 신문조서의 내용을 부인하였기 때문에 오사카지방재판소는 수사보고서에 편철된 취조경과일람표를 통해 조사 시간, 접견 시간 및 진술 경과 과정을 판단하였다.
[住居侵入, 強盗殺人被告事件] 大阪地方裁判所 平成20年(わ)第6947号, 平成22年 5月 31日 第7刑事部判決: 이 사건에서 검찰사무관이 작성한 수사보고서에 편철된 취조경과일람표를 검찰관이 작성한 녹음·녹화 상황 등 보고서와 함께 진술의 임의성 판단 자료로 삼았다. 이를 토대로 수사 단계에서의 피고인의 조사 경과, 진술조서 등 작성 여부, 변호인과의 접견 상황 등을 검토했는데, 피의자가 신문할 당시의 임의성이 인정된다고 판단하였다.

10 村岡啓一(2003), 「(総括)具体的制度設計に被疑者·被告人の視点を」, 『季刊 刑事弁護』 33, 74-75頁.

을 때 재판원이 피의자 신문 결과물인 조서만으로 재판하지 않고 신문 상황을 함께 이해하여 서면심리를 구체적이고 집중적으로 할 수 있도록 하자는 데 그 취지가 있었다.

이 제안에 따라 일본 경시청은 범죄수사규범(犯罪捜査規範)의 일부를 개정(2003.10)하여 '취조상황관찰기록서(取調べ状況観察記録書)' 작성을 의무화하였다(동 규범 제182조의2). 이에 따르면 자유가 구속된 피의자, 피고인을 신문할 경우에는 신문한 내용을 취조상황관찰기록서에 작성해야 하며, 수사기관이 나중에 정리하여 작성하는 이전의 취조경과일람표와는 달리 실시간으로 기록해야 한다. 이 기록서에는 신문의 일시, 시간, 장소, 조사관의 성명, 신문조서의 유무, 각종 권리의 통지 횟수를 기재하도록 하고 있다.

일본의 취조상황관찰기록서 작성은 이전의 피의자 신문조서나 취조경과일람표의 문제점을 개선한 것이어서 신문 과정이나 신문 상황을 객관적으로 보여 주는 데 도움이 된다는 평가를 받았다. 그러나 취조상황관찰기록서 또한 수사관이 보고하는 형태로 작성하는 것으로서 당해 수사관의 구체적이고 개별적인 언동이나 신문의 분위기 등 임의성에 영향을 주는 사정은 기재되지 않으며, 서면에 의한 기록의 한계도 여전히 있다. 이 신문상황관찰기록서는 최종수사보고서에 편철되어 증거로 제출되기는 하나, 재판원재판에서는 실질적인 증거로서는 활용되지 못하였다.

(3) 일본변호사연합회의 피의자 노트

일본변호사연합회(이하 '일변련'이라 함)는 2004년 3월 사법개혁의 일환으로 변호인이 제공한 노트에 신문을 받는 피의자가 직접 수사 상황을 기입하여 법정에 제출할 수 있도록 하는 피의자 노트(被疑者ノート)를

전면적으로 채택[11]하여 현재까지 시행해 오고 있다. 이 피의자 노트 제도는 오사카 변호사지회에서 처음 고안한 것으로, 수사기관에서 진행되는 피의자 신문의 내용을 피의자가 직접 기록하고 이를 법정에서 증거로 채택하도록 하여 피의자 신문 당시의 상황을 간접적으로나마 보여 주고자 했던 제도[12]다. 피의자가 법정 진술이 아닌 서면으로 신문 당시 상황을 법정에 증거로 작성하여 제출한다는 점에서 도입 당시 획기적인 제도로 평가[13]받았다.

피의자 노트는 변호인이 피의자에게 기록하도록 요청하여 작성하는 것이다. 일변련에서는 '피의자 노트 매뉴얼'을 홈페이지에 게시[14]하여 형사변호인이면 누구나 피의자에게 노트를 활용할 수 있도록 권고하고 있다. 애초에 피의자 노트를 기록하게 한 것은 피의자의 진술 내용과 다른 내용이 조서에 기록되어서는 안 된다는 취지였다. 그리고 현실적으로 피의자가 조사를 받을 때마다 변호인이 동석할 수 없고, 수사기관에서 진술을 녹음·녹화하고 있더라도 신문의 전 과정을 녹음·녹화하는 것은 아니기 때문에 고육지책으로 피의자 노트를 활용하게 된 것이다. 변호인의 조력을 제대로 받기 위해서는 피의자가 진술한 대로 조서가 작성되었는지를 변호인이 확인할 수 있어야 하는데,

11 指宿信(2007),「被疑者ノートの理論的検討(特集 取調べの可視化に向けたあらたな弁護実践と理論)」,『自由と正義』58巻 10号, 51頁.

12 秋田真志·小林功武(2004),「実践の中で取調べの可視化を: 被疑者ノートの試み」,『刑事弁護』39号, 82-86頁; 井上明彦(2006),「被疑者ノート実践報告: 広島実情に即したノートの誕生とその広がり」,『刑事弁護』45号, 121-125頁.

13 今井力(2006),「被疑者ノート実践報告: 大阪 被疑者ノートで自白強要と対抗し無罪に」,『刑事弁護』45号, 129頁.

14 www.nichibenren.or.jp/library/ja/legal_aid/on-duty_lawyer/data/higishanote_06.pdf 참조.

수사기관의 조서만으로는 피의자가 어떤 상황에서 조사받았는지를 확인할 수 없으므로 피의자 자신이 변호인의 요청에 따라 작성한 문서가 필요하다는 것이다. 즉 변호인의 조력을 질적으로 보장하고 변호인과 의뢰인 간의 신뢰 관계를 강화하는 데 피의자 노트가 기여할 수 있다고 보았다.

게다가 피의자 노트는 원래의 취지대로 조사 과정을 밖으로 드러내 주고 적정화하는 데 효과적인 역할을 하고 있다고 평가된다. 즉 변호인이 피의자 노트 기록을 통하여 피의자가 겪었던 조사 과정의 상황을 간접적으로나마 파악할 수 있고, 피의자가 조사를 받은 후에 변호인이 다시 접견을 하거나 접견 후 피의자가 재조사를 받을 때 그 차이점을 변호인이 확인할 수 있게 되었다. 그리고 피의자가 조사받는 상황을 기록하게 되면 자백을 강요받았을 때 진술을 거부하겠다는 의사를 표명한 것을 직접 피의자 노트에 기록할 수 있고, 이를 바탕으로 변호인은 피의자를 조사한 수사기관에 직접 항의를 하거나 준항고의 근거로서 피의자 노트를 제시할 수 있게 된 것이다.

피의자 노트는 일본의 법정에서 증거로 제출되어 다른 서증과 마찬가지로 증거조사가 이루어지고 있다. 주로 조사 자체가 위법하다며 임의성을 다툴 때 활용하거나, 제출된 피의자 신문조서의 신용성을 탄핵할 증거로 함께 제출되기도 한다. 공판정에서 피의자의 주장을 보강하는 역할을 할 수도 있다. 피의자 노트에 관해서는 일본 형사소송법에 근거 규정을 따로 두고 있지 않기 때문에 피의자 노트의 증거로서의 의미에 대해서는 학설상 이견이 있다. 예를 들면 피의자 진술서와 동일한 것으로 보고 비전문증거로 판단하자는 견해와 일본 형사소송법 제323조 제3호에 따라서 '사인이 작성한 서증의 경우'로 판단하여 '특히 신용할 수 있는 정황하에서 작성된 서면'으로 보는 견해로 나눌 수 있다.

후자에 따르면 피의자 노트를 피의자가 직접 작성한 '제3자가 읽을 것을 예상한 서면으로 작성된 것'으로서 '메모의 형식으로 사후에 기억을 되살려 작성한 것'으로 본다. 외관상으로는 형식적이고 정형적으로 작성된 것이라고 할지라도 변호인이 접견교통을 할 때에 고도로 신용할 수 있는 가능성이 있는 것이므로 구체적으로 신용성이 높은 상태에서 작성되었다고[15] 보는 것이다. 즉 일본의 판례에도 '은행 부지점장이 업무상 작성한 개인업무일지는 고도의 신용적 상황이 보장되는 것으로 인정'하고 있으며(東京地法 昭和53年 6月 29日 決定 第893号, 3頁), 전화를 받은 사람이 일시 및 내용을 기록한 메모도 특히 신용할 만한 상황에서 작성된 서면으로 인정한 판례(東京地法 平成15年 1月 22日 判決 第1129号, 265頁) 등에 따라 판단하면 된다고 해석하고 있다.

일본 형사소송규칙 제198조의4는 "검찰관은 피고인 또는 피고인 이외의 자의 공술에 관해 그 조사 상황을 입증하려고 할 때에는 가능한 한 조사 상황을 기록한 서면, 기타 조사 상황에 관한 자료를 이용하는 등으로 하여 신속하고 정확한 입증에 노력해야 한다"라고 규정하고 있다. 이 '조사 상황을 기록한 서면'으로서 앞서 언급한 '취조상황관찰기록서'와 '피의자 노트'를 들 수 있는데, 이 조항을 근거로 하여 피의자 노트를 최초로 재판소에서 증거로 채택한 것은 2006년 12월 13일의 오사카 지방재판소 판결[16]이다.

피고인은 이 사건에서 여성 종업원 2명을 자신의 맨션에서 살해하

15 指宿信(2007), 앞의 논문, 56頁.

16 [強盜殺人(変更後の訴因 住居侵入, 强盜殺人, 强盜强姦), 銃砲刀劍類所持等取締法違反, 建造物侵入, 非現住建造物等放火事件] 大阪地裁 平成18年 12月 13日 判決, 平18(わ)第26号.

고 사실을 은폐하기 위하여 방화한 혐의로 기소되었다. 피고인은 법정에서 "조사 과정에서 폭행이 있었다"라고 주장하였고, 변호인 측은 즉시 "수사관이 머리카락을 잡고 피의자를 땅에 엎드린 상태에서 발로 차서 입술이 찢어졌음"을 기록한 피의자 노트와 촬영 사진을 첨부하여 증거보전신청을 하였다. 검찰 측은 스스로 책상에 얼굴을 부딪친 자상 행위라고 반박했으나, 오사카 지방재판소는 피고인이 폭행을 당했다고 기재한 '피의자 노트'를 증거로 채택하여 '조사 과정에서 경찰관이 피고인의 등을 때리고 머리카락을 잡는 등 폭행을 했다는 점'을 인정하였다. 이 사건 피고인은 피해자를 찌른 것을 인정하고, 그 당시 심신상실 상태였기 때문에 무죄임을 주장하였고, 검찰 측은 살인죄로 징역 15년을 구형했는데, 재판소는 '범행 며칠 전부터 음주로 명정에 가까운 상태'만을 인정하여 심신미약으로 징역 6년을 선고하였다.

이와는 달리 2007년 5월 31일 히로시마 고등재판소[17]는 '피의자 노트'를 증거로 채택했지만 그 증명력은 부인하였다. 피고인은 위조통화행사죄로 기소되었는데, 피의자신문조서를 작성할 당시에 수사기관에 진술한 내용과 피의자 노트에 기재된 내용이 달랐고, 변호인은 피의자 노트에 대한 증거조사를 신청하였다. 히로시마 고등재판소는 피의자 노트의 내용이 특히 신용할 만한 상태에서 작성된 것임은 분명하나, 증거조사 결과 피의자 신문조서에서 일관적으로 진술한 내용들이 피의자 노트에서 번복되거나 과장된 점이 있기 때문에 피의자 노트 자체를 신빙할 수 없다고 판단하였다. 오히려 피의자 노트를 통해 봤을 때 피고인의 "위조지폐임을 알지 못했다"라는 주장과는 달리 위조지폐의 입수 경로를 상세히 밝히고 있었다는 점을 통해서 피고인의 주장을

17 廣島高裁 平成18年(う)第211号, 平成19年 5月 31日 判決.

기각한 것이다. 피고인은 고령에, 건강 상태가 좋지 않은 점을 고려하여 징역 4년을 선고받았다.

재판원재판이 실시된 이후에도 피의자 노트는 진술의 임의성을 다툴 때뿐만 아니라 법정에서의 피고인 진술 내용이 피의자 신문조서와 상이할 때에도 변호인과 검찰관이 모두 법정에 증거로 제출하고 있다. 이하에서 몇 가지 1심 판결을 통해 피의자 노트에 대한 재판소의 판단을 살펴보기로 한다.

고베 지방재판소는 2011년 3월 24일 판결에서 변호인이 자백의 임의성을 다투기 위하여 제출한 피의자 노트에 피의자가 법정에서 부인하고 있는 범행에 대하여 검찰관이 조서를 작성하기 이전 단계에서 피해자가 입은 자상이 찍힌 범행 사진을 들여다보았다는 점이 기재되어 있으며, 이후의 검찰관 조서에도 유사한 내용이 기재되어 있어서 진술 내용에 부자연스러운 점이 없었다고 판단[18]하였다. 또한 2017년 2월 27일 삿포로 지방재판소[19]는 진술조서의 임의성을 부인하는 피의자에 대하여 변호인이 제출한 피의자 노트의 증거능력을 인정했으며, 검찰관이 임의성 없는 자백을 받았다는 점을 입증하였다.

반면에 피의자 노트에 대한 증거조사는 이루어졌으나 그 내용은 신뢰성이 없다고 판단한 경우도 있다. 예를 들어 삿포로 지방재판소는 2016년 주거침입 등 사건에 대한 재판원재판[20]에서 이 사건의 변호

---

18 [殺人被告事件] 神戸地方裁判所平成21年(わ)第369号, 平成23年 3月 24日 第1刑事部 判決.

19 仙台地方裁判所 平成27年(わ)第553号, 平成27年(わ)第619号, 平成29年 2月 27日 第2刑事部 決定.

20 [住居侵入, 特殊開錠用具の所持の禁止等に関する法律違反, 窃盗, 強盗殺人未遂, 窃盗未遂, 現住建造物等放火被告事件] 札幌地方裁判所 平成26年(わ)第533号, 平成26年(わ)第590号, 平成26年(わ)第708号, 平成26年(わ)第761号, 平成26

인은 피고인이 자백하게 된 경위와 상황에 대해 언급한 내용이 기재된 피의자 노트를 제출하면서 피의자 신문조서에서의 자백과 법정에서 자백을 부인한 상황을 설명했으나, 동 판결에서 재판소는 자백을 했던 날로부터 4일이 지난 후에 작성된 피의자 노트의 내용은 객관적 사실과 분명한 차이가 있다는 점을 지적하면서 피의자 노트의 신뢰성을 부정한 바 있다. 또한 야마구치 지방재판소에서도 2012년 3월 15일자 판결[21]에서 조서와 함께 제출된 피의자 노트로 조서의 임의성을 다투었다. 이 사건의 변호인은 조서 작성 당시 피의자가 묵비권을 행사하였다고 주장하면서 검찰관이 조서 작성 중 웃고 있었다는 등의 내용이 담긴 피의자 노트를 제출했으나, 앞뒤 정황에 비추어 볼 때 작성된 피의자 노트의 내용이 부자연스럽다는 이유로 조서 탄핵의 증거로 채택하지 않았다.

한편, 피의자 노트를 진술의 임의성 판단이 아닌 다른 증거로 활용한 예도 있다. 도쿄 지방재판소의 2013년 12월 20일 판결[22]에서 검찰관은 피고인이 타인에게 자백을 하지 못하도록 하였다는 점을 다른 사건 구금 중 기록한 피의자 노트를 증거로 제출하여 입증하였다. 이 피의자 노트는 피고인이 자신의 친모에게 보여 주었던 것으로 "나는 완전부인, 묵비한다"라는 취지의 진술이 기재되어 있었고, 그와 함께 다른 공범자에게도 진술하지 말고 입을 다물라는 취지의 내용이 기술

年(わ)第800号, 平成26年(わ)第849号, 平成26年(わ)第941号, 平成26年(わ)第983号, 平成26年(わ)第1084号, 平成27年(わ)第229号, 平成28年 3月 11日 刑事第3部 判決.

21 [殺人未遂被告事件] 山口地方裁判所 平成23年(わ)第49号, 平成24年 3月 15日 第3部 判決.

22 [殺人, 死体損壊, 死体遺棄, 詐欺被告事件] 東京地方裁判所 平成24年(合わ)第215号, 平成24年(刑わ)第1960号, 平成25年 12月 20日 刑事第17部 判決.

되어 있었다. 이 증거에 따라 피고인의 증거인멸에 고의가 있다고 보아 징역 30년의 유죄를 선고하였다.

이와 같이 피의자 노트는 피의자가 직접 작성한 기록으로 재판원재판의 시행 후에도 꾸준히 유효한 증거로서 법정에서 그 효용 가치를 발휘하고 있으며, 일변련도 2016년 개정 형사소송법에 맞게 매뉴얼과 형식을 재정비한 피의자 노트를 배포[23]하기도 하였다. 그러나 피의자의 기록만으로는 자백의 임의성이나 신용성 판단 시에 되풀이되는 탁상공론을 막을 수 없고, 조사를 받고 있는 피의자가 기억을 더듬어 기록을 하는 데에도 한계[24]가 있다. 피의자 개개인의 특성에 따라서 피의자 노트를 작성하는 방식이 달라질 수도 있고, 지식 수준이 높은 사람의 경우에는 노트를 작성하는 것이 오히려 부정적으로 받아들여질 가능성이 제기[25]되기도 하였다. 따라서 조서나 서면을 작성하는 데 제3자의 감시가 필요[26]할 수밖에 없고, 서면으로 피의자의 진술을 작성하는 것보다는 변호인의 입회나 피의자 신문 과정을 녹음·녹화하는 방식을 더 선호하게 된 것이다.

특히 재판원재판 과정에서 피고인이나 검찰 측이 진술의 임의성 문제를 다툴 때 서면인 피의자 노트를 보여 주는 것보다는, 피의자 신문을 담당한 수사관이 직접 법정에서 진술하거나 피의자 신문 과정을 녹화한 DVD를 법정에 제출하여 이를 확인하는 것이 재판을 진행하는

---

23 日本弁護士連合会(2016.8), 「被疑者ノート(取調べの記録)」(第6版) (www.nichibenren.or.jp/library/ja/legal_aid/on-duty_lawyer/data/higishanote_06.pdf).

24 中山隆夫(2017), 앞의 논문, 349-350頁.

25 森直也(2007), 「被疑者ノートを利用した弁護実践: 被疑者ノートを証拠として採用させるには(特集 取調べの可視化に向けたあらたな弁護実践と理論)」, 『自由と正義』 58巻 10号, 61頁.

26 秋田真志·小林功武(2004), 앞의 논문, 84頁.

데 있어 더 효율적인 방법으로 보인다.

3. 일본의 형사절차상 피의자 신문 환경의 변화: 녹음·녹화

1) 녹음·녹화제도의 도입 논의 과정

일본 사법제도개혁심의회는 2001년 6월 12일, 약 2년간의 심의를 마치고 사법개혁심의의견서를 내각에 제출하였다. 내각은 사법제도개혁추진본부를 설치하고 사법개혁심의의견서를 구체적으로 법안화하는 작업을 하였다.[27] 사법개혁의견서에는 공술서나 공술 녹취 서면에 관한 내용은 규정하고 있지 않다. 다만 의견서 제2. 4.(2)에서 "피의자 취조의 적정을 확보하기 위하여 취조 상황을 녹음·녹화하고 변호인의 취조실 입회가 필요하다"라는 항목이 있는데, 이는 우리나라의 수사 과정 녹음·녹화와 같은 취지의 것이라고 할 수 있다.

재판원에 의한 재판이 시행되기 전 일변련에서는 공술조서의 진정을 입증하기 위하여 수사 결과가 공판정에서 가시화될 필요가 있고, 수사관의 녹취서를 폐지하기 전의 단계에서 수사관이 피의자·피고인의 공술 녹취서를 작성하는 것 자체를 금지하는 것보다는 변호인 입회하에 피의자의 동의를 얻어 수사 과정을 녹음·녹화하는 것이 필요하다고 강력히 주장[28]하였고, 심의회는 그러한 취지에 따라 형사소송법 개

---

27 五十嵐二葉(2002),「刑事司法改革はじめの一歩: 裁判員制度導入のための具体的手続モデル」,『現代人文社』, 3頁.

28 일변련은 2003년 10월 17일「피의자 조사 전 과정의 녹음·녹화에 의한 조사 가시화를 요구하는 결의문」이라는 성명서를 발표하면서 검찰총장과 경시청장에 대해

정안을 제출[29]하게 된다.

일변련이 수사 과정의 녹음·녹화를 강력하게 주장하게 된 것은 수사 단계에서의 밀실 조사로 작성된 피의자의 자백조서에 크게 의존하여 허위자백으로 인한 오판 문제가 끊임없이 제기[30]되고 있었던 당시의 시대적 상황을 타파해 보고자 한 것으로 판단된다. 즉 자백 강요 등 수사기관의 조사를 밀실이 아닌 최소한의 공개가 이루어지는 요건에서 해야 하고, 이는 헌법 제13조의 자기정보지배권과 제31조의 적법절차 보장에 부합하는 것이라고 보았다. 또한 수사기관의 조사가 원칙적으로 피의자가 임의로 진술하고 스스로 정보를 제공하는 행위여야 하기 때문에 정보 제공의 경과 및 내용을 흠 없이 보전하는 조치를 요구하는 것은 당연히 보장되어야 하는 권리라고 주장한 것이다.

이에 대하여 일본 법무성은 사법제도개혁심의회 제26차 회의에서 피의자 조사의 녹음·녹화는 신문 과정을 밖으로 드러내는 것으로서 "피의자의 진술에 심리적으로 영향을 주고, 피의자 신문의 의의와 기능을 해치는 것으로서 도입할 수 없다"라는 부정적인 의견을 피력하였다. 법무성에 따르면 "범죄에 대해서 제일 사정을 잘 알고 있는 사람으로부터 그 사정을 청취하는 것은 정상적인 일이며, 피의자 신문은 범죄수사에서 가장 중요한 것이고 자백이 없으면 진상규명을 할 수 없는 사건이 많아서 자백을 얻어내는 것이 나쁜 일이 아니"라고 하였다. 또

피의자 조사의 녹음·녹화가 법제화될 때까지 조사기관의 수사 실무에서 피의자가 이를 요구할 때에는 즉시 피의자 조사의 전 과정을 녹음·녹화해 줄 것을 제안한 바 있다.

29 五十嵐二葉(2002), 앞의 논문, 31頁.

30 稲田隆司(2017), 「取調べ可視化論の過去と現在([特集] 取調べの可視化とは何だったのか)」, 『法学セミナー』 750号, 18-22頁.

한 "피의자가 중대한 사실을 자백하려는 순간에 보조수사관이나 변호인에게 비밀로 해 달라고 부탁을 받은 일도 있어서 다른 사람에게 보이고 있다고 생각하는 상태에서는 진실을 이야기할 수가 없고 테이프로 녹음하게 되면 자백을 이끌어 낼 수 없다"라는 주장을 하였다.

일변련은 법무성의 이와 같은 의견에 대하여 "외부로부터 검증할 수 없는 밀실 신문으로 인하여 얻어낸 자백은 진실하고 그러한 자백의 획득이 진실의 추구라고 하는 것은 실증되지도 객관적으로 입증되지도 않은 내용"이라고 반박[31]하였다. 또한 "공정, 적정한 신문이 이루어지면 수사관이 사후적·객관적인 검증인 피의자 신문 내용을 내보이는 것을 거절할 이유가 없고, 오히려 이러한 과정이 검찰관의 자백의 임의성을 입증하는 데 용이하게 하며, 수사기관이 위법한 신문을 감소시키게 될 것도 자명하다"라고 주장하였다.

이러한 법무성의 부정적인 의견은 이후 재판원재판의 시행이 확정되면서 달라지게 된다. 일반인인 재판원이 재판에 참가하게 되면 피고인이 수사기관에서 자백한 후 법정에서 부인하거나 진술의 임의성을 다투게 될 때 피의자 신문 과정을 녹음·녹화한 것을 증거로 제출하는 편이 조서의 내용을 분석하게 하는 것보다 훨씬 효율적일 수 있다는 판단에서였다. 일본 법무성은 2006년 5월 9일 법무성장관 기자 회견을 통하여 "재판원재판 대상사건의 피의자 조사의 녹음·녹화를 시행하겠다"라고 발표하였다. 재판원재판이 본격적으로 시행되기 전까지 대검찰청에서 재판원재판의 대상사건이 될 만한 부류의 사건에 대하여 시범 시행을 해 보고, 그 이후 재판원재판 대상사건에 대해서 전면 시행

31 堀田周吾(2013), 「取調べの可視化([特集] 刑事訴訟の現在地 時事から理論へ)」, 『法学セミナー』 698号, 6-9頁.

하겠다는 것이었다.

그러나 수사 단계의 전 과정, 즉 경찰 수사 단계에서의 피의자 조사도 녹음·녹화가 이루어져야 한다는 일변련의 주장과는 달리 검찰에서만 녹음·녹화제를 시행하겠다는 법무성장관의 발언에 대하여 2006년 6월 13일 일변련은 다시 이를 반박하는 의견서를 검찰총장에게 제출하였다. 녹음·녹화제도를 검찰에서만 부분적으로 시행하고 시행 대상사건을 재판원재판 대상사건으로 한정한 것에 대한 반대의견과 함께 변호인이 신청한 사건에 대해서 녹음·녹화를 시행하여 줄 것을 담은 의견서였다.

이와는 별도로 일본경찰청은 2006년 4월 1일 경찰청 각 간부들에게 내린 지시 사항에서 재판원제도의 도입과 더불어 수사의 적정성을 확보하는 대책으로 자백의 임의성과 신용성을 최대한 확보하기 위하여 당시 시행 중이던 신문 과정의 기록(취조상황보고서 및 여죄관계보고서) 작성을 철저히 하고, 필요시 조사 내용을 '녹취'하도록 했으나,[32] 수사 과정에 대한 녹음·녹화 문제를 따로 다루지는 않았다.

2) 재판원재판 실시 이후 현재까지 수사 과정 녹음·녹화 상황 변화

(1) 경찰에서의 녹음·녹화

일본 경찰은 재판원재판의 대상사건과 지적장애 또는 일본어를 적절하게 구사하지 못하는 문제가 있는 경우 등, 특수한 상황에 대하

32 「裁判員制度の実施に向けた捜査運営上の留意事項について」, 平成18年(2006) 4月 1日, 3-5頁(www.npa.go.jp/pdc/notification/keiji/keiki/keiki20060401.pdf).

표 4-1. 일본 경찰의 조사 과정에서의 녹음·녹화 현황(2009.4~2018.3)

기간	대상사건 등 검거 건수	녹음·녹화 건 (실시율)	녹음·녹화 횟수 (1사건당 횟수)	1사건당 녹음·녹화 시간
2009.4~2010.3	4,025	358 (8.9)	358 (1.0)	14분
2010.4~2011.3	3,880	359 (9.3)	359 (1.0)	15분
2011.4~2012.3	3,403	1,118 (32.9)	1,125 (1.0)	17분
2012.4~2013.3	3,415	2,637 (77.2)	4,172 (1.6)	44분
2013.4~2014.3	3,315	3,105 (93.7)	8,693 (2.8)	3시간 07분
2014.4~2015.3	3,341	2,877 (86.1)	24,316 (8.5)	14시간 00분
2015.4~2016.3	3,217	2,936 (91.3)	35,117 (12.0)	21시간 02분
2016.4~2017.3	3,194	3,028 (94.8)	39,609 (13.1)	24시간 29분
2017.4~2018.3	3,197	3,077 (96.2)	39,906 (13.0)	24시간 41분

여 녹음·녹화를 하고 있다. 2012년 4월 재판원재판의 대상사건 범위가 확대됨에 따라 공판정에서 진술의 임의성이나 신용성을 다툴 여지가 있는 사건에서는 재판원재판 법정에서 피의자 신문 내용의 녹음·녹화물이 증거로 활발히 활용됨에 따라 경찰도 녹음·녹화를 확대하여 실시하고 있다. 2013년 1월부터는 용의자로서 녹음·녹화를 거부하는 경우 그 이유를 기재토록 하고, 특히 조사실에 입실하는 피의자에 대하여는 전체 녹음·녹화를 실시하고 있다고 한다.

〈표 4-1〉은 2009년 4월부터 2018년까지 재판원재판 대상사건에서 건수 대비 녹음·녹화 실시 현황을 정리한 것[33]이다. 특히 경찰은 2016년 형사소송법 개정으로 2019년 6월부터 재판원재판 대상사건 전

33 警察庁(2018), 「警察における取調べの録音·録画の試行の実施状況について」(www.npa.go.jp/bureau/criminal/sousa/record/rokuonrokuga29.pdf).

체에 대해서 전 과정 녹음·녹화를 의무화할 것에 대비하여 2016년 10월 이후에는 전 과정 녹음·녹화를 원칙으로 하고 있다고 한다.[34]

(2) 검찰에서의 녹음·녹화

일본의 법무대신은 2011년 4월 8일 '검찰의 재생을 향한 취조'라는 타이틀을 걸고 피의자 취조 시 녹음·녹화에 관한 지시를 하게 된다. 최고검찰청 특별수사부로부터 피의자 신문 시 녹음·녹화 시행에 대한 지침이 내려지면서 그동안 최고검찰청을 중심으로 2009년 4월 1일부터 해오던 녹음·녹화가 2011년 8월 8일을 기점으로 전국 검찰청에서 전면 실시되게 된 것이다. 다만 대상사건을 한정하여 ① 특별수사부·특별형사부 관할 사건, ② 재판원재판 대상사건, ③ 지적장애, 정신장애 피의자의 신문 시에는 녹음·녹화를 하고, 기타 참고인이나 피해자에 대해서도 필요시 녹음·녹화를 하고 있다. 이하에서는 재판원재판 대상사건 중 녹음·녹화 실시 현황에 대해 살펴보기로 한다.

〈그림 4-1〉은 최고검찰청의 재판원재판 대상사건 중 녹음·녹화를 실시한 사건을 전 과정 실시, 일부 실시로 나누어 표현한 그래프이며, 〈표 4-2〉는 구체적인 데이터다.[35] 검찰청에서 정하고 있는 녹음·녹화 대상사건은 재판원재판 대상사건, 독자 수사 사건, 지적장애인 관련 사건, 정신장애인 관련 사건, 기타 시행 대상사건(피해자, 참고인 포함)으

---

34 예외적으로 녹음·녹화할 수 있는 기자재가 부족하거나 피의자가 녹음·녹화를 거절하는 경우를 제외하고 전체를 녹음·녹화하는 것을 원칙으로 하고 있다. 「取り調べ録画 全事件で 警察庁, 10月から原則実施」, 日本経済新聞 2016.9.15(www.nikkei.com/article/DGXLASDG14H4I_V10C16A9CR0000).

35 「検察における取調べの録音·録画についての実施状況」 중 2017년 9월까지의 실시 현황(2018.2. 게재)(www.kensatsu.go.jp/kakuchou/supreme/rokuon_rokuga01.html 참조).

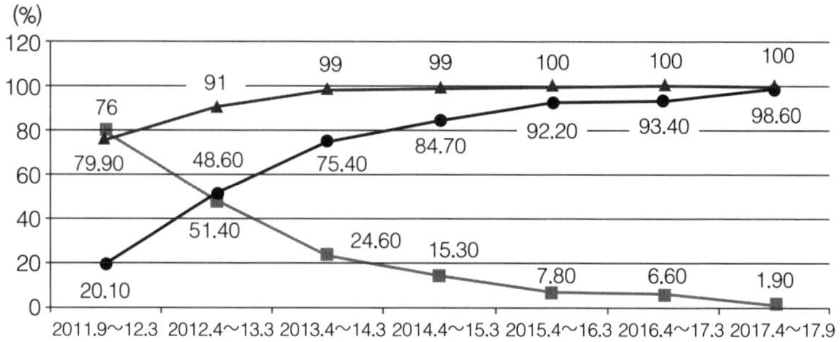

그림 4-1. 일본 검찰청의 재판원재판 대상사건 중 녹음·녹화 실시율

표 4-2. 일본 검찰청의 재판원재판 대상사건 중 녹음·녹화의 전 과정 또는 일부 실시 건수

괄호 안 단위: %

실시 기간	총수	실시 건수	불실시 건수	실시 건수 내역	
				전 과정	일부
2011.4~2011.8	1,763	848 (48.1)	915 (51.9)	-	-
2011.9~2012.3	2,180	1,657 (76.0)	523 (24.0)	333 (20.1)	1,324 (79.9)
2012.4~2013.3	4,051	3,680 (90.8)	371 (9.2)	1,890 (51.4)	1,790 (48.6)
2013.4~2014.3	3,892	3,836 (98.6)	56 (1.4)	2,893 (75.4)	943 (24.6)
2014.4~2015.3	3,838	3,800 (99.0)	38 (1.0)	3,217 (84.7)	583 (15.3)
2015.4~2016.3	3,124	3,112 (99.6)	12 (0.4)	2,870 (92.2)	242 (7.8)
2016.4~2017.3	2,764	2,763 (99.9)	1 (0.1)	2,580 (93.4)	183 (6.6)
2017.4~2018.3	3,197	3,077 (96.2)	120 (0.0)	2,618 (98.1)	459 (1.9)
합계	18,868	18,390 (97.5)	478 (2.5)	14,626 (79.5)	3,764 (20.5)

로 2016년 10월부터 2017년 9월까지 한 해 동안 약 8만 9천여 건의 녹음·녹화를 실시하였다. 눈여겨봐야 할 점은 검찰청에서 다루는 재판원재판 건수가 2014년 초를 기점으로 줄어들고 있지만 전 과정 녹음·녹화율은 증가하고 있다는 점이다.

특히 최근 3년여간은 전체 재판원재판 사건의 99% 이상을 녹음·녹화하고 있으며, 전 과정 녹음·녹화율도 급격히 증가했다는 것을 〈표 4-2〉를 통해 알 수 있다. 물론 전체 형사사건에 비하면 지극히 적은 수에 불과하기는 하나, 녹음·녹화 대상사건 수 자체가 증가하고 있고, 법정에서 검찰과 피고인 모두 이를 증거로 제출하여 활용하고 있기 때문에 앞으로 전 과정 녹음·녹화는 지속적으로 증가할 것으로 보인다.[36] 다만, 검찰청 자료에서 이야기하는 전 과정이란 피의자 신문 횟수만 반영된 전 과정이기 때문에 일변련에서 주장하는 '피의자가 수사기관에 들어가면서부터 나오기까지'의 전 과정과는 그 의미가 다르다는 점을 유의해야 할 것이다.

(3) 재판 양상의 변화와 2016년 형사소송법 개정

재판원재판에서는 신문조서와 함께 피의자의 진술을 녹음·녹화한 매체인 DVD 부본을 제출하는 경우가 대부분이기 때문에 일반 증거조사나 진술의 임의성을 다투는 조사에서도 모두 녹음·녹화물을 증거로 조사하고 있다.[37] 재판원재판이 시행되기 전인 2008년 5월 오이타

---

36 秋田真志·森直也(2015), 「可視化時代の捜査弁護実践(特集1 裁判員事件に限られない! 可視化時代の弁護活動)」, 『季刊刑事弁護』 82号, 31-45頁.

37 安部祥太(2017), 「裁判員裁判と取調べ録音·録画 「撮ること」の重要性と「見ること」の危険性([特集] 取調べの可視化とは何だったのか)」, 『法学セミナー』 750号, 42-46頁.

현 변호사회가 주최한 '피의자 취조 과정 녹음·녹화 가시화에 관한 심포지엄'에서 선거법 위반 혐의로 구속되어 자백을 강요받았던 가와하타 유키오(川畑幸夫) 씨가 피의자 취조 과정을 전면 가시화하여 줄 것을 요구한 경우도 있었다. 또한 일변련은 꾸준히 취조의 가시화를 주장해오고 있다.[38] 그러나 재판원재판이 확대 실시된 이후 경찰과 검찰은 법정에서 수사의 임의성과 신빙성을 다툴 때 가장 효과적으로 활용할 수 있는 녹음·녹화를 적극적으로 수용하게 되었고, 이러한 수사 방향의 변화는 재판에서 증거로서의 사용과 형사소송법 개정[39]에도 영향을 미치게 되었다.

예를 들어 오사카 지방재판소의 2017년 5월 24일 판결[40]을 살펴보자. 이 사건 피고인은 중국 국적의 외국인으로서 검찰관의 피의자 신문 시 임의성을 다툰 사안이다. 특히 피의자가 범행을 진술하는 과정에서 원활하게 통역이 이루어졌는지와 오역이 없었는지, 심야조사 여부와 신문 당시까지 취한 상태였는지 여부가 쟁점이 되었다. 검찰이 제출한 취조 상황 녹음·녹화 DVD를 조사한 결과 피고인은 피해자인 자신의 아내를 살해할 생각은 없었다고 진술을 하고 있었는데, 이와

38 전 과정 녹음·녹화에 대한 논의로는 五十嵐二葉(2016), 「今市判決で見えた新たな冤罪原因=「取調べの可視化」とどう闘うか」, 『季刊刑事弁護』 87号, 159-164頁; 川上博之(2015), 「取調室外での不当行為を取調べ録画の際に暴露した事例」, 『季刊刑事弁護』 82号, 60-63頁; 村井敏邦(2010), 「取調べ全過程の録音·録画の一日も早い実現を」, 『季刊刑事弁護』 61号, 25-28頁 등이 있다.

39 五十嵐二葉(2016), 앞의 논문, 159頁; 秋田真志(2017), 「新時代の刑事司法と刑事弁護の在り方」, 『刑法雑誌』 56巻 3号, 359-370頁; 中山隆夫(2017), 앞의 논문, 346頁 이하. 개정형사소송법에 대한 개략적인 내용은 保坂和人(2017), 「刑事訴訟法等の一部を改正する法律案について」, 『刑法雑誌』 56巻 3号, 336頁 이하 참조.

40 [殺人被告事件] 大阪地方裁判所 平成28年(わ)第773号, 平成29年 5月 24日 第2刑事部 判決.

는 다른 내용의 조서가 작성되어 피고인의 살해 동기에 대해서는 신용할 수 없다고 보았으나, 다른 부분에 대해서는 검찰관의 강요나 유도가 없었다고 판단했고 만취 상태에도 불구하고 피고인이 경부를 압박한 행위를 인식한 점은 인정되므로 살인죄의 유죄를 인정하였다. 이후 도쿄 지방재판소의 2017년 9월 29일 판결[41]에서도 피고인의 취조 상황을 녹음·녹화한 매체 부본인 피고인 진술 DVD를 증거로 채택하여 피고인이 생활비를 마련하기 위해 피해자의 집에 침입했다는 범행 동기와 침입 후 자신의 행동에 대해 진술한 내용을 인정한 바 있다.

그러나 아직 형사소송법 본문에서는 조사 과정의 녹음·녹화에 대한 조문을 두고 있지 않다. 다만, 2016년 6월 3일 법률 제54호로 개정된 일본 형사소송법 부칙 제9조 제1항[42]에 따르면, 정부는 '조사 과정에서의 피의자의 진술과 상황을 녹음·녹화한 매체 기록'인 조사 과정의 녹음·녹화물에 대하여 피의자 진술의 임의성과 기타 사항을 담보하고 적정한 조사에 이바지한다는 점을 인정하며, 법률 시행 후 3년이 경과하면(2019년) 조사기관의 녹음·녹화 등 실시 상황을 감안하여 그 결과에 따라 필요한 조치를 강구하도록 하고 있다. 또한 동조 제2항에 따라 정부는 2016년 개정법 시행 후 3년이 경과해도 녹음·녹화의 실시 필요성이 인정된다면 이를 검토하여 법률 개정을 검토한 후 필요한 조치를 취하도록 하였다. 2019년 6월부터 사실상 피의자 신문의 녹음·녹

41 [住居侵入, 強盜殺人, 死体遺棄(変更後の訴因 死体損壊, 死体遺棄) 被告事件] 東京地方裁判所 平成28年 合(わ)第207号, 平成28年刑(わ)第1642号, 平成29年 9月 29日 刑事第17部 判決.

42 일본법률정보시스템(elaws.e-gov.go.jp/search/elawsSearch/elaws_search/lsg0500/detail?lawId=323AC0000000131#) 참조.

화가 전면 의무화된 것이다.[43]

3) 재판원재판에서의 조사 경찰관 등의 법정 증언

일본은 재판원재판이 실시되기 이전에도 조사 경찰관이 수사 과정에서 피고인이 한 자백의 임의성이나 신용성을 확보하기 위하여 법정에서 증언을 해 온 것으로 보인다.[44] 한 예로 2008년 6월 30일 자 도쿄 고등재판소 판결[45]에 따르면, 피고인이 자백한 시점으로부터 약 1개월 후에 검찰관이 당시 전체 중 약 10분 분량의 자백 내용을 촬영한 신문 상황 녹화 DVD를 제출하면서 자백 당시 임의성이 있었다는 내용을 주장하고자 할 때, 재판소는 조사한 경찰관이 증언함으로써 자백의 신빙성을 확보할 수 있다는 점을 설시[46]한 바 있다. 경찰관이 법정에서 증언하는 가장 많은 경우는 주로 교통사고 등 도로교통법 위반 사건에서 현장에 출동한 경찰관의 증언이라고 하나, 이 사안처럼 조사 상황

---

43 白取祐司(2017), 「取調べの可視化と刑事司法制度 何のための刑訴法改正だったのか([特集] 取調べの可視化とは何だったのか)」, 『法学セミナー』 750号, 14-17頁.

44 자세한 내용은 斎藤司(2019), 「刑訴法321条以下の伝聞例外規定を活用する: 証拠法の基本的思考プロセス4(刑事訴訟法の思考プロセス)」, 『法学セミナー』 756号, 87-95頁 참조.

45 [殺人, 有印私文書偽造·同行使, 詐欺未遂, 詐欺被告事件] 東京高等裁判所 平成19年(う)第2733号, 平成20年 6月 30日 判決.

46 대상사건의 원심: 東京地方裁判所 平成19年 10月10日, 平成18年(合わ)第681号, 平成18年(刑わ)第745号, 平成18年(刑わ)第2031号, 平成18年(刑わ)第3987号, 平成18年(刑わ)第4682号. 이 사건의 판례평석으로는 中島洋樹(2017), 「取調べ状況の一部を撮影したDVDと自白の任意性判断」, 『法律時報』 第81巻 第13号, 384-387頁과 小坂井久(2008), 「一部録画DVD作成者(=取調官)に対する尋問: その試論」, 『季刊刑事弁護』 55号, 129-133頁 참조.

의 신빙성을 다투거나 진술조서에 기재된 내용을 피고인이 임의성이 없다는 이유로 부인하였을 때에도 담당 경찰관이 그 조서 작성 전후의 상황에 대하여 법정 증언[47]하는 경우도 빈번하다고 한다.

재판원재판 이후 두드러진 부분은 피고인 질문이 우선된다는 전제하에서 수사 단계에서의 진술과 재판정에서의 진술이 서로 다른 경우에 직접진술을 하는 것을 원칙[48]으로 하고 있다는 점이다. 이러한 점에 비추어 볼 때, 대표적인 전문 증거인 피의자 진술조서(신문조서)에서 다툼이 있는 쟁점들에 대하여는 공판정에서 일반적으로 서면을 읽어 판단하는 것보다는 직접 조사를 하거나 조사받은 사람이 그 내용을 진술하여 입증하는 것이 훨씬 효율적이고 합리적인 효과를 발휘할 수 있다.

---

47 [強盜殺人未遂等被告事件] 大阪地方裁判所 平成20年(わ)第363号, 平成21年 5月 13日 第12刑事部 判決. 이 판결에서 검찰관은 경찰관 조서를 작성할 당시의 상황에 비추어 볼 때 심리적 강제 없이 검찰 및 경찰에서 자동차 운전 과실치사상죄를 범한 피의자가 동일한 내용을 진술했다는 점을 입증하기 위하여 해당 경찰관과 피고인을 조사가 예정된 검찰로 호송하였던 경찰관을 법정에 출석하여 진술하게 하였다. 변호인은 검찰에서 작성한 녹화 DVD를 증거로 제출했으나, 재판소는 경찰관의 법정 증언에 의거하여 임의성을 의심할 만한 사정이 없다고 판단하였다. 녹음·녹화 기록 매체의 이용 여부에 대한 논쟁은 石田倫識(2017),「録音·録画記録媒体を実質証拠として用いることの許否とその条件」,『法学セミナ一』750号, 27-31頁 参조.

48 杉田宗久(2012),「裁判員事件の審理方法に関する実務上の諸問題(特集 裁判員事件の審理方法)」,『刑法雑誌』51巻 3号, 324-325頁. 이때 모두진술에서 중요 쟁점에 대하여 증거로 제출한 서면 내용을 구두로 간소하게라도 테마별로 제시하게 되면 법정에서 재판원들을 집중하는 효과를 볼 수 있다고 한다(위의 논문, 331頁).

4. 결론

이 장에서는 부족하나마 일본의 재판원재판과 그에 따른 수사 환경의 변화를 분석함으로써 그보다는 다소 활용도가 낮은 것으로 판단되는 우리나라의 국민참여재판이 좀 더 활성화될 수 있는 방안을 살펴보았다. 국민참여재판법은 법률 제정 당시에 위헌성과 일반 시민들의 법교육 수준을 두고 상당히 많은 논의를 거쳐서 현재의 형태로 만들어졌고, 시행 후 10년간 대상사건이 확대된 것을 제외하고는 제도의 운용은 답보 상태에 있다고 평가할 수 있다. 국민이 형사재판에 참여하는 것이 "시민참여를 통해 공정성을 확보하고 민주적 정당성을 확보한다"라는 의미를 가지고 있다면, 시민의 건전한 상식적 판단을 존중하는 취지를 무색하게 만들지 않도록 노력해야 할 것이다.

2020년에 마감한 20대 국회에는 7건의 「국민의 형사재판 참여에 관한 법률」 일부개정법률안이 의원입법안으로 제출되어 소관위에 접수, 계류되었다가 임기 만료로 전부 폐기되었다. 21대 국회에서는 모쪼록 국민이 형사재판에 참여한다는 법률 제정 당시의 당위성과 목적성에 부합하게 국민참여재판법이 개정되기를 희망한다. 또한 가능한 많은 사건이 국민참여재판을 통해 판단 받고, 배심원의 평결에 법적 효력을 부여하며, 지금보다 무죄율을 높일 수 있는 방안을 강구해야 할 것이다. 그리고 무죄평결에 대해 검찰이 항소할 수 없도록 하는 등의 제도 개선이 적절하게 이루어진다면 국민참여재판은 말 그대로 국민이 사법에 참여하여 상식과 일반 통념에 의한 공정하고 민주적인 정당성이 확보된 재판으로 자리매김할 수 있으리라고 본다.

참고문헌

일본 문헌 – 논문

堀田周吾(2013),「取調べの可視化([特集] 刑事訴訟の現在地: 時事から理論へ)」,『法学セミナー』698号, 6-9頁.

今井力(2006),「被疑者ノート実践報告: 大阪 被疑者ノートで自白強要と対抗し無罪に」,『刑事弁護』45号, 129頁.

渡邊弘(2013),「初等中等教育における「市民の司法参加」教育のあるべき方向性(特集 刑事司法情報と法教育: 裁判員裁判時代の法教育のゆくえ)」,『刑法雑誌』52巻 1号, 42-54頁.

稲田隆司(2017),「取調べ可視化論の過去と現在([特集] 取調べの可視化とは何だったのか)」,『法学セミナー』750号, 18-22頁.

白取祐司(2017),「取調べの可視化と刑事司法制度 何のための刑訴法改正だったのか([特集] 取調べの可視化とは何だったのか)」,『法学セミナー』750号, 14-17頁.

保坂和人(2017),「刑事訴訟法等の一部を改正する法律案について」,『刑法雑誌』56巻 3号, 336頁.

杉田宗久(2012),「裁判員事件の審理方法に関する実務上の諸問題(特集 裁判員事件の審理方法)」,『刑法雑誌』51巻 3号, 324-325頁.

森直也(2007),「被疑者ノートを利用した弁護実践: 被疑者ノートを証拠として採用させるには(特集 取調べの可視化に向けたあらたな弁護実践と理論)」,『自由と正義』58巻 10号, 61頁.

小坂井久(2008),「一部録画DVD作成者(=取調官)に対する尋問: その試論」,『季刊刑事弁護』55号, 129-133頁.

安部祥太(2017),「裁判員裁判と取調べ録音·録画「撮ること」の重要性と「見ること」の危険性([特集] 取調べの可視化とは何だったのか)」,『法学セミナー』750号, 42-46頁.

五十嵐二葉(2002),『刑事司法改革はじめの一歩: 裁判員制度導入のための具体的手続モデル』, 現代人文社, 3頁.

五十嵐二葉(2016),「今市判決で見えた新たな冤罪原因=「取調べの可視化」とどう闘うか」,『季刊 刑事弁護』87号, 159-164頁.
遠藤邦彦(2013),「裁判員裁判における審理のあり方」, 井上正仁·酒巻匡 編,『刑事訴訟法の争点(裁判員制度と刑事手続)』,『Jurist』増刊, 有斐閣.
斎藤司(2019),「刑訴法321条以下の伝聞例外規定を活用する: 証拠法の基本的思考プロセス4(刑事訴訟法の思考プロセス)」,『法学セミナー』756号, 87-95頁.
井上明彦(2006),「被疑者ノート実践報告: 広島 実情に即したノートの誕生とその広がり」,『刑事弁護』45号, 121-125頁.
中島洋樹(2017),「取調べ状況の一部を撮影したDVDと自白の任意性判断」,『法律時報』81巻 13号, 384-387頁.
中山隆夫(2017),「新時代の刑事司法制度について: 録音録画制度を中心に」,『刑法雑誌』56巻 3号.
指宿信(2007),「被疑者ノートの理論的検討(特集 取調べの可視化に向けたあらたな弁護実践と理論)」,『自由と正義』58巻 10号, 51頁.
指宿信(2007),「被疑者ノートの理論的検討(特集 取調べの可視化に向けたあらたな弁護実践と理論)」,『自由と正義』58巻 10号, 56頁.
川上博之(2015),「取調室外での不当行為を取調べ録画の際に暴露した事例」,『季刊 刑事弁護』82号, 60-63頁.
村岡啓一(2003),「(総括)具体的制度設計に被疑者·被告人の視点を」,『季刊 刑事弁護』33号, 74-75頁.
村井敏邦(2010),「取調べ全過程の録音·録画の一日も早い実現を」,『季刊 刑事弁護』61号, 25-28頁.
秋田真志(2017),「新時代の刑事司法と刑事弁護の在り方」,『刑法雑誌』56巻 3号, 359-370頁.
秋田真志·森直也(2015),「可視化時代の捜査弁護実践(特集1 裁判員事件に限られない! 可視化時代の弁護活動)」,『季刊 刑事弁護』82号, 31-45頁.
秋田真志·小林功武(2004),「実践の中で取調べの可視化を: 被疑者ノートの試み」,『季刊 刑事弁護』39号, 82-86頁.
合田悦三(2013),「公判前整理手続の長期化(特集 裁判員裁判の現状と課題)」,『刑事法ジャーナル』36, 成文堂, 37-43頁.
後藤貞人(2013),「裁判員裁判と法教育(特集 刑事司法情報と法教育: 裁判員裁判時代の法教育のゆくえ)」,『刑法雑誌』52巻 1号, 55-61頁.

일본 문헌 – 기타 자료

警察庁(2018.6),「警察における取調べの録音·録画の試行の実施状況について」 www.npa.go.jp/bureau/criminal/sousa/record/rokuonrokuga29.pdf

日本経済新聞(2016.9.15),「取り調べ録画全事件で 警察庁, 10月から原則実施」 www.nikkei.com/article/DGXLASDG14H4I_V10C16A9CR0000

日本弁護士連合会(2016.8),「被疑者ノート(取調べの記録)」(第6版), www.nichibenren.or.jp/library/ja/legal_aid/on-duty_lawyer/data/higishanote_06.pdf

最高裁判所(2018.3),『裁判員等経験者に対するアンケート 調査結果報告書』(平成29年) www.saibanin.courts.go.jp/vcms_lf/h29-a-1.pdf

「裁判員裁判対象事件を対象として, 裁判員裁判の実施状況等」, 平成31年 1月末·速報 www.saibanin.courts.go.jp/vcms_lf/h31_1_saibaninsokuhou.pdf

「裁判員制度の実施に向けた捜査運営上の留意事項について」(平成18年(2006) www.npa.go.jp/pdc/notification/keiji/keiki/keiki20060401.pdf

「裁判員制度の実施状況について」(2016.12) www.saibanin.courts.go.jp/vcms_lf/h28_jissi_matome.pdf

廣島高裁 平成18年(う)第211号, 平成19年 5月 31日 判決

大阪地方裁判所 平成17年(わ)第3116号, 平成20年 3月 11日 判決[有印私文書偽造·同行使, 詐欺被告事件]

大阪地方裁判所 平成20年(わ)第6947号, 平成22年 5月 31日 第7刑事部 判決[住居侵入, 強盗殺人被告事件]

大阪地裁 平成18年 12月 13日 判決, 平成18年(わ)第26号[強盗殺人(変更後の訴因住居侵入, 强盗殺人, 强盗强姦), 銃砲刀劍類所持等取締法違反, 建造物侵入, 非現住建造物等放火事件]

제5장

일본 재판원제도와 항소심

임보미

1. 서론

1) 연구의 목적과 취지

재판원제도는 2009년 5월 21일부터 시행된 일본의 시민참여형 재판제도로서, 중한 범죄에 있어서 재판원이라고 불리는 일반 시민이 형사재판에 참여하여 재판관과 함께 재판을 하는 제도를 말한다. 한국에서는 이보다 앞선 2008년부터 국민참여재판제도를 도입함으로써, 한국과 일본은 비슷한 시기에 시민이 참여하는 재판제도를 시행하게 되었다.

일본에서 재판원제도가 시행된 시기(2009년 5월 21일)는 우리나라보다 1년 이상 늦지만, 제도 도입을 위한 준비는 우리보다 훨씬 이른 시기에 시작되었다.[1] 이 과정에서 여러 쟁점이 등장했는데, 재판원재판으로 진행된 사건의 불복 과정을 어떻게 처리할 것인가의 문제도 여기에 포함된다. 일본은 기존의 상소 체제를 그대로 유지하는 방향을 취했지만,[2] 상소 문제는 재판원제도 시행 이후에도 여전히 논란의 대상

* 제5장은 한국형사정책학회, 『형사정책』 제31권 1호(2019)에 수록되어 있는 내용이다.

1 일본에서는 이미 1980년대 후반에 시민이 참여하는 사법제도에 관한 논의가 본격적으로 진행되었다. 일본 정부는 1999년 사법제도개혁위원회를 설치하였고, 약 2년여의 검토 끝에 2001년 6월 12일 시민이 재판에 참여하는 제도를 마련할 것을 제안하는 최종의견서를 발표하였다(丸田隆(2006), 『裁判員制度』, 平凡社, 124頁). 반면, 우리나라는 2003년 10월 사법개혁위원회가 설치되면서 국민의 사법참여에 관한 논의가 본격화되었고, 2004년 말에 이러한 내용을 포함한 건의서가 작성·제출되었다.

2 재판원제도 도입을 제안한 일본 사법제도개혁심의회는 2001년 6월 12일 제출한 최종의견서에서 "재판원이 관여하는 경우에도 오판이나 형의 양정에 있어 판단

이 되고 있다.

이와 같은 현상은 비슷한 시기에 국민참여재판을 시행한 우리나라의 경우에도 마찬가지다. 우리나라는 사법 역사상 최초로 시민이 참여하는 형사재판제도를 구상하고 시행하면서, 항소심은 종전 체제를 유지하고 있다. 우리 형사소송법상 상소에 관한 규정은 1963년도 개정을 마지막으로 현재까지 이어지고 있는데, 이는 직업 법관만에 의한 재판만을 상정하던 시기의 입법으로서 국민참여재판제도하에서 그 적절성이 문제된다.

아울러 한국과 일본은 ① 형사소송에 있어 1심 — 항소 — 상고로 이어지는 3심의 심급을 유지하고 있고, ② 프랑스나 미국과 달리 1심 판결에 대한 검사의 불복에 법률적 제한을 두고 있지 않다는 공통점이 있다. 따라서 시민참여형 재판제도와 기존의 상소 체계를 어떻게 조화시킬 것인가라는 문제와, '항소심'이라는 중간심급을 어떻게 구성할 것인가라는 문제는 양국 모두에서 주요한 쟁점이 된다.

이에 일본에서 재판원제도의 상소 문제를 실증적·법리적으로 검토하여 궁극적으로는 우리 항소심이 취할 수 있는 항소심에 관한 논의 가능성의 폭을 넓히고자 하는 것이 이 장의 주요 목적이다.

잘못의 우려가 있다는 점을 고려하여 재판관에 의한 판결의 경우와 같이, 유무죄 판정 또는 양형에 있어서도 당사자의 控訴(우리의 항소에 해당하는 일본 용어, 이하에서 일본 자료의 원문을 인용할 때에는 '控訴'로, 일반적인 의미로 사용할 때에는 '항소'로 표기함)를 인정해야 한다. 控訴審의 재판체 구성, 심리방식 등에 있어서는 제1심의 재판체의 관계를 고려하면서 더 검토할 필요가 있다"라고 하였다.

2) 논의의 전제

이 장의 대상인 일본과 한국의 항소심에 대한 연구는 각국이 취하고 있는 시민참여형 재판제도의 본질과 그 차이를 먼저 논하지 않으면 안 된다. 비교대상이 되는 항소심의 구조와 여기서 불거지는 쟁점들은 바로 시민참여형 재판제도와 긴밀한 관계가 있기 때문이다. 그러나 이 글의 직접적인 연구 대상은 시민참여형 재판제도 그 자체가 아니므로 논의의 발전에 필요한 일부에 한정하고자 한다.

주지하는 바와 같이, 일본의 재판원제도는 개별 사건에 임하는 재판원을 당일 선정하는 것을 제외하고는 주로 참심의 형태를 띠고 있다. 대상사건의 개별 재판마다 원칙적으로 6명의 재판원을 선정하는데, 이들은 3명의 법관과 함께 합의체를 구성하여 법관과 함께 사실의 인정, 법령의 적용 및 양형 등에 관한 판단을 한다. 반면, 우리나라 국민참여재판은 개별 사건마다 배심원을 선정하고, 원칙적으로 법관과 독립적인 평의가 보장된다는 점에서 배심제의 특성과 다소 가깝다고 할 수 있다. 후술할 논의들은 양 재판제도의 이와 같은 차이에 기초한 부분이 적지 않음을 알려 둔다.

한편, 배심원의 평결이 권고적 효력에 그친다는 점은 참여재판의 특징이자 논의의 발전을 위하여 선결되지 않으면 안 되는 본질적인 문제다. 이는 국민참여재판 도입 당시 불거졌던 논쟁, 즉 배심원의 판단이 법원을 기속하는 것은 헌법 제27조 제1항이 보장하고 있는 '법관에 의한 재판을 받을 권리'를 침해한다는 위헌론에 대응하기 위한 것으로서, 시행 10년이 경과한 현재까지 그 효력은 변함없이 유지되고 있다. 이러한 현상은 다수의 문헌에서 지적하는 바와 같이 현행 참여재판의 가장 근본적인 문제로 '국민으로 하여금 사법을 통제

할 수 있도록 한다는 국민참여재판제도의 본질에 어긋'[3]나는 것은 물론이거니와, 항소심의 운영 및 개선 방향을 논하는 데 있어서도 '기존 제도의 유지를 합리화하고 더 이상의 논의 발전을 저해'[4]하는 요소로 작용한다. 따라서 ① 시민의 판단을 항소심에서 직업 법관이 뒤집을 수 있는가, ② 항소심의 판단 범위는 어떻게 설정할 것인가와 같은 핵심 논의는 평결의 기속적 효력을 전제로 하지 않으면 안 된다.

이와 같은 점을 염두에 둔 이 장의 서술 방향은 다음과 같다. '2. 재판원재판의 항소 현황'에서는 일본 재판원제도의 항소 현황을 살펴본다. '3. 재판원제도 도입과 형사항소심의 구조'에서는 일본 항소심의 구조론에 관하여 재판원제도의 도입을 기준으로 전후 사정을 알아본다. 항소심의 구조를 어떻게 설정할 것인가는 항소심에서의 사실판단 여하와 직결되는 문제인데, 이에 관하여 '4. 항소심과 사실판단 여하'에서 일본 최고재판소와 우리나라 대법원의 판단을 비교하여 고찰한다. 또한 시민참여형 재판제도와 관련한 주요 논점 중 하나가 "1심에서 시민의 무죄판단에 대하여 검사가 사실오인을 이유로 항소할 수 있는가?"의 문제인데 일본의 논의를 '5. 검사의 항소제한을 위한 노력'에서 살펴보기로 한다. 마지막으로 '6. 결론: 시사점'에서는 지금까지의 논의를 바탕으로 우리 항소심 운영 및 향후 방향에 대하여 시사하는 바를 정리한다.

---

3 이은모(2009), 「현행 국민참여재판제도의 문제점: 일본의 재판원제도와의 비교를 중심으로」, 『한양대 법학논총』 26권 1호, 420쪽.

4 임보미(2012), 「국민참여재판과 항소」, 『형사정책』 24권 3호, 51쪽.

2. 재판원재판의 항소 현황

일본의 재판원제도는 사형, 무기징역, 무기금고에 해당하는 범죄이거나, 합의부 관할 사건 중에서 고의의 범죄행위로 사람을 사망케 한 범죄를 비롯하여 현주건조물방화, 대금을 노리고 사람을 유괴한 행위 등 중한 범죄를 대상사건으로 한다. 이러한 사건들은 필요적으로 재판원제도에 의하여 재판이 진행되는데, 전체 형사사건 중에서 약 1.6%의 비율에 해당한다(2018년 기준).[5] 우리나라의 경우처럼 동일한 범죄가 시민이 참여하는 형식의 재판으로 행해진 경우와 그렇지 않은 경우로 나눌 수 없기 때문에, 재판원재판과 항소의 관계 및 그 의미를 파악하기 위해서는 재판원제도의 도입을 기준으로 하여 그 이전과 이후를 나누어 살펴볼 필요가 있다.

현행법 기준으로 재판원재판의 대상사건이 되는 사건 중에서 15개 주요 범죄에 대하여 재판원제도의 도입 이전과 도입 이후(2018년 2월 말까지)의 항소율을 비교해 보면, 도입 이전은 34.3%,[6] 도입 이후는 36.6%로 나타난다.[7] 일본의 지방재판소 형사사건에 대한 항소율에 비하여(2014년 기준 11.7%)[8] 매우 높은 수준이기는 하지만, 재판원제도 대상사건으로만 비교해 보자면 재판원제도의 도입이 항소율 자체에 크게 영향을 주었다고 평가하기는 어렵다. 한편, 일본에서는 재판원재판을

---

5 「平成30年における裁判員裁判の実施状況等に関する資料」 www.saibanin.courts.go.jp/topics/detail/09_12_05-10jissi_jyoukyou.html(2020. 6. 1. 최종 방문).

6 最高裁判所事務総局, 『裁判員裁判実施状況の検証報告書』, 平成24年 12月, 32頁.

7 「裁判員裁判の実施状況について」(制度施行令 和2年 2月末·速報) www.saibanin.courts.go.jp/topics/detail/09_12_05-10jissi_jyoukyou.html(2020. 6. 1. 최종 방문)

8 平成27年版, 『犯罪白書』 第3節 上訴審 참조.

비롯한 형사사건의 유죄율이 매우 높기 때문에, 모든 사건에서 항소의 대부분은 피고인 측에 의하여 행해지고 있다.

다만, 항소심에서의 파기율에서는 의미 있는 변화가 나타난다. 최근 재판원재판에 대한 항소심에서의 파기율이 점차 증가하는 현상을 보이는 것은 사실이지만, 이는 높은 항소율에서 비롯된 것으로 추정할 수 있다. 제도 도입을 전후로 비교하자면, 2006년에서 2008년까지 항소심 종국판결의 파기율은 17.6%인 데 반하여, 재판원제도 시행 이후 2012년 5월까지의 파기율은 6.6%, 2012년 6월부터 2018년 12월까지는 10.9%에 그친다.[9]

이와 같은 현상은 우리나라의 경우에도 유사하다. 참여재판으로 시행된 1심에 대한 항소율은 약 80%로(시행 이후 2016년까지 기준), 이는 같은 기간 형사합의사건 전체의 항소율(63.6%)보다 현저히 높은 수준이다.

그러나 파기율은 오히려 반대 현상을 보이는데, 항소심에서의 파기율은 국민참여재판이 일반재판보다 10%가량 낮고(각각 41%, 29.3%), 양형 변경률 역시 뚜렷하게 낮은 수준이다(각각 25%, 32.2%).[10] 이러한 현상은 상급법원이 시민이 참여한 사건의 판결을 존중하는 태도에서 비롯된 것이라고 평가할 수 있다. 다만, 일본은 일반 사건의 경우와 마찬가지로 피고인 측의 항소보다 검사가 항소했을 때 파기율이 현저히 높게 나타나는데, 이는 검사항소를 제한하고자 하는 주장의 근거가 되기도 한다.

---

9 「裁判員制度10年の総括報告書 図表編 60頁」 www.saibanin.courts.go.jp/topics/detail/09_12_05-10jissi_jyoukyou.html(2020. 6. 1. 최종 방문)

10 연합뉴스 기사(2017. 9. 26) www.yonhapnews.co.kr/bulletin/2017/09/25/0200000000AKR20170925170700004.HTML(2020. 6. 1. 최종 방문)

3. 재판원제도 도입과 형사항소심의 구조

1) 항소심 구조 논의의 필요성

일본 재판원제도와 항소심에 관한 구체적·개별적 쟁점을 다루기 전에 항소심 구조에 대한 이해가 선행되어야 한다. 항소심의 구조는 재판 당사자의 원심 판결에 대한 불복 범위, 항소심의 심리 범위 및 방식과 긴밀한 연관이 있기 때문이다. 항소심 구조에 관해서는 크게 복심, 속심, 사후심으로 나눌 수 있다. 복심(覆審)이란 항소심에서 마치 원심 판결이 존재하지 않았던 것처럼 사건을 처음부터 새로 시작하는 심리 방식을 말한다. 반면, 사후심(事後審)은 대상사건이 아니라 원심 판결 자체를 심판 대상으로 하여, 원심 판결의 당부를 사후적으로 심사하는 방식을 의미한다. 속심(續審)이란 사후심과 복심의 중간 형태로, 원심의 재판을 재개·계속하는 심리 방식이다.[11]

이와 같은 항소심 구조의 개념 정리에 따르면, 재판 당사자가 원심 판결의 어떠한 점에 불복할 수 있는지 그 여하와 항소이유서의 필요성 여부, 항소심에서의 공소장 변경 및 증거제출 가능성 여부, 항소심에서의 심리 범위와 방식 등에서 구체적인 차이가 발생한다.

이하에서는 일본 항소심 구조론에 관하여 재판원재판 도입 이전에 어떠한 논의가 있었는지 살펴본다. 이로써 재판원제도 도입이 일본 항소심 구조에 어떠한 영향을 미쳤는지와 항소심과 관련한 구체적인 쟁점(무죄판결에 대한 항소 및 항소심에서의 사실판단 여하)을 다루기 위한 기본

11 그러나 속심의 개념이 불분명하고, 경우에 따라 복심과 사후심의 심리 범위와 방식이 모두 허용되어 상소심에서의 모든 심리 방식이 합리화될 우려가 있다. 따라서 항소심 구조론에 있어 '속심'으로의 분류는 지양되어야 한다.

토대로 삼는다.

2) 재판원제도의 도입과 항소심 구조론

일본의 형사소송법은 제2차 세계대전 이후 영미법의 영향을 강하게 받았는데, 항소심의 구조 역시 종래 독일식 복심에서 영미식 사후심 쪽으로 방향이 전환되었다. 전전(戰前)의 복심적 구조에서는 항소를 제기할 때, 불복의 이유를 표시할 필요 없이 원판결에 대한 불복 취지를 담은 공소신립서(控訴申立書: 우리나라의 항소이유서에 해당)를 제출하면 족하고,[12] 항소심 법원은 사건을 처음부터 심사하여 스스로 판단하는 방식을 취했다. 그러나 전후(戰後) 형사소송법 개정에 따라 항소이유서 제도를 도입하는 한편, 종전 상고이유를 항소이유로 전환하는 등 사후심적 구조를 채택하였고, 이후 피고인 보호에 미흡하다는 이유로 1954년 사후심적 성격을 다소 완화하는 방향으로 개정되었다.[13]

재판원제도 도입 이전, 1954년 형사소송법상 항소심 구조에 관하여 학설은 사후심으로 보는 견해가 다수였다.[14] 전형적인 사후심 구조

---

12 小野淸一郞(1942),『刑事訴訟法』, 新法学全集 25卷, 日本評論社, 129頁.

13 三井誠·酒巻匡(2003),『입문 일본형사수속법』, 신동운 역, 법문사, 327-328쪽: 이 당시 개정을 통해 추가된 사항으로는 ① 부득이한 사유로 제1심 변론종결 전에 조사를 신청할 수 없었던 증거에 의하여 증명할 수 있는 사실로서 사실오인과 양형부당의 공소이유가 있음을 믿기에 족한 것은 소송기록 및 원심법원에서 조사한 증거에 나타나 있는 사실 이외의 것이라 하더라도 공소이유서에 원용할 수 있도록 하고(개정형소법 제382조의2 제1항), ② 제1심 변론종결 후 판결 전에 발생한 사실로서 사실오인 및 양형부당의 공소이유가 있음을 믿기에 족한 것도 공소이유서에 원용할 수 있도록 한 것(제382조의 제2항) 등이 있다.

14 久保眞人(2004),「控訴審の構造」, 三井誠·馬場義宣·佐藤博史·植村立郎 編,『新刑事手続 III』, 悠々社, 409頁; 田宮裕(1964),「上訴の理由」, 日本刑法学会 編,

에서는 불복의 이유와 범위를 재판 당사자가 지적하고, 항소심 법원은 그것을 바탕으로 하여 사후적으로 원심 판결의 당부를 파악하기 때문에 항소심에서 새롭게 사실조사를 할 여지가 적다. 그러나 일본 형사소송법은 우리나라와 마찬가지로 '사실오인'을 항소이유로 두고 있다. 즉 원심 법원이 사실에 대한 판단을 잘못한 것을 이유로 불복을 허용한다는 의미다. 사후심적 구조의 항소심에서는 사실판단을 하지 않는다고 한다면, 이러한 유형의 항소이유를 사후심적 구조와 어떻게 조화시킬 수 있을 것인가가 문제된다.

이러한 문제에 대하여 일본에서는 크게 경험칙·논리법칙 위반설과 항소심 심증우선설이 대립하고 있었다. 전자(前者)는 항소심에서 '사실오인' 여부를 심사한다 하더라도, 직접 사건 자체를 판단하는 것이 아니라 원심이 증거로부터 사실을 인정하는 과정이나 또는 어떠한 증거를 취사선택하는가에 있어 논리법칙이나 경험칙에 반하는 경우에 사실오인으로 본다는 것이다.[15] 이러한 견해는 원심에서의 사실오인을 사후심적 구조 안에서 이해하려고 하는 시도에서 비롯된 것이다.

반면, 심증우선설은 원심에서의 증거와 항소심에서의 증거를 포함하여 형성한 항소심에서의 심증을 우위에 두어 사실오인 여부를 판단한다는 견해다.[16] 이 견해는 항소심에서 독자적으로 심증을 형성하

『刑事訴訟法講座(3)』, 有斐閣, 90頁; 池田修·前田雅英(2010), 『刑事訴訟法講義』[第3版], 東京大学出版会, 474頁; 青柳文雄(2010), 『上訴審の構造』, 刑事訴訟法講座(3), 日本刑法学会 編, 有斐閣, 72頁; 後藤昭·白取祐司 編(2010), 『新·コンメンタール 刑事訴訟法』, 日本評論社, 952頁.

15 団藤重光(1961), 「自由心證主義」, 日本刑法学会 編, 『刑事法講座』 6巻, 有斐閣, 1127頁.

16 光藤景皎(1997), 「事実誤認と抗訴審」, 光藤景皎 編, 『事実誤認と救済』, 成文堂, 111-129頁; 平良木登規男(1990), 『刑事控訴審』, 成文堂, 56-82頁; 後藤昭

는 것이 불가피하다는 점을 인정하는 것으로서, 엄밀한 의미에서 사후심적 구조에 부합하지 않는 태도지만, 실무에서는 대부분의 사건이 심증우선설에 입각하여 처리된다고 한다.[17]

이와 같이 항소심 구조에 관한 종전의 논의는 형사소송법상의 규정에 주목하여 '사후심'을 주장하는 견해와, 형사소송법상의 규정에도 불구하고 항소심에서의 적극적인 사실판단을 인정하는 견해가 대립하였다. 그런데 상소제도의 변화 없이 재판원제도가 도입되면서, 항소심의 성격을 사후심으로 인정하는, 또는 인정해야 한다는 견해가 보편적으로 자리 잡은 듯 보인다. 재판원재판이 도입되면서 1심 공판절차에서 구두주의·직접주의가 강화되고, 이에 따라 항소심의 구성도 좀 더 사후심의 방향으로 변화하고 있다고 본다.[18]

3) 우리나라에서의 항소심 구조론 현황

앞서 언급한 바와 같이 일본은 재판원제도 도입 이전에서 항소심을 '사후심'으로 보는 견해가 일반적이었기 때문에, 재판원제도 도입이 항소심 구조론에 있어 커다란 파장을 불러일으킨 것은 아니었다. 이와는 달리 우리나라는 항소심 구조에 관하여 지난한 다툼이 있어 왔다. 이는 항소심을 완전한 복심으로 구상했던 제정형사소송법에서, 미국식 상소체계의 도입과 사후심적 항소심 운영을 시도했던 1961년 개정, 이에 대한 비판으로 사실심적 요소를 대거 가미하는 방향으로의 1963년

(1987), 『刑事控訴立法史の硏究』, 成文堂, 305頁 이하.

17 井戸俊一(2012), 「刑事控訴審における事実誤認の審査方法について」, 『判例タイムズ』 1359号, 63-65頁.

18 酒巻匡(2016), 『刑事訴訟法』, 有斐閣, 626頁.

개정으로 이어지는 연혁상의 특성에서 비롯된다. 여기에 국민참여재판제도의 도입으로 현행 항소심 구조 및 향후 개혁 방향에 대한 논의가 다시 뜨거운 화두로 등장했다.

지금까지의 연구 문헌들을 살펴보면 항소심의 구조가 사후심이거나, 아니면 적어도 보다 사후심적 요소를 갖추어야 한다고 보는 견해가 다수인 듯하다. 따라서 항소심의 구조는 ① 1심 재판의 형태, ② 항소제도의 본질과 목적, ③ 심급제도 등 다양한 요소가 함께 고려되지 않으면 안 된다.

그러나 현재 항소심 구조에 관해서는 이러한 요소들을 포괄한 거시적인 관점에서의 논의가 부족한 실정이다. 그리고 항소심에 관한 구조는, 구체적으로는 후술하는 바와 같이 항소심에서 사실판단을 할 수 있는가, 무죄항소를 허용할 수 있는가와 같은 문제로 연결되기 때문에 무엇보다 이에 대한 법리 구축이 본질적인 접근 방법이라 할 수 있다. 이하에서는 이 주제에 관하여 일본에서 논의되고 있는 상황을 살펴보고자 한다.

4. 항소심과 사실판단 여하

항소심의 구조와 그 운영은 1심의 공판 형태와 매우 긴밀한 관련이 있다. 시민이 참여하여 판단한 결과를 항소심에서 파기할 수 있는가, 파기할 수 있다면 그 정당성의 근거는 무엇인가라는 본질적인 의문이 제기되기 때문이다. 아울러 공판기술적인 측면에서도, 직접주의·구두주의에 의하여 공판정에서 형성한 심증에 따라 내린 1심의 사실판단을 사후에 기록만으로 그 오류를 지적하고 시정할 수 있는가 하는 문제도 있다. 따라서 재판원법 입안 당시에도 항소심을 어떻게 구성할 것인가에 관하여 ① 항소와 항소심에 관한 기존 법률을 그대로 유지하자는 안, ② 항소심에 관한 기존의 제도를 유지하되, '사실오인'과 '양형부당'의 항소이유에 대해서는 자판(自判)을 할 수 없도록 하자는 안, ③ 항소심을 복심으로 구성하자는 안 등 다양한 견해가 제시되었다.[19] 주지하는 바와 같이 ①안이 채택되어 재판원제도 시행 이후에도 일본 항소심에 관한 법률은 변함없이 유지되었다.

이러한 태도는 기존 항소심의 구조가 '사후심'이며, 재판원제도하에서 더욱 공고하게 사후심을 견지할 것이라는 합의가 전제된 것이다. 1심 판결을 존중하는 한편, 항소심에서의 증거조사 및 사실판단을 가급적 지양한다는 의미가 내포된 것으로 볼 수 있다.[20] 그러면 여기서 '사실오인' 및 '양형부당'의 항소이유와 '사후심적 구조'와의 조화가 문제가 되는데, 바로 이 점에서 항소심에서 사실문제를 어떻게 다룰 것인지가 주요 쟁점이 된다.

재판원제도 도입에 즈음하여, 향후 항소심을 어떻게 구상해야 할 것인가에 관하여 일찌감치 다양한 의견이 제시되었다. 그중에서는 기존의 항소심이 사후심이라고는 하지만 실질적으로는 항소심에서 사건에 대한 새로운 심증을 형성하고 파기자판(破棄自判)을 하는 경우가 대다수라는 점을 인정한 뒤, 그러한 방식을 유지해야 한다는 견해가 있다. 그 근거로 상소심은 피고인 구제라는 기능을 충실히 해야 한다는 점을 들어, 1심에서의 무죄판결을 파기할 때와 같이, 경우에 따라서는 항소심에서 1심에 준하는 직접주의·구두주의를 기반으로 한 적극적인

19 池田修·合田悦三·安東章(2016), 『解説 裁判員法: 立法の経緯と課題』(第3版), 弘文堂, 191頁.

20 井戸俊一(2012), 앞의 논문, 65頁.

증거조사를 해야 한다고 주장한다.[21] 다른 측면에서는, 애초에 재판원제도가 실체적 진실주의를 희생시킬 수 있다는 회의적인 시각을 바탕으로 하여, 항소심은 재판원재판의 과오를 시정하여 실체적 진실 발견의 역할을 담당해야 하므로 기존과 같이 재판관만으로 구성된 항소심에서 원판결을 파기자판할 수 있도록 해야 한다는 견해도 있다.[22]

또한 재판원재판에서 재판원과 재판관의 표결 상황을 분석하여, 이 중 재판관의 사실인정에 대해서만 상소를 할 수 있도록 하자는 주장도 있다. 이러한 방식이 시민의 판단을 상소심에서 뒤집는다는 비판에서 자유로울 수 있고, 재판관의 사실판단은 그 근거를 판결서에 기재할 수 있기 때문에 항소심에서 심사 대상이 될 수 있다는 것이다.[23]

1) 2012년(平成24) 2월 13일 판결과 그 이후의 논의 상황

전술한 바와 같이, 사실판단에 관한 항소심의 운영에 관하여 입법론을 포함한 다양한 논의가 진행되는 과정에서 재판원제도가 시행 3년을 맞을 무렵, 2012년 2월 13일 최고재판소는 항소심에서의 사실판단에 관한 기준을 구체적으로 다룬 판결을 내렸다.[24] 이로써 관련 견해가 대거 지면에 등장하는 계기를 제공하는[25] 한편, 이 판례는 재판원제

---

21 遠藤和正·富田敦史(2008),「事実認定 審査」,『判例タイムズ』1276号, 43頁 이하.

22 西野喜一(2007),「裁判員制度下の控訴審」,『判例タイムズ』1237号, 122-128頁.

23 자세한 내용은 後藤昭(2003),「裁判員制度に伴う上訴の構想」,『一橋法学』2巻 1号, 3-15頁; 加藤克佳(2004),「裁判員制度における判決と上訴の構想」,『刑法雑誌』43巻 3号, 45頁 참조.

24 最高裁判所第一小法廷, 平成23(あ)757, 刑集 第66巻 4戸, 482頁 이하.

25 德永光(2013),「控訴審における事実誤認の審査方法」,『法律時報』85巻 1号, 124頁 이하; 正木祐史(2012),「控訴審における事実誤認の審査方法」,『法学セミナー』

도 시행 이후 최초의 전면무죄판결을 항소심이 뒤집고 유죄를 선고한 사건을 다룸으로써 후술할 검사의 무죄항소에 관해서도 논의의 지표가 되었다. 사건의 개요, 경과 및 일본 최고재판소의 판시 내용을 소개하면 다음과 같다.

사건의 개요

피고인은 공소 외 제3자로부터 대가를 받고, 말레이시아로부터 위조 여권을 일본 내로 유입할 것을 의뢰받음과 동시에 초콜릿 통 3개도 함께 전달받았다. 나리타 공항 세관 직원은 피고인의 소지품 중에서 초콜릿 통에 들어 있던 각성제를 발견하였고, 피고인은 영리목적 각성제 수입 및 관세법 위반 미수 혐의로 기소되었다. 피고인이 본인은 각성제를 소지하고 있다는 인식이 없었다고 주장하여, 피고인의 고의 여부가 다툼이 되었다.

사건의 경과

平成22년 6월 22일, 치바 지방재판소에서 재판원재판으로 진행된 제1심에서 일본 최초로 재판원재판에 의한 전면무죄판결이 선고되었다. 이에 검찰이 사실오인을 이유로 항소하였고, 이듬해 3월 30일 도쿄 고등재판소는 직권조사를 포함한 심리 결과, 피고인에게 고의가 있었다고 판단하여, 무죄를 선고한 1심 판결을 파기하고 자판을 통해 징역 10년과 벌금 600만 엔을 선고하였다. 이에 피고인이 상고하였다.

최고재판소의 판단 요지(일부 발췌)

형사소송법은 항소심의 성격을 원칙적으로 사후심으로 [규정][26]하고, 항소

687号, 162頁; 田淵浩二(2012), 「控訴審における事実誤認の審査: 最判平24.2.13の意義」, 『法律時報』 84巻 9号, 48頁 이하; 村瀬均(2017), 「控訴審における事実誤認の審査」, 『刑事判例百選』(第10版), 有斐閣, 228頁 이하 참조.

26 [ ]는 이해를 돕기 위하여 필자가 임의로 첨가한 것이며, 이하 동일하다.

심은 제1심과 마찬가지 입장에서 사건 그 자체를 심리하는 것은 아니고 당사자의 소송 활동을 기초로 하여 형성된 제1심 판결을 대상으로 하여, 그것에 사후적인 심사를 더해야 하는 것이다. 제1심에서 직접주의·구두주의의 원칙이 채택되어, 쟁점과 관련한 증인을 직접 조사하고, 그때의 증언 태도 등도 바탕으로 하여 진술의 신용성이 판단되고 그것들을 종합하여 사실인정이 행해지는 것이 예정되어 있는 점을 감안하면, 항소심에서의 사실오인의 심사는 제1심 판결이 행한 증거의 신용성 평가 및 증거의 종합판단이 논리칙·경험칙 등에 비추어 불합리한 것인가의 관점에서 행해져야 할 것이다.

형사소송법 제382조의 사실오인이란 제1심 판결의 사실인정이 논리칙·경험칙 등에 비추어 불합리한 것이라고 이해하는 것이 상당하다. 따라서 항소심이 제1심 판결에 사실오인이 있다고 하기 위해서는 제1심 판결의 사실인정이 논리칙·경험칙 등에 비추어 불합리하다는 것을 구체적으로 나타낼 필요가 있다고 해야 한다. 이것은 재판원재판의 도입을 계기로 제1심에서의 직접주의·구두주의가 철저하게 된 상황에서는 더욱 타당하다.

[원심 판결]은 논리칙·경험칙 등에 비추어 불합리한 점이 있는 것을 충분히 제시했다고는 평가할 수 없다.

[원심 판결]은 형사소송법 제382조의 해석 적용을 오인한 위법이 있고 그 위법이 판결에 영향을 미친 것이 명백하여, 원판결을 파기하지 아니하면 현저히 정의에 반한다고 인정된다.

피고인은 일본 입국 중 세관에서 각성제가 발견되어 각성제단속법 위반으로 기소되었다. 이 사건에서 피고인이 각성제를 소지하고 있다는 점을 본인이 인식하고 있었는지 여부가 쟁점이 되었는데, 제1심 재판원재판에서는 여러 간접사실을 종합하여 볼 때 피고인이 각성제를 소지하고 있었다는 점을 인식하고 있었다고 보기 곤란하다는 이유로 무죄를 선고하였다. 이에 검사는 사실오인을 이유로 항소하였고, 항소심에서는 피고인에게 고의가 있다는 점이 인정된다고 하여 원심을 파기하고 유죄를 선고하였다. 이 사건을 다룬 최고재판소는 "사실오인이라고 하기 위해서는 제1심 판결의 사실인정이 논리칙·경험칙 등에 비추어 불합리하다는 것을 구체적으로 나타내는 것이 필요하다"라고 하였다. 아울러 최고재판소는 재판원제도가 도입됨으로써 기존 법관에 의한 재판의 경우보다 직접주의·구두주의가 더욱 철저하게 되었다는 점을 지적한다.

이 판결이 항소심에서의 사실판단에 관하여 구체적으로 어떠한 기준을 제시했는가에 대해서도 여전히 해석이 분분하다. 우선, 최고재판소가 이 사건의 원심을 일본 형사소송법 제411조 제3호, 즉 '판결에 영향을 미칠 중대한 사실오인이 있을 때'가 아니라 제1호, 즉 '판결에 영향을 미칠 법령위반이 있는 것'을 이유로 파기한 점을 들어, 일본 형사항소심 구조가 기존보다 사후심적 성격이 강화되었다고 평가하는 견해가 있다. 즉 제411조 제3호에 의하여 원심을 파기하면 결국은 제1심 판결의 사실인정까지 전면적으로 심사할 필요가 있는데, 제1호의 법령위반의 문제로 다루면, 항소심 판결의 판결이유의 충분성만이 심사 대상이 되기 때문에 결국은 1심 판결을 존중하는 태도이기도 하다는 것이다.[27]

그런데 최고재판소가 유죄판결을 내린 원심을 파기하면서 무죄를 선고하게 된 경위는 결국 원심 판결에 '합리적 의심'이 있었던 것이고, 이를 '논리칙·경험칙 위반'이라는 표현으로 대체한 것일 뿐, 항소심에서의 사실판단의 장벽이 종전보다 높아진 것은 아니라는 견해도 있다. 오히려 "제1심 판결의 사실인정이 ……[28] 불합리하다는 것을 구체적으로 나타내는 것이 필요하다"라고 판시한 점에 주목하여, 항소심에서의

27 田淵浩二(2012), 앞의 논문, 49頁.

28 필자가 생략하였다.

증거조사 규정(일본 형사소송법 제393조 제1항, 제382조의2)을 근거로 항소심에서 적절한 증거조사가 필요하다는 것이다.[29]

일본 최고재판소의 태도는 1심의 유죄를 항소심에서 무죄로 하는 경우와 1심의 무죄를 유죄로 하는 경우를 나누고 있지는 않았지만, 근래의 최고재판소에서는 유죄를 무죄로 하는 경우는 엄격한 의미의 경험칙·논리칙 위반보다 그 기준을 완화하고자 하는 소수의견도 눈에 띈다. 2009년(平成21) 4월 14일 최고재판소는 유죄의 원심을 파기하고 무죄로 선고[30]하면서, 보충의견으로서 "적어도 유죄판결을 파기자판하여 무죄를 [선고]하는 경우에는, 원죄(冤罪) 방지의 이념을 실효(実効)있게 한다는 관점에서 문헌 등에 예시된 전형적인 논리칙 및 경험칙에 한하는 것이 아니라, 우리들이 사회생활 중에서 체득하는 넓은 의미에서의 경험칙 또는 일반적인 견해도 논리칙·경험칙 등에 포함된다고 해석하는 것이 상당하다"라고 하였다.[31] 그러나 아직까지 다수의견을 통하여 양자를 구별하는 판결은 등장하지 않았고, 이 점에서 후술하는 바와 같이 항소심에서 무죄판결을 파기할 때 더 많은 조건을 요하는 한국의 대법원 판례와 차이가 있다.

2) 한국 대법원의 입장

재판원제도 도입이 항소심에서의 사실판단 문제를 더욱 부각시키는 계기가 되기는 하였지만, 최고재판소 판례는 재판원제도 그 자체를 항소심에서의 주요한 사실판단 기준으로 삼고 있는 것 같지는 않아 보

29 公文孝佳(2013), 「事実誤認: 裁判員制度と控訴審」, 『法学セミナー』 698号, 21頁.

30 最決平 21, 4, 14. 刑集 63巻 4号, 331頁.

31 那須 판사의 보충의견: 刑集 63巻 4号, 341頁.

인다. 상기 판례와 그 이후의 판례를 보면, 재판원재판의 도입을 계기로 1심에서의 직접주의·구두주의가 향상되었다는 점을 강조하기는 하여도 항소심에서의 사실판단에 있어서 재판원재판의 경우와 일반 재판의 경우를 크게 구분하지 않고 있다. 이와 같은 태도는 참여재판의 취지와 의미를 근거로 판결 존중을 강조한 우리 대법원의 판시 내용과 다른 양상을 보인다.

한국에서는 위 판례보다 약 2년 전, 참여재판으로 진행된 1심 무죄판결을 항소심이 파기하고 유죄를 선고한 경위를 거친 사건을 대법원에서 다룬 바 있다.[32]

사건의 개요

피고인 A는 피해자 B가 미성년자인 C와 성관계를 하기로 한 사실을 알고 D, E, F와 함께 모텔로 찾아가 C가 자신의 동생이라고 하며 B를 주먹으로 폭행하였다. 그리고 B를 위협하여 B가 목에 걸고 있던 금목걸이를 가져간 혐의로 기소되었다.

사건의 경과

피고인의 강도상해 혐의에 대하여 1심에서 배심원이 만장일치로 무죄의 평결을 하였고 재판부가 이를 채택하여 무죄를 선고했으나, 항소심에서 원심을 파기하고 유죄를 선고하였다.

대법원의 판단

형사공판 절차에서 제1심이 증인신문 절차를 진행한 뒤 그 진술의 신빙성을 판단함에 있어서는, 진술 내용 자체의 합리성·논리성·모순 또는 경험칙 부

32 대법원 2010. 3. 25. 선고 2009도14065 판결.

합 여부나 물증 또는 제3자의 진술과의 부합 여부 등은 물론, 법관의 면전에서 선서한 후 공개된 법정에서 진술에 임하는 증인의 모습이나 태도, 진술의 뉘앙스 등 증인신문조서에는 기록하기 어려운 여러 사정을 직접 관찰함으로써 얻게 된 심증까지 모두 고려하여 신빙성 유무를 평가하게 된다. 이에 비하여 현행 형사소송법상 제1심 증인이 한 진술에 대한 항소심의 신빙성 유무 판단은 원칙적으로 증인신문조서를 포함한 기록만을 자료로 삼게 되므로, 진술의 신빙성 유무 판단에 있어 가장 중요한 요소 중 하나라 할 수 있는 진술 당시 증인의 모습이나 태도, 진술의 뉘앙스 등을 신빙성 유무 평가에 반영할 수 없다는 본질적인 한계를 지니게 된다.

이와 같은 제1심과 항소심의 신빙성 평가 방법의 차이에 우리 형사소송법이 채택하고 있는 실질적 직접심리주의의 취지 및 정신을 함께 고려해 보면, 제1심 판결 내용과 제1심에서 적법하게 증거조사를 거친 증거들에 비추어 제1심 증인이 한 진술의 신빙성 유무에 대한 제1심의 판단이 명백히 잘못되었다고 볼 특별한 사정이 있거나, 제1심의 증거조사 결과와 항소심 변론종결 시까지 추가로 이루어진 증거조사 결과를 종합하면 제1심 증인이 한 진술의 신빙성 유무에 대한 제1심의 판단을 그대로 유지하는 것이 현저히 부당하다고 인정되는 등의 예외적인 경우가 아니라면, 항소심으로서는 제1심 증인이 한 진술의 신빙성 유무에 대한 제1심의 판단이 항소심의 판단과 다르다는 이유를 들어 제1심의 판단을 함부로 뒤집어서는 안 될 것이다. 특히 공소사실을 뒷받침하는 증인 진술의 신빙성을 배척한 제1심의 판단을 뒤집는 경우에는 무죄추정의 원칙 및 형사증명책임의 원칙에 비추어 이를 수긍할 수 없는 충분하고도 납득할 만한 현저한 사정이 나타나는 경우라야 할 것이다(대법원 2006.11.24. 선고 2006도4994판결 참조).

한편, 사법의 민주적 정당성과 신뢰를 높이기 위해 도입된 국민참여재판의 형식으로 진행된 형사공판절차에서 엄격한 선정절차를 거쳐 양식 있는 시민으로 구성된 배심원이 사실의 인정에 관하여 재판부에 제시하는 집단적 의견은 실질적 직접심리주의 및 공판중심주의하에서 증거의 취사와 사실의 인정에 관한 전권을 가지는 사실심 법관의 판단을 돕기 위한 권고적 효력을 가지는 것인바, 배심원이 증인신문 등 사실심리의 전 과정에 함께 참여한 후

> 증인이 한 진술의 신빙성 등 증거의 취사와 사실의 인정에 관하여 만장일치의 의견으로 내린 무죄의 평결이 재판부의 심증에 부합하여 그대로 채택된 경우라면, 이러한 절차를 거쳐 이루어진 증거의 취사 및 사실의 인정에 관한 제1심의 판단은 위에서 본 실질적 직접심리주의 및 공판중심주의의 취지와 정신에 비추어 항소심에서의 새로운 증거조사를 통해 그에 명백히 반대되는 충분하고도 납득할 만한 현저한 사정이 나타나지 않는 한 한층 더 존중될 필요가 있다.

한국 대법원 판례는 최고재판소와 마찬가지로 1심 공판이 시민참여형 재판제도의 도입을 계기로 더욱 직접주의·구두주의(또는 실질적 공판중심주의)가 실현되었다는 점을 지적하고 있다. 그러나 이에 그치지 않고, 참여재판이 '사법의 민주적 정당성과 신뢰를 높이기 위해 도입'되었다는 점을 명백히 함으로써 소송기술적 측면만이 아니라 참여재판 자체가 지니고 있는 철학적 의미에서 존중의 당위성을 찾고자 하는 태도를 보인다.[33] 특히 무죄판결에 있어서는 항소심에서의 원심 파기가 한층 더 까다로운 요건을 충족해야 한다는 점을 강조한다.

반면, 일본 최고재판소 판례에서는 특히 재판원재판이기 때문에 존중되어야 한다는 측면보다는, 시민참여형 재판제도를 계기로 강화된 직접주의·구두주의를 근거로 항소심에서 쉽게 파기될 수 없다고 하는 한편, 유죄파기와 무죄파기의 경우도 구별하지 않아 차후 구체적인 사건이 계류될 때를 대비한 이론 구성이 여전히 과제로 남아 있다.

---

33 後藤昭(2012), 「裁判員裁判の事実認定を争う上訴の運用」, 『司法院國民參與刑事審判制度學術硏討會發表文』, 2012. 5. 4, 5-6頁.

5. 검사의 항소제한을 위한 노력

1) 검사의 무죄항소와 실증적·이론적 문제 제기

시민참여형 재판제도 및 그 상소체계의 운영과 관련하여 제기되는 본질적인 문제는 시민의 판단을 직업 법관만으로 구성된 항소심에서 뒤집을 수 있는가 하는 점이다.[34] 그중에서도 특히 원심에서의 무죄판결에 대한 검사의 항소는 이론적으로도 실무적으로도 문제가 된다.

잘 알려진 바와 같이, 우리나라 형사 실무에 있어 무죄판결에 대한 검사의 항소율은 매우 높은 수준이다. 특히 합의부 사건의 무죄판결의 경우는 검사 측에 의한 무죄항소율이 90% 안팎이다. 이와 같은 항소권 남용은 실무적으로는 피고인의 심리적·육체적·경제적인 곤란을 부당하게 장기화하는 것이며, 이론적으로도 '이중위험금지 원칙'을 비롯하여 '의심스러울 때는 피고인의 이익으로', '합리적 의심을 넘는 증명'과 같은 형사소송법상의 제 원칙에 위배되는 것이다.

최근에는 검사의 항소를 제한할 필요가 있다는 인식이 확산되면서, 대법원 산하 사법발전위원회에서는 배심원이 전원일치로 무죄평결을 내린 경우 검사의 항소를 금지하자는 구체적인 논의까지 진행되었다.[35] 그러나 이와 같은 인식의 확산에 비하여 검사의 항소를 제한하고자 하는 이론적 연구는 충분히 축적되지 않은 상태다. 후술하는 바와

---

34 물론 비교법적으로 독일과 프랑스의 예처럼 항소심에서 더 큰 규모의 시민참여형 재판체를 운영함으로써 항소심의 원심 파기 정당성을 확보하고자 하는 경우도 있으나 여기서는 논외로 한다.

35 「[어떻게 생각하십니까] 국민참여재판서 전원 무죄 평결로 무죄 선고 땐 항소 제한」, 『경향신문』, 2018년 6월 19일.

같이 1950년 일본 최고재판소 판례가 제시한 '계속적 위험론'이 우리나라에 비판적 고찰 없이 그대로 수용되어 현재까지 무죄판결에 대한 검사항소의 주요 근거로 쓰이고 있다.

이에 비하여 일본에서는 재판원제도의 도입 이전부터 이에 관한 다양한 논의가 있어 왔는데, 이하에서는 그 논의의 일부를 소개하고 재판원제도 도입 이후의 최근 동향은 어떠한지 살펴보기로 한다.

2) 재판원제도 도입 이전 무죄항소 저지를 위한 이론적 시도

우리나라와 마찬가지로 일본에서도 검사의 항소는 자유롭다. 일본 최고재판소는 일찌감치 무죄판결에 대한 검사항소의 위헌 여부를 다룬 바 있다. 최고재판소는 1950년(昭和25) 판결에서 "위험이란 동일 사건에 있어서 소송절차의 개시부터 종말에 이르기까지의 한 개의 계속적 상태라고 보는 것이 상당"하다고 하여, 무죄판결에 대한 검사의 항소가 일본 헌법 제39조에 반하지 않는다고 판시하였다.[36] 이른바 '계속적 위험론'을 근거로 하여 검사의 항소에 제한을 두지 않고 있는데, 이러한 태도는 재판원제도를 도입한 오늘날까지도 변함없이 이어지고 있다.

이와 같은 최고재판소의 판례에도 불구하고, 일본에서는 재판원제도의 도입 이전부터 무죄판결에 대하여 사실오인을 이유로 한 검사의 항소를 제한하고자 하는 이론적 시도들이 있었다. 주요 내용을 살펴보면 다음과 같다.

---

36 最判, 昭和25. 9. 27, 刑集 4券 9號, 1805頁.

(1) 일본 헌법과 이중위험금지 원칙

일본 헌법과 이중위험금지 원칙은 재판원제도 도입 이전부터 검사의 무죄항소금지에 관한 주요 이론적 근거가 되었다. 일본 헌법 제39조는 "누구라도 실행 시 적법한 행위 또는 이미 무죄가 된 행위에 대해서는 형사상의 책임을 지지 않는다"라고 규정하고 있다.

일본 최고재판소의 판결에 따르면, 확정판결에 이르기까지 하나의 위험만이 존재하는 것이기 때문에 검사의 항소가 이중위험금지 원칙에 반하지 않는다. 이렇듯 검사의 항소가 헌법에 위반되지 않는다는 판례의 입장에도 불구하고, 학계에서는 다양한 측면에서 이에 대한 반론이 제기되었다.

우선 ① 형사소송법의 목적과 상소제도의 취지에 비추어 일본 헌법 제39조에서의 '이미 무죄가 된 행위'를 '무죄의 확정판결이 있는 경우'로 제한하여 해석해서는 안 된다는 견해를 비롯하여,[37] ② 공판을 담당하는 법원과 상소심 법원은 서로 분리·독립적인 것으로서, 상소심 법원은 공판법원에서 행한 재판을 검토하는 역할을 담당하고 모든 사실인정은 공판법원에서 행한다고 하면 한 개의 위험이 상소심까지 지속된다고 볼 여지가 없다는 견해,[38] ③ 일본 형사소송법상 항소심에서의 심리는 새로운 사실인정의 주체에 의한 새로운 위험이 시작된 것이기 때문에 첫 번째 위험이 지속된 것으로 볼 수 없다는 견해[39] 등이 제시되면서 최고재판소의 '계속적 위험론'을 탄핵하기 위한 이론적 시도

37 態本典道·態谷弘·佐佐木史朗·松尾浩也·田宮裕 編(1975),『公判法大系 IV 第4編 上訴』, 日本評論社, 52-56頁 참조.

38 渥美東洋(2005),『刑事訴訟法』(新版補訂), 有斐閣, 417-418頁.

39 田口守一·白取祐司(1997),「二重の危險と上訴·再審」, 光藤景皎 編,『事実誤認と救済』, 成文堂, 97-98頁.

들이 계속되었다.

판례의 태도와는 달리 이중위험금지 원칙은 검사의 항소를 제한하는 주요 근거로 제시되고 있으며, 이중위험금지 원칙에 따라 소추는 단 한 번만 허용되고, 따라서 피고인의 공소사실에 관하여 거듭 사실인정을 하는 것은 이중위험금지 원칙에 반한다는 것이다.

(2) 형사소송법의 제 원칙

이중위험금지 원칙 이외에도 형사소송법상 여러 원칙에 따라 검사의 항소를 제한하려는 움직임이 있다. 먼저, 자유심증주의의 원칙상 무죄판결에 대한 항소심에서의 심판 자체가 불가능하다는 주장이 있는데, 이 견해에 따르면 자유심증이란 '재판관의 주관적 판단'으로서, 유죄를 선고하기 위해서는 공판정에서의 사실인정과 증거평가 등의 판단 근거를 통한 법관의 '확신'이 필요하고, 무죄는 이 확신이 배제된 것이다. 무죄판결은 유죄를 확신할 만큼 판단 근거가 존재하는 것이 아니므로, 상소심에서는 1심의 무죄판결의 당부를 심사할 만한 판단 자료가 존재하지 않는 셈이 되기 때문에 무죄판결에 대한 심사는 원천적으로 불가능하다고 주장한다.[40] 반면, 유죄선고는 공판정에 현출된 다양한 증거를 통해 심증을 형성한 결과로서 그 판단 근거가 명확히 존재하기 때문에 상소심에서 이를 바탕으로 심사가 가능하다고 한다. 따라서 오로지 1심의 유죄판결을 탄핵하는 것만이 '항소심에서의 유일한 임무'[41]라고 한다.

---

40 平田元(2017), 「刑事訴訟における片面的構成: 事実認定と上訴をめぐって」, 『熊本大学法学会叢書』 15, 成文堂, 43頁 이하 참조.

41 平田元(1986), 「上訴審による自由心證主義のコントロール」, 『九大法学』 52号, 134頁.

이 밖에도 '의심스러울 때는 피고인의 이익으로', '신속한 재판의 원칙'에 따르면, 검사의 항소는 제한되어야 하고 피고인의 무죄는 조기에 확정될 필요가 있다는 주장도 있다. 아울러, 검사의 항소가 제한되어야 하는 것과는 반대로 피고인은 '공정한 재판을 받을 권리'에 따라 방어 활동에 있어 제반 권리를 최대한 보장받아야 하기 때문에 항소심에서 자기에게 유리한 증거 및 자료를 새로 제출할 수 있도록 편면적인 항소심을 구상할 필요가 있다고 한다.[42]

(3) 실체적 진실 발견에 대한 비판

최고재판소가 1950년 '계속적 위험론'을 바탕으로 검사의 무죄항소를 합헌으로 판단한 이래, 일본에서는 무죄판결에 대한 항소를 인정하는 것이 다수의 견해다. 이에 대해서 계속적 위험론의 근저에는 일사부재리 원칙에 관한 독일식 논의가 자리 잡고 있으며, 이는 다시 '실체적 진실 발견'이라는 형사소송법의 이념과 긴밀히 연관되어 있다고 보아 이를 탄핵함으로써 무죄항소금지의 근거를 제시하고자 하는 견해가 있다.

이 견해에 따르면, 형사재판이란 피고인의 무죄를 전제로 한 다음, 검사가 범죄사실을 입증해 나가는 과정이고, 합리적인 의심을 넘어서는 정도로 범죄사실을 입증한 경우에 유죄선고를 하게 되는데 이러한 경우에도 이것이 절대적 진실일 수는 없다고 한다. 그런데 '실체적 진실 발견'이라는 이념은 이미 진실이 존재한다는 것을 전제로 하는 것인데, 심리를 거듭하여 이러한 진실을 추구하는 것은 오히려 '신화'

42 小田中聰樹(1983), 『刑事訴訟と人権の理論』, 成文堂, 387頁 이하 참조.

에 불과하다고 지적한다.[43] 검사의 무죄항소를 인정하는 견해의 근저에는 이와 같은 관념이 자리 잡고 있으며, 이는 그 자체로 커다란 의문이 있다고 한다.

3) 재판원재판과 무죄항소

(1) 무죄항소금지론

이와 같이 재판원제도의 도입 이전에도 다양한 측면에서 검사의 무죄항소를 저지하고자 하는 논의가 진행되긴 했지만, 재판원제도가 도입된 이후 실제로 시민이 참여한 재판에서의 무죄판결에 검사가 항소를 하고 항소심에서 원심을 파기하는 일이 발생하면서 이 문제가 본격적으로 수면 위에 올라오게 되었다.

특히 앞서 언급한 최고재판소의 원심인 항소심 판결이 선고된 이후 그 논의가 더욱 심화되었다. 해당 사건은 재판원재판 시행 이래 최초의 전부무죄 사건이었는데,[44] 도쿄 고등재판소가 사실상 1심에서의 동일한 증거를 근거로 1심을 파기하고 유죄를 선고하였기 때문이다.[45] 항소심 선고 이후 지바현 변호사회 회장은 즉각 도쿄 고등재판소의 판결이 '1심 경시의 경향'을 보이는 것이라고 비판하였고, 재판원제도와 현행 항소제도의 관계에 대한 본질적 문제 제기를 하였다.[46]

최근 일본변호사연합회는 사실오인을 이유로 한 검사항소의 금지

43 中野目善則(1983), 「検察官上訴と二重危険」, 『比較法雑誌』 42号, 75-76頁.

44 千葉地方裁判所, 平成21(わ)2674.

45 東京高等裁判所, 平成22(う)1488, 高等裁判所刑事裁判速報集(平23)号 186頁.

46 千葉県弁護士会 会長 市川清文, 「裁判員裁判に対する控訴審逆転判決を受けて」, 2011.3.31.

에 관한 의견서를 발표하여, 이 문제를 공식화하였다.[47] 사실, 일본변호사협회는 재판원제도 도입 이전부터 ① 일본 헌법상 이중위험금지의 법리, ② 1심에서 무죄를 선고받은 피고인에게 검사가 항소함으로써 결국 무고한 피고인이 장시간 과도한 부담을 지게 되었던 여러 사례[48] 등을 들어 사실오인을 이유로 하는 검사의 항소를 금지하는 방향으로 제도의 개선을 꾸준하게 촉구해 왔다. 특히 재판원재판의 경우에는 더욱 시급한 법률의 개정을 주장하고 있다. 무엇보다도 시민이 참여한 재판에서의 판단을 직업 법관이 뒤집을 수 있는 상소제도는 재판원제도와 조화될 수 없고, 시민참여형 재판제도를 계기로 강화된 직접주의·구두주의를 통한 판단을 항소심에서 서면심리만으로 깨뜨리는 것 또한 불합리하다는 것이다. 아울러 최고재판소가 천명한 '논리칙·경험칙 위반' 역시 '직업 법관만의 논리칙·경험칙'이므로 사후심을 철저히 하는 것만으로는 1심을 존중하는 데 한계가 있고, 오히려 사실오인을 이유로 한 검사항소의 금지를 통해 철저한 사후심화를 도모할 수 있다고 주장한다.[49]

---

47 日本弁護士連合会, 「事実誤認を理由とする検察官公訴の禁止に関する意見書」, 2016. 3. 17.

48 1949년 기소된 피고인이 1951년에 지방재판소에서 무죄판결을 받았는데, 검사가 항소하여 징역 15년의 형을 선고받고 복역하다가 26년이 경과한 1977년에 재심을 통해 무죄가 확정된 사례(弘前사건), 1997년 체포된 피고인이 2000년 4월에 도쿄 지방재판소에서 무죄판결을 받았으나 항소하여 유죄를 선고받고 복역하던 중 2012년 재심을 통해 석방되었던 이른바 '도쿄전력 여성사원 살해사건', 1964년 무죄판결을 받았으나 검사가 항소하여 나고야 고등재판소에서 사형판결을 받은 뒤 1972년 형이 확정된 이후 계속해서 재심청구를 하였으나 받아들여지지 않은 채 피고인이 사망한 사건(나바리 독포도주 사건) 등.

49 日本弁護士連合会, 「事実誤認を理由とする検察官公訴の禁止に関する意見書」, 5頁 이하.

사실오인을 이유로 한 검사항소의 부당성은 학계에서도 공감대를 형성해 가고 있는 것으로 보인다. 피고인의 상소권은 헌법상의 기본권인 데 반하여, 검사의 상소권한은 공익적인 관점에서 인정된 것이므로 양자가 동등한 상소의 권리를 향유하는 것은 부당하며, 1950년대 최고재판소가 취했던 이른바 '계속적 위험론'은 법관에 의한 재판만을 상정했던 시대의 산물로서 재고되어야 하며, 입법론으로도 "제1심 판결의 사실인정에 논리칙·경험칙 등에 비추어 불합리한 점이 있다"라는 점을 제시하도록 하거나, 사실오인을 이유로 한 검사의 항소를 전면적으로 금지할 것을 주장하는 견해가 그것이다.[50]

사실 무죄항소 저지를 위한 이론적 시도는 근래의 것은 아니었지만, 재판원제도의 도입과 실제로 무죄판결을 항소심에서 파기하는 사례의 발생이 이 오래된 문제를 환기시켰고, 기존 주장에 힘을 실어 주는 계기가 되었다고 평가할 수 있다.

(2) 제도상의 한계

이미 오래전부터 논의되어 왔던 무죄항소금지론과 변호사협회 등의 적극적인 노력에도 불구하고, 일본에서는 재판원제도가 도입된 이후에도 여전히 검사의 항소가 합헌이라는 견해가 다수설로 유지되고 있다. 재판원제도가 검사의 무죄항소를 저지하는 적극적인 계기가 되지 못하는 근본적인 이유는 제도 자체에 한계를 내포하고 있기 때문이다.

시민참여형 재판제도에서 항소심과 관련하여 제일 중요한 화두가 되는 것은 "시민이 관여한 재판을 직업 법관이 항소심에서 서면심

50 水谷規男(2012),「裁判員制度を生かすために刑法·刑事訴訟法をどう変えるべきか」,『季刊 刑事弁護』72号, 57頁.

리로 파기할 수 있는가"의 문제다. 이러한 문제에 관하여 미국의 경우는 배심원의 무죄평결에 종국성을 부여하여 검사의 항소를 저지하고 있다.

일본의 재판원재판은 개별 재판에 관여할 재판원을 선정하는 것을 제외하고는 주로 참심제적 성격을 가지고 있다. 재판원은 평의의 처음부터 끝까지 재판관과 함께 유무죄를 판단하고 양형을 합의한다. 따라서 재판원재판에서의 사실인정은 시민의 독자적인 판단이 아니라, '재판관과의 협력의 결과'[51]이기 때문에 당해 재판의 결과는 재판관에게 귀속된다. 결국 항소는 재판의 당사자가 재판소의 주요 구성원인 재판관에 의한 재판에 불복하는 것이 된다.

또한 일본 추오대학(中央大学) 시이바시(椎橋) 교수는 전형적인 배심제를 실시하는 나라와는 달리, 일본 재판원제도의 주요 취지는 '배심이라는 동료에 의한 재판을 받을 권리의 확보'보다는 '국민과 친근한 사법'이라고 설명한다.[52] 이에 따르면, 재판에서 권력자를 배제하고 이웃과 동료에 의한 재판 받을 권리를 확보하는 과정에서 태동한 배심의 경우보다 시민이 참여하는 재판에 승복할 당위성이 낮아지게 된다. 이와 같은 태도는 전술한 일본 최고재판소의 판례에서도 드러나고 있다. 전술한 바와 같이 최고재판소 판례는 시민참여형 재판제도에 대한 근본적이고 철학적인 가치보다는, 시민이 참여함으로써 불가피하게 수반되는 소송기술의 변화를 주요 근거로 삼아 항소심의 판단 기준을 제시하고 있다.

이와 같은 법제도의 취지와 실질적인 운영 방식으로 말미암아, 일본 현행법상 재판원재판의 경우에서조차 검사의 항소를 전면 금지하기

---

51 2018. 2. 22, 추오대학(中央大学) 시이바시 다카유키(椎橋隆幸) 교수 인터뷰 내용.

52 위의 인터뷰 내용.

곤란하다는 견해가 다수라고 생각된다.

6. 결론: 시사점

지금까지 일본 재판원제도에 있어 항소심과 관련된 주요 내용을 살펴보았다. 일본과 우리나라 모두 새로운 시민참여형 재판제도를 도입하면서 기존의 상소제도를 그대로 유지하는 방식을 채택했다는 점과, 그러한 이유로 양자의 조화를 모색해야 하는 과제가 남아 있다는 점에서 공통점이 있다. 따라서 일본에서 재판원제도와 항소심에 관한 논의는 우리의 상소제도에 비추어 주요 연구 대상으로서의 가치를 지닌다.

그러나 양국의 시민참여형 재판제도는 본질상 성격이 다르며, 기존의 상소제도 역시 그러하다는 점을 염두에 두고 비교 고찰하지 않으면 안 된다. 기본적 토양이 다른 환경에 이질적인 제도를 그대로 이식하면 고사할 수밖에 없기 때문이다.

이하에서는 문헌조사와 일본 방문 및 인터뷰를 통해 확인한 바를 조금 더 구체적으로 다룸으로써 결론을 대신하고자 한다.

1) 상소제도 연구의 필요성

일본은 재판원제도 도입 이전부터 일찍이 상소제도에 관한 다양한 연구가 축적되었다. 특히 사실오인을 이유로 한 검사의 무죄항소의 당부에 관한 연구가 다양한 측면에서 행해졌다. 이중위험금지법리 및 형사소송법상의 제 원칙, 자유심증주의 및 당사자주의에 기반한 해석론에서부터 검사의 항소를 저지하고 피고인의 상소권을 보장하는 방식으로의 편면적인 구성을 위한 해석론·입법론적 시도가 지속되어 왔고, 그 일부를 본고에 소개하였다. 이러한 이론적 토대 위에 재판원제도가 도입되었는데, 시민참여형 재판제도의 도입에도 불구하고 검사의 항소를 저지하는 특별한 계기로 작용하지 못하고 있는 주요 원인은 바로 재판원제도 그 자체에 있다고 생각한다. 일본 재판원제도의 본질상 기존의 사후심적 운용 방식을 그대로 유지해도 그 취지를 훼손하는 것은 아니라는 인식이 지배적이기 때문이다.

반면, 한국에서의 논의 상황은 일본과는 반대로 진행되고 있는 듯이 보인다. 우리나라의 상소제도와 관련된 연구 테마는 주로 항소심의 구조나 상고심 개혁에 관한 것이었고, 참여재판 도입 이전에 검사의 무죄항소를 직접적인 연구 대상으로 삼은 문헌은 찾아보기 쉽지 않다. 생각건대, 미국 연방대법원의 케프너 판결(Kepner v. United States 195 U.S. 100)에서 소수의견으로 제시된 '계속적 위험론'이 한국에 수용되면서 비판적 검토의 기회 없이 무죄판결에 대한 검사항소의 지배적인 근거로서 작용한 것은 아닌가 한다. 이러한 상황에서 기존의 상소제도를 그대로 유지한 채 일본의 재판원제도보다 더욱 적극적인 형태의 시민참여형 재판제도가 도입되었다. 그러한 가운데 염려와는 달리 배심원 평결에 대하여 재판부가 존중하는 관행이 확립되었으며, 항소심에서의 파기율도 낮게 나타나고 있다.

그러나 성공적인 국민참여재판을 시행, 유지하기 위해서는 실무가들의 자발적 태도에 의존하는 것만으로는 부족하고, 이를 위한 이론적 토대가 튼튼하게 구축되지 않으면 안 된다. 일본보다 사실심적 성격이 강한 기존 항소심 체제와, 일본보다 더 적극적인 형태의 시민참여형 재판제도를 이론적·실질적으로 조화시키기 위해서는 항소제도에 대한 심도 있는 연구가 필요하다.

2) 변호사협회의 적극적인 활동

재판원제도와 상소심에 관해서는 이론적 연구뿐만 아니라 변호사단체의 적극적인 활동도 이어지고 있는데, 앞서 언급한 바와 같이 지방변호사연합회를 비롯한 일본의 변호사연합회는 재판원재판의 무죄판결을 항소심이 파기한 사건에 대해 강하게 비판하였다. 변호사들은 피고인의 이익을 대변하는 입장에서 이론적·경험적 근거를 바탕으로 사실오인을 이유로 한 검사항소의 부당함을 지적하며, 지속적으로 상소제도의 개편을 주장하고 있다.

이와 같은 활동은 검사항소의 부당함이 그저 이론적 논의에만 그치지 않도록 한다. 검사의 부당한 항소에 의한 피고인의 고통을 가까운 거리에서 경험한 자의 목소리는 그러한 주장에 더욱 힘을 실어 준다.

우리나라에서도 참여재판이 도입되면서 변호인의 역할이 기존보다 훨씬 증대하였다. 참여재판 사건이 직업 법관에 의한 재판의 경우보다 무죄율이 현저하게 높은 것은 변호인의 역할 수행과 긴밀한 관련이 있다. 그러나 피고인의 방어권은 단지 1심 공판에 한정된 것이 아니기 때문에 상소제도와 관련하여 전체적이고 거시적인 관점에서 재고할 필요가 있다. 이에 관하여 실증적 자료를 바탕으로 학계와 다른 관점을 제시하여 풍성한 논의가 되도록 한국 변호사단체의 적극적인 관여를 기대해 본다.

참고문헌

국내 문헌

미츠이 마코토(2003), 『입문 일본형사수속법』, 신동운 역, 법문사.

안경환·한인섭(2005), 『배심제와 시민의 사법참여』, 집문당.

이은모(2009), 「현행 국민참여재판제도의 문제점: 일본의 재판원제도와의 비교를 중심으로」, 한양대학교, 『법학논총』 26권 1호.

차정인(2010), 「항소심의 제1심 국민참여재판 판결 파기-대상 판결: 서울고등법원 2008. 7. 3. 2008노946 판결」, 부산대학교, 『법학연구』 51권 1호.

일본 문헌

加藤克佳(2004), 「裁判員制度における判決と上訴の構想」, 『刑法雑誌』 43巻 3号.

高崎秀雄(2012), 「刑事控訴審における事実誤認の審査」, 『法律のひろば』 65巻 5号.

公文孝佳(2013), 「事実誤認: 裁判員制度と控訴審」, 『法学セミナー』 698号.

光藤景皎(1997), 「事実誤認と抗訴審」, 光藤景皎 編, 『事実誤認と救済』, 成文堂.

久保眞人(2004), 「控訴審の構造」, 三井誠·馬場義宣·佐藤博史·植村立郎 編, 『新刑事手続 III』, 悠々社.

宮城啓子(2001), 「裁判員制度の導入と上訴」, 『現代刑事法』 3巻 12号.

団藤重光(1961), 「自由心證主義」, 日本刑法学会 編, 『刑事法講座』 6巻, 有斐閣.

德永光(2013), 「控訴審における事実誤認の審査方法」, 『法律時報』 85巻 1号.

東京高等裁判所刑事部陪席裁判官研究会(2009), 「裁判員制度の下における控訴審の在り方について」, 『判例タイムズ』 1359号.

緑大輔(2014), 「刑事控訴審の構造: 当事者主義とのかかわりを中心に」, 『法律時報』 86巻 4号.

西野喜一(2007), 「裁判員制度下の控訴審」, 『判例タイムズ』 1237号.

小野清一郎(1942), 『刑事訴訟法』, 新法学全集 25巻, 日本評論社.

小田中聡樹(1983), 『刑事訴訟と人権の理論』, 成文堂.

水谷規男(2012), 「裁判員制度を生かすために刑法·刑事訴訟法をどう変えるべきか」, 『季刊 刑事弁護』 72号.

渥美東洋(2005),『刑事訴訟法』(新版補訂), 有斐閣.
遠藤和正·富田敦史(2008),「事実認定の審査」,『判例タイムズ』1276号.
田口守一·白取祐司(1997),「二重の危険と上訴·再審」, 光藤景皎 編,『事実誤認と救済』, 成文堂.
田宮裕(1964),「上訴の理由」, 日本刑法学会 編,『刑事訴訟法講座(3)』, 有斐閣.
田淵浩二(2012),「控訴審における事実誤認の審査: 最判平24.2.13の意義」,『法律時報』84巻 9号.
正木祐史(2012),「控訴審における事実誤認の審査方法」,『法学セミナー』687号.
井戸俊一(2012),「刑事控訴審における事実誤認の審査方法について」,『判例タイムズ』1359号.
酒巻匡(2016),『刑事訴訟法』, 有斐閣.
中野目善則(1983),「検察官上訴と二重危険」,『比較法雑誌』42号.
池田修·前田雅英(2010),『刑事訴訟法講義』(第3版), 東京大学出版会.
池田修·合田悦三·安東章(2016),『解説 裁判員法: 立法の経緯と課題』(第3版), 弘文堂.
青柳文雄(1964),「上訴審の構造」, 日本刑法学会 編,『刑事訴訟法講座(3)』, 有斐閣.
村瀬均(2017),「控訴審における事実誤認の審査」,『刑事判例百選』(第10版), 有斐閣.
熊本典道·熊谷弘·佐佐木史朗·松尾浩也·田宮裕 編(1975),『公判法大系 IV 第4編 上訴』, 日本評論社.
平良木登規男(1990),『刑事控訴審』, 成文堂.
平田元(1986),「上訴審による自由心證主義のコントロール」,『九大法学』52号.
平田元(2017),『刑事訴訟における片面的構成: 事実認定と上訴をめぐって』, 熊本大学法学会叢書 15, 成文堂.
丸田隆(2006),『裁判員制度』, 平凡社.
後藤昭(1987),『刑事控訴立法史の研究』, 成文堂.
後藤昭(2003),「裁判員制度に伴う上訴の構想」,『一橋法学』2巻 1号.
後藤昭·白取祐司 編(2010),『新·コンメンタール 刑事訴訟法』, 日本評論社.

기타 자료

市川清文(2011),「裁判員裁判に対する控訴審逆転轉判決を受けて」.
日本弁護士連合会,「事実誤認を理由とする検察官公訴の禁止に関する意見書」.

最高裁判所事務総局(平成24年 12月),『裁判員裁判実施状況の検証報告書』.
後藤昭(2012.5.4),「裁判員裁判の事実認定を争う上訴の運用」, 司法院國民參與刑事審判制度學術研討會 發表文.

제6장

재판원제도의 도입과 일본의 법교육

김대홍

1. 서론

일본에서는 1999년 사법제도개혁심의회(司法制度改革審議会)의 설치와 함께 2001년부터 사법제도 개혁에 관한 본격적인 논의가 시작되었다. 그 결실로 2004년 「재판원이 참가하는 형사재판에 관한 법률」(裁判員の参加する刑事裁判に関する法律, 平成16年 法律 第63号, 이하 '재판원법'이라 함)이 제정되었고, 2009년부터 시행되었다. 재판원제도는 일반 국민 중에서 선정된 재판원(裁判員)이 법률 전문가인 재판관(裁判官)과 함께 중대범죄의 형사재판 판결에 참여하도록 한 제도로, 배심제와 참심제의 성격을 모두 지닌 일본 고유의 국민참여형 재판제도로 평가된다.[1]

재판원제도 도입 당시 일본의 사법제도 개혁은 국민 개개인이 통치객체의식에서 탈피해서 자율적이고 사회적 책임을 지는 통치의 주체로서 법의 지배하에 서로 협력하여 자유롭고 공정한 사회의 구축에 참여함으로써, 일본의 풍부한 창조성과 에너지를 회복하는 것을 그 기본이념과 방향성으로 설정하였다.[2] 따라서 재판원제도는 일본 사법제도

* 제6장은 한국법교육학회, 『법교육연구』 13권 3호(2018.12)에 수록된 내용이다.

1 일본의 재판원제도는 구체적으로는 사형 또는 무기징역·금고에 해당하는 죄에 관계되는 사건과 법정합의사건으로 고의의 범죄행위에 의하여 피해자를 사망케 한 죄에 관계되는 사건에 대해서 직업 법관인 재판관 3명과 일반 국민 중에서 선임된 재판원 6명(피고인이 공소사실을 인정하고 있는 경우에 당사자에게 이의가 없고, 사건의 내용 등을 고려하여 적당하다고 인정하는 때에는 재판관 1명과 재판원 4명)이 합의체를 구성하여 사실의 인정(유무죄의 결정) 및 법령의 적용, 형의 양정에 관한 판단을 내리도록 한 제도를 가리킨다. 일본 재판원법의 제정과 관련한 상세한 내용은 김대홍(2018), 「일본 배심법에서 재판원법에 이르기까지: 국민의 사법참여 관점에서 입법 과정 및 법적 쟁점의 검토」, 『법과사회』 58, 31-85쪽 참조.

2 司法制度改革審議会(2001), 『司法制度改革審議会意見書: 21世紀の日本を支える司法制度』, 3頁 I. 今般の司法制度改革の基本理念と方向.

개혁의 가장 핵심적인 내용을 이루는 부분이라고 할 수 있다.

이러한 일본 사법제도 개혁의 두드러진 특징 중 하나는 재판원제도의 실시와 함께 법교육의 연계를 구상했다는 점이다. 즉 사법의 국민적 기반 확립 방안으로 국민의 사법참여를 설계하였고, 그러한 국민적 기반 확립을 위한 조건 정비로 사법교육의 충실 및 알기 쉬운 사법의 실현, 사법에 관한 정보공개 등을 함께 추진하기로 한 것이다.[3]

일본과 비슷한 시기에 한국에서도 사법절차에 대한 국민의 참여가 논의되었다. 한국에서는 2004년 말 대법원의 사법개혁위원회가 건의한 사법개혁을 범정부 차원에서 종합적이고 체계적으로 추진하기 위하여 2005년 사법제도개혁추진위원회가 출범하였고, 그 결실로 2007년에 「국민의 형사재판 참여에 관한 법률」(법률 제8495호, 이하 '국민참여재판법'이라 함)이 제정되어 2008년부터 시행되고 있다.[4]

한국의 사법제도개혁추진위원회는 국민의 사법참여 이외에도 대법원의 기능과 구성, 법조일원화와 법관 임용방식의 개선, 법조인 양성 및 선발, 사법서비스 및 형사사법제도 등 다양한 과제에 대한 개혁안을 마련하였다. 그렇지만 일본과 달리 법교육을 국민의 사법참여와 직접적으로 연관시키는 구상을 제안하지는 않았다. 따라서 사법의 국민적 기반 확립이라는 기치하에 법교육을 재판원제도와 연계하여 설계했던 일본의 사례는 한국의 법교육에 많은 시사점을 던져 준다고 할

---

3 司法制度改革審議会(2001), 『前掲意見書』, 101-114頁 IV. 国民的基盤の確立, 第1 国民的基盤の確立(国民の司法参加), 第2 国民的基盤の確立のための条件整備, 1. 分かりやすい司法の実現 2. 司法教育の充実 3. 司法に関する情報公開の推進.

4 국민참여재판법에 관한 상세한 내용은 안경환·한인섭(2005), 『배심제와 시민의 사법참여』, 집문당; 한인섭(2009), 「한국의 배심원재판: 준비과정과 시행원년의 성과를 검토한다」, 『서울대학교 法學』 50권 2호, 681-710쪽 참조.

수 있다.

이에 따라 이 장에서는 사법제도 개혁에 따른 재판원제도의 도입과 함께 일본에서 일었던 법교육의 변화와 구체적인 법교육의 내용과 그 시사점에 대해서 살펴보기로 한다.

2. 재판원제도 도입과 일본 법교육의 변화

1) 일본 법교육 개요

일본에 법교육이 처음으로 소개된 것은 1978년으로 전하고, 1993년에 본격적으로 미국 법교육의 교육과정, 단원, 수업 수준 등이 소개된 것으로 전한다.[5] 법교육이란 넓게 정의하면 법과 사법에 관한 교육 전반을 가리키는 용어지만, 일본에서의 법교육은 이러한 연혁에 따라 보다 구체적으로 미국 법교육법(Law-Related Education Act of 1978)의 'Law-Related Education'에서 유래하는 용어를 가리킨다.[6]

---

5 安藤輝次(1978), 「アメリカ社会科の新傾向: 法教育」, 『教育学論集』 4, 45-57頁; 江口勇治(1993), 「社会科における法教育の重要性: アメリカ社会科における法教育の検討を通して」, 『社会科教育研究』 68, 1-17頁. 橋本康弘(2013), 「法教育の現状と課題: 官と民の取組に着目して」, 『総合法律支援論叢』, 2, 1頁에서 재인용.

6 미국의 법교육법은 법률 비전문가에게 법, 사법절차, 사법체계 및 그의 기초가 된 핵심적인 원칙과 가치와 관련된 지식 및 기술을 제공하는 것을 목적으로 한다. 미국 교육부는 이에 더하여 학생들이 복잡하고 변화하는 사회에서 법과 법적 문제에 보다 효율적으로 대응할 수 있도록 지원하고 있다. 현재 미국의 법교육은 전 학년을 대상으로 하여 다양하고 풍부한 프로그램을 마련하고 있는데, 해당 프로그램들은 민주주의, 다원주의, 법의 지배로 정의되는 사회에서 청소년들이 실질적으로 활동하는 데 필요한 지식 및 기술, 가치를 함양하도록 한다는 데 공통 목표를 공

1990대 초반 이래 일본의 법교육은 미국 법교육의 소개를 시작으로 사회과교육 연구자나 초중등교육 교원 등에 의해서 연구·실시되어 온 법교육과 변호사, 법무사 등의 법률 전문가나 그 단체에 의해서 실시되어 온 법교육의 두 갈래로 이루어져 왔다.[7] 이러한 일본의 법교육에 일대 변혁의 계기를 마련한 것이 2000년대의 사법제도 개혁이라고 할 수 있다.

여기에서는 사법제도 개혁과 그 핵심이 되었던 재판원제도의 도입과 관련한 일본 법교육의 개요를 법무성 및 문부과학성, 최고재판소, 일본변호사연합회의 법교육을 중심으로 살펴보기로 한다.

(1) 법무성의 법교육

일본 법무성(法務省)에서는 사법제도 개혁의 하나로 일본 학교 교육 등에서의 법 및 사법에 관한 학습 기회를 확충시키기 위하여 2003년 7월 법교육에 관한 조사·연구·검토의 실시를 목적으로 한 법교육연구회(法教育研究会)를 발족시켰다.[8]

사법제도개혁심의회 의견서에 따르면, 국민의 사법교육에 관해서는 학교 교육 등에서의 사법에 관한 학습 기회를 확충하는 것이 바람

유한다. 이와 함께 미국의 법교육은 민주사회가 필요로 하는 적극적인 시민을 양성하기 위하여 노력하고 있으며, 그러한 시민은 자신이 속한 사회를 이해하며 생활하고 긍정적으로 공헌하는 시민을 의미한다. 미국 법교육의 연혁 및 시사점에 관해서는 김범주·정순원(2011), 「미국 법교육의 과거와 현재 그리고 시사점: 교육내용, 교수학습방법, 관련법을 중심으로」, 『미국헌법연구』 22권 2호, 29-58쪽 참조.

7 江澤和雄(2014), 「わが国における法教育の現状と当面する課題」, 『レファレンス』, 平成26年 1月号, 37-38頁.

8 法教育研究会에 관해서는 www.moj.go.jp/shingi1/kanbou_houkyo_index.html 참조.

직하다고 되어 있었고, 사법제도 개혁 추진 계획에 있어서도 필요한 조치를 강구하도록 되어 있었다.[9] 이에 따라 학교 현장의 실정이나 요구를 적확하게 파악하고, 폭넓은 관계자의 지혜를 모으는 것이 중요하다는 판단하에 법교육연구회를 설치해서 법조 관계자는 물론 학자, 교육 관계자, 관련 전문가 등 여러 분야의 위원을 위촉하여 실천적인 법교육의 전개에 도움이 되는 방안을 마련하도록 한 것이다.

법교육연구회는 출범 이후 법교육의 보급·발전을 위한 방안을 활발하게 논의하였고, 2003년 9월부터 2004년 10월까지 1년여 동안 16차례의 회의를 개최하였다. 2004년 11월에는 그간의 논의를 종합하여 「우리나라의 법교육의 보급·발전을 목표로 하여」라는 보고서를 작성하였다.[10] 해당 보고서에는 「새로운 시대의 자유롭고 공정한 사회의 역군을 양성하기 위하여」라는 부제가 달려 있는데, 이는 일본의 사법제도 개혁이 목표로 하는 것이 바로 자유롭고 공정한 사회의 실현이며, 국민 누구나가 법과 사법의 주체로서 새로운 시대의 주역이 될 것을 기대한다는 의미가 담겨 있다고 할 수 있다.

사법제도 개혁의 본격적인 추진에 따라 재판원법 및 종합법률지원법 등이 속속 제정되자, 일본 법무성에서는 재판원제도를 비롯한 각종 사법제도 개혁의 성과가 국민에게 좀 더 친숙하게 다가갈 수 있도록 법교육을 널리 보급하기 위한 시책에 힘쓸 필요가 있다는 판단에 따라 2005년 5월 법교육추진협의회(法教育推進協議会)를 발족시켰다.[11]

9 「司法制度改革審議会 意見書」에 관해서는 www.kantei.go.jp/jp/sihouseido/report-dex.html 참조.

10 「法教育研究会 報告書」에 관해서는 www.moj.go.jp/shingi1/kanbou_houkyo_houkoku.html 참조.

11 法教育推進協議会에 관해서는 www.moj.go.jp/shingi1/kanbou_houkyo_kyou

법교육추진협의회는 기존 법교육연구회의 회원을 중심으로 새로이 많은 중고등학교 교사들이 참여하는 체제를 만들어 정부 대책의 구체화 활동을 계획한 것이었다. 법교육추진협의회에서는 향후 법교육의 추진 방향에 대해서 다각적인 관점에서 검토하기로 했는데, 구체적으로는 법교육연구회 보고서의 취지를 감안하면서 학교 교육에 있어 법교육의 실천, 교육 관계자·법조 관계자에 의한 법교육에 관한 대처, 재판원제도를 소재로 한 법교육 교재의 작성, 기타 법교육의 연구·실천·보급 방법 등을 검토 과제로 제시하였다.[12]

이 같은 법교육추진협의회의 검토 결과 법무성에서는 2009년에 「사법(私法) 분야 교육의 충실과 법교육의 발전을 위하여」 및 「초등학생을 대상으로 한 법교육 교재 예의 작성에 대하여」라는 법교육 교재 작성 지침을 제시하였다.[13] 그리고 그 구체적인 교육 내용과 실시 방법을 담아 초등학생, 중학생 및 고교생을 대상으로 한 법교육 교재를 공개하였다.[14]

---

gikai_index.html 참조.

12 이에 관해서는 法教育推進協議会(2005), 「第1回会議議事概要」(平成17年 5月 25日) 참조. www.moj.go.jp/content/000001623.pdf

13 法教育推進協議会(2009), 「私法分野教育の充実と法教育の更なる発展に向けて」(平成21年 5月 15日). www.moj.go.jp/content/000112183.pdf; 法教育推進協議会(2009), 「小学生を対象とした法教育教材例の作成について」(平成21年 8月 26日). www.moj.go.jp/content/000112184.pdf

14 法教育推進協議会, 「小学生を対象とした教材」. www.moj.go.jp/housei/shihouseido/ housei10_00036.html; 法教育推進協議会, 「中学生を対象とした教材」. www.moj.go.jp/housei/shihouseido/housei10_00037.html; 法教育推進協議会, 「高校生を対象とした教材」. www.moj.go.jp/housei/shihouseido/housei10_00038.html

(2) 문부과학성의 법교육

일본 문부과학성(文部科学省)에서도 법교육연구회나 법교육추진협의회와 같은 법무성의 주도에 따른 법교육 추진과 연계하여 법교육에 대한 대책을 마련해 왔다. 사법제도 개혁이 본격화되면서 관계부처연락회의가 설치되었고, 그에 따라 문부과학성을 비롯한 관계 부처에서도 법교육의 추진을 계획한 것이었다. 문부과학성의 법교육 추진은 문부과학대신(文部科学大臣)의 자문기관으로 문부과학성 내에 설치된 중앙교육심의회(中央教育審議会)의 초등·중등교육분과회(初等中等教育分科会) 교육과정부회(教育課程部会)에서 주로 담당하였다.[15] 중앙교육심의회의 본격적인 논의는 2005년부터 시작되었는데, 2005년은 관계부처연락회의가 설치된 해이기도 하고, 법무성 법교육연구회의 후신인 법교육추진협의회가 출범한 해이기도 하였다.

중앙교육심의회의 법교육 추진은 이후 초·중·고등학교 학습지도요령의 개정으로 연결되었다.[16] 개정된 학습지도요령에서는 학교교육

---

15 일본 문부과학성의 중앙교육심의회는 중앙 부처 등 개혁의 일환으로 기존의 중앙교육심의회를 모체로 하면서 평생학습심의회, 이과교육·산업교육심의회, 교육과정심의회, 교육직원양성심의회, 대학심의회, 보건체육심의회의 기능을 정리·통합하여 2001년 1월 6일 자로 문부과학성에 설치되었다. 문부과학대신이 중앙교육심의회에 자문을 구하면 그에 대해서 답신하는 형태로 교육정책 방향을 제시하고 있다. 중앙교육심의회에는 초등·중등교육분과회 외에도 교육진흥기본계획부회, 교육제도분과회, 생애학습분과회, 대학분과회 등을 두고 있다(www.mext.go.jp/b_menu/shingi/chukyo/chukyo0/index.htm).

16 이에 관해서는 中央教育審議会(2008), 「幼稚園､小学校､中学校､高等学校及び特別支援学校の学習指導要領等の改善について(答申)」(www.mext.go.jp/a_menu/shotou/new-cs/information/1290361.htm); 中央教育審議会(2016), 「幼稚園､小学校､中学校､高等学校及び特別支援学校の学習指導要領等の改善について(答申)」(www.mext.go.jp/b_menu/shingi/chukyo/chukyo0/toushin/1380731.htm) 참조.

의 법교육으로 법과 규칙, 국민의 사법참여를 비롯한 법에 관한 학습 충실의 필요성을 명시하였다. 구체적으로는 사회과(社会科)·공민과(公民科)의 법교육에서 행복·정의·공정이라는 법적 가치에 관련된 내용, 이념이나 사고와 같은 법적 원칙에 관련된 내용, 재판원제도와 같은 법적 참여에 관련된 내용, 그리고 삼권의 상호 관계와 같은 법적 제도에 관련된 내용이 법교육의 관련 내용으로 새롭게 제시되었다. 이와 함께 사법제도 개혁의 흐름과 관련하여 사회·경제 시스템 방식의 변화 속에서 사회 형성의 주체로서 학생의 양성에 관한 교육 내용으로 법교육의 내용이 논의되었고, 사회과·공민과에 법과 금융 등에 관한 내용이 충실히 제시되었다.

이 외에도 학생의 역량 육성을 중시하면서 분쟁을 해결하고 처리하거나, 자신의 권리·이해 등을 표명하는 것과 같은 능력이 논의되었는데, 이 역시 법교육과 직결되는 내용이라고 할 수 있다. 이러한 학습지도요령의 개정에 대해서는 이전 법무성 법교육연구회의 회의에 문부과학성 관계자도 참여한 영향에 따라 법교육연구회에서의 논의가 일정한 영향을 미쳐 왔던 것이라고 할 수 있다.[17]

(3) 최고재판소 및 일본변호사연합회의 법교육

이와 같은 법무성이나 문부과학성 주도의 법교육 이외에 최고재판소나 일본변호사연합회에서도 사법제도개혁에 따른 법교육을 준비하였다. 최고재판소에서는 재판원제도의 실시에 따라 재판원 후보자 명단에 등재된 후보자에게 재판원제도의 개요와 재판원의 직무에 관한 책자 등을 송부함과 동시에 명단 등재자용 콜센터의 개설 및 각 재

17 橋本康弘(2013), 앞의 논문, 4頁.

판소에서의 전화 대응을 준비하도록 하였다. 그리고 재판원에 대한 선임절차 기일 호출장 송부 시에는 재판원제도에 관해서 상세히 해설한 팸플릿 등을 동봉하도록 하였다. 이와 함께 선임절차 당일은 각 재판소에서 적절하게 사퇴 사유의 설명을 하는 등 선임절차를 실시하는 과정에서 재판원의 부담 경감이라는 관점을 고려한 재판원재판의 설명과 대응 방안을 준비하도록 하였다.[18]

일본변호사연합회에서는 1990년 초반부터 법교육을 실시해 왔지만, 사법제도개혁을 계기로 법교육의 중요성을 강조하면서 출장교육 등의 실시와 함께 다음과 같은 법교육의 방향성을 제시하였다. 일본변호사연합회에 의하면, 법교육의 목표는 개인이 존중되는 자유롭고 공정한 사회의 구성원으로서의 시민을 육성하는 것으로, 이는 특별한 것이 아니라 문부과학성 학습지도요령의 사회과의 목표인 평화롭고 민주적인 국가·사회의 형성자로서 필요한 공민적 자질의 양성과 기본적으로 동일한 것이라고 하였다.

이에 따라 일본변호사연합회에서는 단순히 사법제도에 관한 지식을 전달하는 활동에 그치지 않고, 법의 의의 및 역할이나 기본적인 가치와 제도에 관한 지식을 응용하여 분쟁 해결과 법과정에 참여하는 기능과 함께 법의 이념에 따라서 주체적으로 행동하는 자세를 익히게 하는 것을 목표로 하여 그에 관한 법교육의 검토와 보급에 주력한다고 하였다.[19]

---

18 国会参議院法務委員会(2015), 「第189回会議録」(第13号, 平成27年 5月 26日), 6頁.

19 日本弁護士連合会(2010), 「弁護士白書 2010年版: 時代を担う法教育」, 38·40頁.

2) 일본 법교육의 특색

2001년 발표된 일본 사법제도개혁심의회 의견서에 의하면 21세기 일본 사회에서 국민은 그간의 통치객체의식에 따른 국가에 과도하게 의존하는 체질에서 벗어나서 스스로 공공의식을 함양하고, 공공 사안에 대해서 능동적인 자세를 강화해 나가는 것이 요구된다고 하였다.[20] 이는 국민주권에 의거하여 통치구조의 일익을 담당하는 사법 분야에서도 국민이 자율성과 책임감을 갖고 널리 그 운용 전반에 있어 다양한 형태로 참여하는 것을 요청하고 기대한 것이라고 할 수 있다. 이에 따라 국민이 사법에 참여하는 장면에서 법률 전문가인 법조와 상호 신뢰관계 아래 충분하고 적절한 의사소통을 취하면서 협동하는 것과 함께 적극적으로 법조인과 풍부한 의사소통의 장을 형성·유지하면서 국민 스스로 국민을 위한 사법을 뒷받침하는 것이 요구되었다. 이러한 국민의 사법참여를 실현하기 위해서 사법제도개혁심의회 의견서에서는 사법을 일반 국민에게 알기 쉽게 하는 것, 사법교육을 충실히 하는 것, 그리고 사법에 관한 정보공개를 추진하고 사법의 국민에 대한 투명성을 향상하는 것 등의 조건 정비를 제시하였다.[21]

그리고 사법교육의 충실에 대해서는 구체적으로 학교 교육 등에서 사법에 관한 학습 기회를 확충하는 것이 바람직하며, 그에 따른 교육 관계자와 법조 관계자의 적극적인 역할이 요구된다고 하였다. 또한 법과 사법제도는 본래는 법률 전문가뿐만 아니라 국민 전체가 뒷받침

20 司法制度改革審議会(2001), 앞의 의견서, 101頁.

21 위의 의견서, 111-114頁 IV. 国民的基盤の確立, 第2 国民的基盤の確立のための条件整備, 1. 分かりやすい司法の実現 2. 司法教育の充実 3. 司法に関する情報公開の推進.

하는 것이므로, 앞으로는 사법참여의 확충에 따라 국민이 사법의 여러 영역에 능동적으로 참여하고 그에 따른 부담을 받아들인다는 의식 개혁도 요구된다고 하였다. 이를 위해서는 학교 교육을 비롯한 여러 측면에서 사법의 구조나 기능에 관한 국민의 학습 기회의 확충을 도모하는 것이 바람직하며, 그에는 교육 관계자뿐만 아니라, 법조 관계자의 적극적인 역할이 요구된다고 하였다.[22]

이처럼 일본에서 사법제도 개혁과 함께 추진된 법교육은 국민의 사법참여를 전제로 한 것이었기 때문에 법교육의 개념에 있어서도 종래의 법교육과는 다른 개념 설정이 요구되었다. 이에 따라 법교육연구회에서는 법교육을 법률 전문가가 아닌 일반인이 법과 사법제도 및 그 기초가 된 가치를 이해하고, 특히 법적 사고방식을 익히도록 하기 위한 교육을 의미하는 것으로 정의하면서, 법교육은 법조인 양성을 위한 법학 교육 등과는 달리 법률 전문가가 아닌 일반인을 그 대상으로 하는 것이라고 하였다. 그리고 이에 더하여 일본의 법교육은 법조문과 법제도를 외우는 지식형 교육이 아닌, 법이나 규칙의 배경에 있는 가치관과 사법제도의 기능, 의의를 생각하는 '사고형' 교육으로, 사회에 참여하는 것의 중요성을 의식하는 '사회참여형' 교육임에 큰 특색이 있다고 하였다.[23]

이처럼 일본에서 사법제도 개혁과 함께 법교육이 주목을 받게 된 배경에는 우선 1990년대 이후 본격화된 행정개혁이나 규제완화의 영향을 들 수 있다. 행정개혁이나 규제완화는 행정에 의한 과잉의 사전 규제를 재검토하여 사회 안에 있는 다양한 활력을 적극적으로 이끌어

---

22 위의 의견서, 112頁.

23 法教育研究会(2004), 『法教育研究会 報告書: 我が国における法教育の普及·発展を目指して: 新たな時代の自由かつ公正な社会の担い手をはぐくむために』, 2頁.

내는 것을 목표로 하였다. 그렇지만 규제완화 등이 진행되어 갈수록 국민이 자유롭게 활동할 수 있는 범위가 확대되면서 자유로운 활동에서 다양한 분쟁이 발생하는 것 역시 예상되므로, 그러한 분쟁을 법에 근거하여 투명하고 공정하게 해결할 필요가 생기게 된다. 사법제도 개혁은 이처럼 법에 근거하는 공정하고 신속한 분쟁해결을 위한 것으로, 국민적 기반 없이는 성공할 수 없다. 이에 따라 국민 개개인이 자신의 권리와 책임을 자각하며 국민의 자율적인 활동을 지지하는 법과 사법의 역할을 충분히 인식해야 함이 요청되었고, 국민 스스로 사법에 능동적으로 참여할 수 있도록 법과 사법에 관한 학습 기회 확충이 필요하게 된 것이다.[24]

여기에 국민 사법참여의 핵심이라고 할 수 있는 재판원제도의 시행에 따라 중고교생에 대한 법교육의 필요성이 더욱 중요해졌다. 재판원법은 2004년에 제정되었고 2009년부터 시행 예정이었기 때문에, 당시 몇 년 후면 재판원의 유자격자가 되는 중고교생에 대한 법교육이 시급한 과제였다. 재판원제도는 일반 국민이 재판원으로서 재판관과 함께 형사재판에 참여하는 것으로, 사형이나 무기형을 포함한 중대범죄의 형사사건에서 사실의 인정이나 양형의 판단에 국민의 건전한 사회 상식을 반영하는 것을 목표로 한다. 따라서 그 성격상 국민의 관심과 의욕이 없으면 성공할 수 없는 제도라고 할 수 있다. 그러므로 국민이 재판원으로 선정되었을 때 당장의 필요한 지식을 주입하는 것으로는 부족하고, 재판원제도에 대한 이해와 주체적 참여 태도가 중고등학교 시기부터 길러질 필요가 있다는 판단을 내렸던 것이다.[25]

24 위의 보고서, 2-3頁.

25 江澤和雄(2005), 「学校教育と「法教育」」, 『レファレンス』, 平成17年 10月号, 94頁.

이처럼 사법제도 개혁에 따른 국민의 사법참여와 재판원제도의 시행은 법교육에 대한 기존 일본에서의 흐름을 바꾸어 놓은 계기가 되었다고 할 수 있다. 일본 사회가 행정에 의한 사전규제로부터 사법에 의한 사후구제로 크게 방향을 바꾸는 가운데, 특히 장래의 사회를 담당하는 학생들에게 법교육이 지향하는 지식이나 기능, 태도 형성을 키우는 것은 자유롭고 공정한 사회에 매우 중요하게 인식되었다. 개인이 존중되는 자유롭고 공정한 사회는 민주정치와 기본권 존중을 규정하고 있는 일본국헌법에 의해서 요청되는 사회다. 그러한 사회가 법에 의해서 유지되고 있는 것인 이상, 법은 입헌주의, 개인의 존중, 자유 및 공정이라고 하는 가치와 원칙을 기초로 하는 것이어야 한다.

그렇지만 사법제도 개혁 이전의 사회과교육의 법교육이 그러한 가치와 원칙과의 연계를 의식하지 않고 실제로 있는 법률과 법제도에 관한 지식만의 교육으로 일관한 결과 법에 대한 국민의 이해로는 국민을 규제하는 것, 혹은 기껏 국민을 보호하는 것에 그쳤다는 반성이 있었다. 따라서 국민이 법 과정에 주체적으로 참여하는 것이 요구되었으며, 여기에는 세세한 법 지식을 주입하는 것보다 법의 기초에 있는 가치와 원칙에 대한 기본적인 이해를 중시하고 법적 사고 및 법적 참여를 익히게 하는 것이 법교육의 핵심이 되어야 한다는 인식 전환이 있었다고 할 수 있다.[26]

3) 일본 법교육의 과제

일본에서는 2001년부터 사법제도 개혁에 관한 본격적인 논의가

26 日本弁護士連合会(2010), 앞의 책, 38·40頁.

시작되었고, 그 주요한 결실로 2004년에 재판원법이 제정되어 2009년부터 시행됨에 따라 법교육에서도 많은 변화가 있었다. 이러한 변화에도 불구하고 일본 법교육에서 가장 큰 문제점으로 지적되고 있는 것은 교육 현장에서 법교육의 필요성에 대한 인식이 여전히 높지 않다는 점이다.

한 예를 들면 2011년 도쿄도(東京都) 내의 1,474개 학교[도(都) 내의 사립 초중고등학교 및 23개 구(区) 내의 공립 초중학교]를 대상으로 법교육에 관한 설문조사를 실시하였다.[27] 61개 학교에서 설문에 응답을 해 왔는데, 설문조사 결과 전체의 4분의 3에 해당하는 44개 학교에서 법교육 수업의 실시 대책을 강구하지 않고 있다고 응답하였다. 그 이유로는 "법교육의 의의를 잘 모르겠다", "법교육을 맡을 인원이 없다", "법조인들의 협조를 얻지 못한다", "재정적 기반이 없다" 등을 들었다. 그리고 통상의 수업으로 충분하므로 별다른 대책을 강구할 필요가 없다고 답변한 학교도 적지 않았고, 향후에도 법교육 수업을 할 예정이 없다고 답변한 학교도 적지 않았다.[28]

법교육을 담당할 인원에 대해서는 법교육 수업 실시의 기본적인 주체가 학교와 학교의 교원임에도 불구하고, 교원 양성을 둘러싼 상황이 녹록치 않음이 지적되고 있다. 일본 「교육직원면허법시행규칙」(教育職員免許法施行規則, 昭和29年 文部省令 26号)에 의하면 교원 면허 취득에 있어 대학·단기대학에서 일본국헌법의 2단위 취득이 의무화되어 있지

27 해당 조사는 2011년 3월 '리걸파크(リーガルパーク)'의 변호사들이 도쿄도 내의 학교에 앙케트를 보내고 회신을 받는 방식으로 진행되었다. 리걸파크는 학교 현장과 법조 관계자의 제휴·협력을 통한 전국적인 법교육의 보급·발전을 목표로 2010년 설립된 일반 사단법인이다(http://legalpark.jp/).

28 法教育推進協議会(2012), 「第29回会議議事録(平成24年 6月 20日)」, 20-22頁.

만,[29] 2단위의 취득으로 헌법을 이해하기는 어렵다는 지적이 있다. 그리고 고등학교 공민과의 교원면허 취득에 있어서도「교육직원면허법시행규칙」에 의하면 교과에 관한 과목으로 법학 이수에 요구되는 최저 취득 학점은 1단위인데,[30] 그것만으로는 법교육 수업 실시에 충분한 자질을 함양하기에는 부족하다는 지적이 있다.[31]

이와 함께 법률 전문가와 교육 현장의 진정한 정보교환, 연계의 필요성도 제기되고 있다. 법률 전문가는 시민에게 익숙한 법률 분쟁에 관여하고 있고, 현장의 여러 법적 문제를 실감하고 있기 때문에 법교육에 필요한 생생하고 긴요한 정보를 많이 가지고 있다. 따라서 법률 전문가가 그러한 정보를 시민과 공유하는 것은 법교육의 확대에 따라 법률 전문가의 중요한 역할 중 하나로 대두되고 있다. 이때 법률 전문가와 교육 현장의 연계방식은 교원이 주체적으로 수업을 구성하고, 법률 전문가가 그를 지원·조언하는 구조가 적절하다고 할 수 있다. 또한 학습지도요령에 대해서 교원과 법률 전문가 사이에 인식의 차이가 있을 수 있기 때문에 법교육과 법학교육의 유기적인 결합에 대한 필요성도 제기되고 있다.[32]

---

29 第66条の6 免許法別表第一備考第四号に規定する文部科学省令で定める科目の単位は，日本国憲法二単位，体育二単位，外国語コミュニケーション二単位及び情報機器の操作二単位とする(http://elaws.e-gov.go.jp/search/elawsSearch/elaws_search/lsg0500/detail?lawId=329M50000080026&openerCode=1#430).

30 第5条 免許法別表第一に規定する高等学校教諭の普通免許状の授与を受ける場合の教科に関する科目の単位の修得方法は、次の表の第一欄に掲げる免許教科の種類に応じ、第二欄に掲げる科目について、それぞれ一単位以上計二十単位を修得するものとする(http://elaws.e-gov.go.jp/search/elawsSearch/elaws_search/lsg0500/detail?lawId=329M50000080026&openerCode=1#16).

31 江澤和雄(2014), 앞의 논문, 59-60頁.

32 위의 논문, 40·60頁.

법교육의 내용이나 방법에 대한 문제도 제기되고 있다. 법교육의 내용과 방법을 둘러싸고 헌법의 가치와 원리를 다루는 방법, 법과 법제도에 관한 사고방식, 법 형성 과정에의 참여 방법 등 다양한 논의가 오가고 있지만, 이에 앞서 무엇보다도 법은 어렵다는 선입견을 불식시키는 대책이 강구된다고 할 수 있다. 학습자에게 학습 의욕이 없으면 교육 효과가 오르지 않는 것은 당연하기 때문이다. 따라서 법교육 수업에서 다루는 소재에 대해서 학생들과 직접 관련된 교칙, 학생들에게 익숙한 스포츠 규칙 등 학생들의 흥미와 관심을 불러일으킬 수 있는 소재를 찾는 노력이 필요하며, 학습지도요령의 개정에 맞춘 법교육 교재와 수업의 개발 역시 필요하다고 할 수 있다. 이와 함께 교원 스스로에게도 법의 폭넓은 영역에 관심을 가지고 법과 관련한 여러 문제를 익힘으로써, 법적 능력을 높이고 법적 지식을 풍부하게 할 방향성을 찾는 노력이 요구된다고 할 수 있다.[33]

사실 법교육에 대한 관심의 고취, 충분한 법교육 인원의 양성, 교육 현장과 법률 전문가의 연계, 적절한 법교육 교재 개발 등과 같은 문제는 2004년 법교육연구회의 보고서에서 예견되었던 것이기도 하다. 해당 보고서에서는 법교육을 보급시키기 위한 향후의 과제로 법교육의 중요성 주지, 학교 교육에 있어서 법교육과 관계자에 대한 기대, 그리고 법교육과 가정, 지역사회, 직장과의 연계 등을 제시하였다.[34] 그렇지만 현재 일본 법교육에서 제기되고 있는 여러 문제점과 그에 관한 지적은 법교육연구회의 보고서에서 제시되었던 과제가 적절하게 해결되지 않고 있음을 보여 주는 것이라고 할 수 있다. 또한 일본의 경우

33 위의 논문, 60-62頁.

34 이에 관한 상세한 내용은 法教育研究会(2004), 앞의 보고서, 23-33頁 참조.

재판원법의 본격적인 시행에 앞서 5년이라는 준비기간을 두었고, 그를 법교육과도 연계시키는 세심한 구상을 하였다. 그렇지만 실제 법교육의 실시에 있어서는 초중고교 학교 현장에 법교육이 정착되었어야 할 시기가 되었음에도 불구하고, 현실적인 여러 문제와 난관에 봉착해 있다고 할 수 있다.

3. 재판원제도 도입과 일본 법교육의 내용

일본 법교육에서 구체적인 교육 내용을 제시하고 있는 곳으로 법무성과 문부과학성을 들 수 있다. 법무성의 경우 법교육연구회에서 2004년에 법교육의 구체적인 내용 및 실시 방법을 보다 명확히 할 수 있도록 네 가지 교재를 시안적으로 작성하였고, 법교육연구회의 후신인 법교육추진협의회에서 2015년에 이를 다시 개정하였다. 문부과학성의 경우에는 중앙교육협의회에서 사법제도 개혁을 반영한 2008·2009년 학습지도요령을 공개하였고, 이후 이를 다시 개정한 2017년 학습지도요령을 제시하였다.

여기에서는 법무성의 법교육 교재 및 문부과학성의 학습지도요령에 대해서 재판원제도와 관련한 부분을 중심으로 살펴보기로 한다.

1) 법무성의 법교육 교재

법교육연구회에서 작성한 2004년 법교육 교재는 중학교 사회과 공민적 분야에 위치하는 것으로, 중학교 사회과에서 법교육을 실시할 때 특히 중요하다고 생각되는 네 영역을 들어 교재작성회의를 개최한

다음, 영역별로 교재작성그룹을 조직하여 수업에서 실제로 이용할 수 있는 교재를 개발한 것이다.

2004년 법교육 교재의 기본 골격은 이후 개정된 2015년 법교육 교재에서도 유지되고 있다. 구체적으로 네 영역은 ① 규칙 만들기, ② 사법(私法)과 소비자 보호, ③ 헌법의 의의, ④ 사법(司法)으로 구성되어 있다. 각 영역은 서로 독립된 것으로 보이지만, 다음과 같이 상호 유기적인 관련성을 갖고 있다. 우선 ① 규칙 만들기에서는 개인과 사회와의 관계 방식의 고찰을 통해서 사회집단 안에서 규칙(법)이 발생하는 필연성을 학습하고, ② 사법(私法)과 소비자 보호에서는 경제사회에 있어서 계약을 체결한 개인과 개인의 관계 고찰을 통해서 사적 자치의 원칙을 학습하며, ③ 헌법의 의의에서는 민주주의의 중요성과 민주주의사회에서 지켜야 할 기본적 인권 등의 가치에 관한 고찰을 통해서 헌법의 의미를 학습하고, 마지막으로 ④ 사법(司法)에서는 현대사회에서 발생하는 각종 분쟁 해결 방법의 고찰을 통해서 법에 근거한 재판의 의의를 학습하는 것으로 되어 있다. 이러한 순서에 의하면 규칙(법)이 발생한 필연성의 학습에서 시작하여 그 법을 통해서 개인과 개인의 관계, 개인과 국가의 관계를 학습하고, 마지막으로 법에 의한 분쟁해결의 의의를 학습하는 흐름을 갖게 되는 것이다.[35]

(1) 2004년 법교육연구회 법교육 교재

법교육연구회에서 2004년에 작성한 법교육 교재에서 재판원제도와 관련한 법교육은 ④ "사법(司法)"에서 다루고 있다. "사법(司法)"의 주

35 위의 보고서, 17-19頁.

요한 내용은 다음과 같다.[36]

제1. "사법"의 단원 설정 취지

1. 법교육에 있어서 "사법"의 학습 필요성

"사법"의 단원은 "사법은 법에 근거하여 침해된 권리를 구제하고 규칙위반에 대처함으로써 법질서의 유지·형성을 도모하는 것임을 인식시키는 동시에, 모든 당사자를 대등한 지위에 놓고 공평한 제3자가 적정한 절차를 거쳐 공정한 규칙에 근거하여 판단을 내린다는 재판의 특질에 대해서 실감을 가지고 배우는" 것을 목표로 한다.

본 교재는 법·규칙에 근거하여 분쟁을 해결하고, 규칙위반에 대처하는 재판의 기능에 대해서 재판절차의 일부를 모의체험을 통해서 학습시킴으로써, 재판이 공정한 절차에서 이성적인 논의를 바탕으로 이루어지고 있다는 사실을 이해시키는 것을 목표로 한다.

2. 「사법」에 관한 학습지도요령과 교과서의 기술

(1) 학습지도요령의 내용

사법에 대해서 요령에서는 대항목 "(3) 현대의 민주정치와 앞으로의 사회"의 중항목 "나. 민주정치와 정치참여"에 "법에 근거하는 공정한 재판의 보장이 있는 것에 대해서 이해시키는"이라는 기술이 보인다. 이에 대해서 해설은 "「법에 근거하는 공정한 재판 보장」에 대해서는, (……) 법에 근거하는 공정한 재판에 의해서 사회의 질서

36 위의 보고서, 103-118頁.

가 유지되고 인권이 지켜지고 있는 것, 그래서 사법권의 독립과 법에 의한 재판이 헌법상 보장된 것에 대해서 이해시키는 것을 의미한다. 이때 추상적인 이해가 되지 않도록 재판관, 검찰관, 변호사 등의 구체적인 기능을 통해서 이해시키는 등의 노력이 중요하다"라고 하여 재판의 기본적인 역할을 구체적으로 이해시키는 것을 요구하고 있다. 실제 수업에서는 "조사나 견학" 등의 활동 연구를 시작으로 다양한 학습지도 방법을 생각해 볼 수 있다.

마찬가지로 요령에서는 선택교과로서의 "사회"에 대해서 "학생의 특성 등을 고려한 다양한 학습활동을 전개할 수 있도록 (……) 견학·조사, 과제학습, 자유연구적인 학습, 작업적·체험적인 학습, 보충적인 학습, 발전적인 학습 등의 학습활동을 각 학교에서 적절히 고려하여 시행"이라고 되어 있어 "사법"의 학습에 있어서도 발전적인 전개나 활동적인 학습을 실시하는 등 학교와 학생의 특색에 따른 학습지도의 방법을 생각해 볼 수 있다.

(2) 교과서의 기술

교과서에서 "사법"은 "국가의 정치"라는 대항목에 위치하면서 국회, 내각, 재판소의 순으로 기술되는 것이 일반적이다. 사법부가 삼권분립의 한 권력기관으로 위치하기 때문에 교과서 중에는 기술의 대부분을 "삼권분립과 사법권의 독립", "위헌입법심사권"에 할애하는 것도 있다. 기본적으로 이런 구성을 채용하면서, "사법"의 페이지 대부분을 "사회생활과 법", "민사재판과 형사재판", "재판과 인권보장" 등의 기술에 충당하여 사법의 목적과 역할을 이해시키려는 시도를 하고 있는 것도 보인다. 또한 변호사회 등에 의한 모의재판의 지도나 강연 의뢰, 또는 재판 방청의 방법이 기술된 것 등도 있고, 체험적 활동 등 다양한 학습지도를 상정한 것으로 되어 있다. 모두 사법을 학생의 친숙한 것으로 만들어 가기 위한 방법이며, 이 외에도 재판소, 검찰청에서 모의재판의 지도나 강연, 또는 재판의 방청과 체험활동 등도 다양한 학습지원을 한다는 점에서 이들도 수업개선을 위하여 활용할 수 있다.

3. "사법" 학습의 내용과 그 이해

"사법"에 관한 학습에서는 분쟁이나 규칙위반이 일어났을 경우 그 내용에 입각해서 해결하는 과정을 교재화하고 있다. 이 교재는 재판 당사자에 의한 주장 등과 재판관에 의한 판단 과정이 수업의 중심이 된다. 학생은 사례 중에서 법적 문제를 발견하고, 각각의 문제점에 법을 적용해서 그 내용에 입각해서 해결을 생각하게 된다. 이들 일련의 학습에 의해서 재판제도의 의의와 기능을 이해할 수 있다.

제2. 단원

대항목: (3) 현대의 민주정치와 앞으로의 사회

중항목: 나. 민주정치와 정치참여

1. 소단원 「사법」(3교시)의 구성

제1교시 "분쟁은 어떻게 해결되는가"

제2교시 "당사자의 주장을 듣고 판단하기"

제3교시 "민사재판과의 비교를 통해 형사재판의 특징 생각하기"

2. 단원의 목적

① 다양한 분쟁해결의 방법과 비교하며, 재판구조에 대해서 관심을 높인다.

② 구체적인 분쟁사례에서 법적 문제를 발견하고, 분쟁의 원인과 쟁점을 분석·평가하여 그 내용에 따른 해결에 대해서 생각하고 판단한다.

③ 구체적인 사례를 바탕으로 법이나 규칙위반에 대한 대처방식에 대해서 생각하고 판단한다.

④ 구체적인 사례와 관련해 법에 근거하는 공정한 재판의 구조나 기능에 대해서 이해한다.

3. 단원의 위치

"사법"의 단원은 필수교과인 중학교 사회과 공민적 분야에서 실시한다. 또한 발전적인 부분에 대해서는 선택교과로서의 "사회"와 종합학습 시간에도 실시가 가능하도록 하는 방안이 고려되고 있다.

현재 많은 중학교에서 사회과 공민적 분야에서 사법학습에 충당되는 시간은 3~4시간 정도로 추정된다. 이러한 실태를 바탕으로 "사법"의 학습을 3시간으로 구성하여 사법에 관한 기본적인 지식과 법적으로 생각하는 능력을 기를 수 있도록 하였다. 또한 선택교과로서의 "사회"와 종합학습 시간에서 사법에 관한 학습을 전개시킬 수 있도록 모의재판 등의 실시를 도입하는 것도 가능한 것으로 하였다.

4. 단원의 지도계획

(1) 「사법」의 개요

가. 제1교시 "분쟁은 어떻게 해결되는가"

제1교시 수업에서는 "분쟁은 어떻게 해결되는가"라는 주제 아래 분쟁의 해결을 위해서 제3자를 세우면서 당사자끼리 이야기하는 방법이 있다는 것이나, 정당한 절차하에서 제3자가 공정하게 판단하는 방법이 있다는 것을 학습한다. 구체적으로는 흔히 볼 수 있는 친구끼리의 다툼을 사례로 들고 다툰 당사자가 친구와 함께 그 다툼을 해결하는 방법에 대해서 워크시트를 이용하여 학습한다.

실제 학습의 흐름은 다음과 같다.

- 워크시트에 기록된 "친구끼리의 다툼"을 읽고 분쟁의 내용을 이해한다.
- 분쟁해결 방법으로 제3자를 중간에 세우면서 당사자들끼리 이야기하는 방법이 있다는 것을 배우고, 그룹으로 나누어 다툼의 당사자, 제3자인 친구의 입장에 서서 분쟁을 해결하는 것을 목표로 한다.
- 분쟁이 해결되었는지 여부를 발표한다.
- 당사자 간에 해결되지 않은 경우 정당한 절차에서 공정한 제3자가 판단하여 분쟁을 해결할 필요가 있다는 것을 이해하고, 재판제도(민사)의 의의를 배운다. 이때 재판(민사)에 의한 분쟁해결에도 한계가 있다는 것을 배운다.

나. 제2교시 "당사자의 주장 듣고 판단하기"

제2교시 수업에서는 민사재판을 상정하고, "당사자의 주장 듣고 판단하기"라는 주제 아래 처음에는 당사자의 입장에서 주장을 하고 마지막에는 재판관의 입장에서 판단한다. 구체적으로는 교통사고를 상정한 사례를 들고 각각 당사자의 입장에서 어떤 주장이 제기되는지를 생각하고, 당사자의 주장을 전제로 한 판결 내용을 워크시트에 기입한다.

실제 학습의 흐름은 다음과 같다.

- 교통사고를 상정한 사례를 읽고, 분쟁의 내용을 이해한다.
- 분쟁해결 방법으로 민사재판의 특징과 이 분쟁에 적용되는 법률(민법 제709조)을 확인한다.
- 교통사고 피해자의 입장에 서서 손해배상을 청구하는 주장 내용을 생각한다.
- 교통사고 가해자의 입장에 서서 피해자의 손해배상청구를 감쇄하는 주장 내용을 생각한다.
- 재판관의 입장에 서서 판결 내용을 생각한다.
- 민사재판의 역할을 정리한다.

다. 제3교시 "민사재판과의 비교를 통해 형사재판의 특징 생각하기"

제3교시 수업에서는 "민사재판과의 비교를 통해 형사재판의 특징 생각하기"라는 주제 아래 민사재판이 사람들 사이의 사적(私的) 분쟁을 다루는 반면, 형사재판은 범죄에 대한 처벌이라는 공익적 사안에 관한 재판이며, 민사재판과는 다르다는 것을 인식하는 것과 동시에 형사재판에 재판원제도가 도입되는 것의 의의에 대해서 고찰한다. 구체적으로는 상해사건을 상정한 사례를 들고, 사건 판결에 이르는 과정서 재판관, 검찰관, 피고인, 변호인이 어떠한 역할을 하는가를 정리하는 동시에 형사재판의 특징 등을 생각하고 워크시트에 기입한다.

실제 학습의 흐름은 다음과 같다.

- "전철에서의 상해사건"을 읽고 형사책임에 대해서 생각한다.
- 형사재판이 열리기까지의 절차를 정리한다.
- 민사재판과 비교하며 형사재판의 특징을 정리한다.
- 형사재판의 중요한 원칙을 생각한다.
- 재판관의 입장에서 판결을 생각한다.
- 재판원제도가 도입되는 것의 의의를 생각한다.

(2) 2015년 법교육추진협의회 법교육 교재

법교육추진협의회에서는 이전 법교육연구회에서 작성했던 법교육 교재를 2015년에 개정하였다. 기본 골격은 그대로 유지하면서 세부 내용을 개정한 것인데, 「사법(司法)」에서는 재판원제도와 관련해서 교육 내용에 큰 변화가 있었다. 「사법(司法)」의 주요한 내용은 다음과 같다.[37]

37 法教育推進協議会(2015), 『法教育推進協議会(中学生向け法教育教材作成部会)作成教材』, 86-115頁.

제1. 단원 설정의 취지

1. 법교육에 있어서 "사법"의 학습 필요성

"사법"의 단원은 "사법은 법에 근거하여 침해된 권리를 구제하고 규칙위반에 대처함으로써 법질서의 유지·형성을 도모하는 것임을 인식시키는 동시에, 모든 당사자를 대등한 지위에 놓고 공평한 제3자가 적정한 절차를 거쳐 공정한 규칙에 근거하여 판단을 내린다는 재판의 특질에 대해서 실감하며 배우는" 것을 목표로 한다.

본 교재는 법·규칙에 근거하여 분쟁을 해결하고, 규칙위반에 대처하는 재판의 기능에 대해서 재판절차의 일부를 모의체험을 통해서 학습시킴으로써, 재판이 공정한 절차에서 이성적인 논의를 바탕으로 이루어지고 있다는 사실을 이해시키는 것을 목표로 한다.

2. 「사법」에 관한 학습지도요령과 교과서의 기술

① 학습지도요령의 내용

"사법"에 대해서 학습지도요령(사회과 공민적 분야)에서는 대항목 "(3) 우리와 정치"의 중항목 "나. 민주정치와 정치참여"에 "법에 근거하는 공정한 재판의 보장이 있는 것에 대하여 이해시키는"이라는 기술이 보인다. 이에 대해서 해설은 "법에 근거하는 공정한 재판에 의해서 국민의 권리가 지켜지고 사회질서가 유지되고 있는 것, 그래서 사법권의 독립과 법에 의한 재판이 헌법상 보장된 것에 대해서 이해시키는 것을 의미한다. 이때 추상적인 이해가 되지 않도록 재판관, 검찰관, 변호사 등의 구체적인 역할을 통해서 이해시키는 등의 노력이 중요하다"라고 하여 재판의 기본적인 기능을 구체적으로 이해시키는 것을 요구한다. 실제 수업에서는 "조사나 견학" 등의 활동연구를 시작으로 다양한 학습지도 방법을 생각해 볼 수 있다.

② 교과서의 기술

교과서에서 "사법"은 "국가의 정치"라는 대항목에 위치하면서 국회, 내각, 재판소의 순으로 기술되는 것이 일반적이다. 사법부가 삼권분립의 한 권력기관이기 때문에 교과서 중에는 기술의 대부분을 "삼권분립"과 "사법권의 독립", "위헌입법심사권"에 할애하는 것도 있다. 기본적으로 이런 구성을 채용하면서 "사법" 페이지의 대부분을 "민사재판과 형사재판", "재판과 인권보장", "재판원제도" 등의 기술로 충당하여 사법의 목적과 역할을 이해시키려는 시도를 하고 있는 것도 보인다. 또한 변호사회 등에 의한 모의재판의 지도나 재판 방청의 방법이 기술된 것 등도 있고, 체험적 활동 등 다양한 학습지도를 상정한 것으로 되어 있다. 모두 사법을 학생에게 친숙한 것으로 만들어 가기 위한 방법이며, 이 외에도 재판소, 검찰청에서 모의재판의 지도나 강연, 또는 재판의 방청과 체험활동 등도 다양한 학습지원을 한다는 점에서 이들도 수업개선을 위하여 활용할 수 있다.

③ "사법" 학습의 내용과 그 이해

"사법"에 관한 학습에서는 분쟁이나 규칙위반이 일어났을 경우 그 내용에 입각해서 해결하는 과정을 교재화하고 있다. 이 교재는 재판 당사자에 의한 주장 등과 재판관에 의한 판단 과정이 수업의 중심이 된다. 학생은 사례 중에서 법적 문제를 발견하고, 각각의 문제점에 법을 적용해서 그 내용에 입각해서 해결을 생각하게 된다. 이들 일련의 학습에 의해서 재판제도의 의의와 기능을 이해할 수 있다.

제2. 단원

대항목: (3) 우리와 정치

중항목: 나. 민주정치와 정치참여

1. 단원의 구성

제1교시: "일상의 분쟁해결과 민사재판"

제2교시: "민사재판과의 비교에서 본 형사재판"

제3교시: "재판원으로 재판에 참여하기"

2. 단원의 목표

① 다양한 분쟁해결의 방법과 비교하며, 재판구조에 대해서 관심을 높인다.

② 구체적인 분쟁사례에서 법적 문제를 발견하고, 분쟁의 원인과 쟁점을 분석·평가하여 그 내용에 따른 해결에 대해서 생각하고 판단한다.

③ 구체적인 사례를 바탕으로 법이나 규칙위반에 대한 대처방식에 대해서 생각하고 판단한다.

④ 구체적인 사례와 관련지으면서 법에 근거하는 공정한 재판의 구조나 기능에 대해서 이해한다.

3. 단원의 위치

"사법"의 단원은 중학교 사회과 공민적 분야에서 실시한다. 또한 발전적인 부분에 대해서는 종합학습 시간에도 실시가 가능하도록 하는 방안이 고려되고 있다.

현재 많은 중학교에서 사회과 공민적 분야에서 사법학습에 충당되는 시간은 3~4시간 정도로 추정된다. 이러한 실태를 바탕으로 "사법"의 학습을 3시간으로 구성하여 사법에 관한 기본적인 지식과 법적으로 생각하는 능력을 기를 수 있도록 하였다. 또한 종합학습 시간에 사법에 관한 학습을 전개시킬 수 있도록 모의재판 등의 실시를 도입하는 것도 가능한 것으로 하였다.

4. 단원의 지도계획

① 「사법」의 개요

가. 제1교시 "일상의 분쟁해결과 민사재판"

나. 제2교시 "민사재판과의 비교에서 본 형사재판"

다. 제3교시 "재판원으로 재판에 참여하기"

제3교시 수업에서는 "재판원으로 재판에 참여하기"라는 주제 아래 재판원재판이 형사재판의 일종임을 인식함과 동시에 재판원재판에서 재판원으로 공정한 견해와 사고를 가지고 판단하는 것의 중요성을 고찰한다. 구체적으로는 재판원재판의 상정 사례를 들어 사실인정을 생각하고, 재판원재판에 있어 재판원의 역할을 워크시트에 기입한다.

실제 학습의 흐름은 다음과 같다.

① 재판원이 참여하는 재판과 참여하지 않는 재판의 사진 등을 비교하고, 재판원재판의 목적을 알게 된다.

② 재판원재판의 여러 사례를 분류함으로써 재판원재판의 특색을 정리한다.

③ 재판원이 실시하는 사실인정을 생각한다.

④ 재판원으로서 재판원재판에서 주의해야 할 것을 생각한다.

자료3. 재판원재판의 사례

현주건조물 등 방화 피고사건:

피고인은 아내와 이혼한 뒤, 자신이 누구에게도 필요하지 않은 인간이라고 여기게 되었습니다. 자살을 하거나 범죄를 저지르고 형무소에 수용되거나 하면 고민하는 일상에서 벗어날 수 있겠다고 생각하고, 근무처의 창고에 방화하기로 결심했습니다. 골판지 판자에 라이터로 불을 붙여 직원이 3명 있는 건물에 불을 내어 소훼되도록 했습니다.

살인 피고사건:

피고인은 직업을 구하지 못해서 수입이 없어지자, 예금이 줄어드는 것에 불안을 느끼며 노숙자가 될 것으로 생각하게 되었습니다. 어머니가 불쌍하다는 생각을 하는 정도라면 차라리 살해하는 것이 좋다고 생각하여 살의를 가지고 어머니를 사망케 했습니다.

살인 피고사건:

피고인은 중병에 걸려 가족에게도 감염시키고 있다고 고민하게 되면서 자살하려고 생각했습니다. 아내를 홀로 남겨 두면 고생을 시키겠다는 생각에 억지로 동반 자살하기로 결심하고 아내를 사망케 했습니다.

도로교통법 위반, 위험운전치사상 피고사건:

피고인은 술기운을 띤 상태에서 일반승용차를 운전했습니다. 신호등이 있는 교차로에서 신호가 적색임에도 불구하고 일부러 무시했습니다. 시속 140킬로미터의 속도로 교차로에 진입하여 왼쪽 도로에서 신호에 따라 운전하던 피해자의 일반승용차와 충돌했습니다. 피해자는 과다출혈로 사망하였고, 피해자의 동승자에게는 6개월간의 치료를 요하는 부상을 입히게 되었습니다.

각성제단속법 위반, 관세법 위반:

피고인은 공범들과 함께 영리 목적으로 프랑스의 공항에서 항공기에 탑승할 때, 각성제 약 1895.73그램이 혼입된 수용액 3병을 여행가방에 숨기고 수하물로 맡겨서 항공기에 신도록 했습니다. 일본 공항에서 이 여행가방을 항공기에서 옮겨서 들여오면서 그 사실을 신고하지 않고 검색장을 통과하려고 했습니다.

강도치상 피고사건:

현금함에서 현금을 훔치려고 한 피고인은 순찰 중인 피해자가 말을 걸자 도주하면서 체포를 면하려고 피해자를 폭행하고 전치 약 3개월을 요하는 상해를 입혔습니다.

상해치사 피고사건:

피고인은 몸의 마비 때문에 와병 중인 아내에게 헌신적인 간병을 하고 있었습니다. 아내가 자신이 준비한 식사를 싫어한 것 등에 화가 나서 아내에게 폭행을 가하고 상해를 입혀서 사망케 했습니다.

2) 문부과학성의 학습지도요령

문부과학성에서는 주로 법무성에서 실시하는 재판원제도의 의의와 법교육의 중요성에 관한 교원연수에의 협력 및 교원자격증 갱신강습을 활용한 학습지도요령의 법교육 주지·홍보 등을 시행해 왔다. 문부과학성에 설치된 중앙교육심의회에서는 재판원법 제정 이후 2008·2009년 학습지도요령을 공개하였고, 최근에는 2030년의 일본사회에 대비한 2017년 학습지도요령을 제시하였다.

2008·2009년 학습지도요령은 이전의 1998년 학습지도요령을 개정하여 법에 관련된 학습의 충실을 도모함으로써 법교육을 명확히 규

정한 것으로 평가되고 있다.[38] 중학교 학습지도요령에서 현대사회를 파악하는 견해나 생각의 기초로서 대립과 합의, 효율과 공정의 기준을 제시한 것이나, 사법(私法)에서 계약의 중요성을 다룬 것, 고등학교 학습지도요령에서 법의 지배, 법이나 규범의 의의 및 역할, 사법(司法)제도의 기본 방향에 대한 이해를 제시한 것, 경제활동을 뒷받침하는 사법(私法)에 관한 기본적인 사고방식에 대해서도 언급한 것 등이 그 예라고 할 수 있다.

(1) 2008·2009년 중앙교육심의회 학습지도요령

중앙교육심의회의 2008·2009년 학습지도요령은 제3기 및 제4기 중앙교육심의회에서의 검토를 거쳐 2007년 11월 그간의 중앙교육심의회 교육과정부회의 심의 결과를 정리한 내용을 바탕으로 한 것이다. 사회, 지리역사, 공민과 관련된 학습지도요령의 주요한 내용은 다음과 같다.[39]

> **8. 각 교과·과목 등의 내용**
>
> (2) 소학교, 중학교 및 고등학교
>
> ② 사회, 지리역사, 공민
>
> (i) 개선의 기본 방침
>
> 사회과, 지리역사과, 공민과에서는 그 과제를 근거로 하여 초등

38 江澤和雄(2014), 앞의 논문, 40頁.

39 中央教育審議会(2008),「幼稚園､小学校､中学校､高等学校及び特別支援学校の学習指導要領等の改善について(答申)」, 79-82頁.

학교, 중학교 및 고등학교를 통해서 사회적 사상에 관심을 가지고, 다면적·다각적으로 고찰하고 공정하게 판단하는 능력과 태도를 기르고, 사회적인 견해나 생각을 성장시키는 것을 더욱 중시하는 방향으로 개선을 도모한다.

○ 사회적 현상에 관한 기초적·기본적인 지식, 개념이나 기능을 확실히 습득케 하고, 그것들을 활용하는 능력이나 과제를 탐구하는 능력을 육성한다는 관점에서 각 학교 단계의 특징에 따라서 학습해야 할 지식·개념의 명확화를 도모함과 동시에 컴퓨터 등을 활용한 지도나 통계 등의 각종 자료에서 필요한 정보를 모으고 읽는 것, 사회적 현상의 의미·의의를 해석하고 현상의 특색 및 현상 간의 관련성을 설명하는 것, 자신의 생각을 논술하는 것을 더욱 중시하는 방향으로 개선을 도모한다.

○ 우리나라 및 세계의 성립과 지역 구성, 오늘날의 사회경제 시스템, 다양한 전통과 문화, 종교에 대한 이해를 통해서 우리나라의 국토와 역사에 대한 애정을 품고 일본인으로서의 자각을 가지고 국제사회에서 주체적으로 살아가는 것과 함께 지속가능한 사회의 실현을 목표로 하는 등 공공적인 일에 스스로 참여하는 자질과 능력을 육성하는 것을 중시하는 방향으로 개선을 도모한다.

(ii) 개선의 구체적 사항

(초등학교)

○ 생활과 학습을 토대로 아동발달의 단계별로 지역사회와 우리나라의 국토, 역사 등에 대한 이해와 애정을 깊게 하는 사회적인 견해나 생각을 기르면서 배운 지식, 개념과 기능 등을 활용하여 보다

좋은 사회의 형성에 참여하는 자질과 능력의 기초를 기르는 것을 중시하고 개선을 도모한다.

이때 작업적·체험적 학습이나 문제해결적인 학습을 더욱 충실히 함으로써, 학습이나 생활의 기반이 되는 지식·기능을 습득하는 것과 동시에 그것들을 활용하고 관찰·조사하거나, 각종 자료에서 필요한 정보를 모으고 읽거나 한 것을 정확하게 기록하며, 비교·관련·종합하여 재구성하는 학습이나, 생각한 것을 자신의 말로 요약 전달함으로써 서로의 생각이 깊어지는 학습의 충실을 도모한다.

다. 사회생활을 영위하는 데 중요한 규칙이나 법 및 경제에 관한 기초가 되는 내용의 충실을 도모하는 동시에 우리나라의 정보통신에 관한 내용에 대해서 고도 정보화의 진전을 감안하면서 학습의 목적을 더욱 명확히 한다는 관점으로부터 개선을 도모한다.

(중학교)

○ 초등학교 사회과 학습을 토대로 지리적 분야, 역사적 분야, 공민적 분야의 세 분야 구성은 유지하면서 우리나라와 세계의 지리와 역사, 법과 정치, 경제 등에 관한 기초적·기본적인 지식, 개념이나 기능을 습득하고, 사회적 현상의 의미·의의를 해석하고 학습하며, 현상의 특색 및 현상 간의 관련성을 설명하는 학습 등을 통해서 사회적인 견해나 생각을 기르는 것을 더욱 중시하고 개선을 도모한다. 또한 다양한 전통과 문화, 종교에 관한 학습을 중시하고 개선을 도모한다. 각 분야에서는 각각의 특성과 상호 관련을 고려하면서 다음과 같은 개선을 도모한다.

다. 공민적 분야에 대해서는 현대사회의 이해를 더욱 심화시키면서 보다 좋은 사회 형성에 참여하는 자질과 능력을 육성하기 위한 문화의 역할을 이해시키는 학습, 규칙이나 통화의 역할 등을 통해서 정치, 경제에 대한 견해나 생각의 기초를 더욱 키우는 학습, 납세자로서의 자각을 키우는 것과 동시에 지속가능한 사회 차원에서의 환경문제, 저출산·고령화 사회에서의 사회보장과 재정문제 등에 대해서 생각하도록 하는 학습을 중시하고 내용을 구성한다. 이때 습득한 개념을 활용하고 여러 현상의 의미를 해석하거나 현상 간의 관계를 설명하는 것, 자신의 생각을 논술하거나 논의 등을 통해서 서로의 생각을 심화하는 것을 중시한다.

(고등학교)

○ 중학교 사회과 학습을 토대로 각 과목의 특질과 상호 관련성을 감안하면서 습득한 지식, 개념이나 기능을 활용하여 세계와 일본의 역사적 사상과 지리적 현상, 현대사회의 여러 현상에 대해서 고찰하고, 그 내용을 설명하거나 자신의 생각을 논술하기를 통해서 사회적 현상에 대한 견해나 생각을 성장시키는 동시에 인간으로서의 본연의 자세나 삶에 대한 자각이 더욱 깊어지는 것을 중시하여 다음과 같은 개선을 도모한다.

나. 공민과에 대해서는 더 나은 사회의 형성에 스스로 참여하는 자질과 능력을 키우기 위해서 각 과목의 전문적 지식, 개념과 이론 및 윤리적인 가치와 선현의 사고방식 등에 대해서 이해하는 동시에 그것을 실마리로 각 과목의 특징에 따라서 거론된 과제들을 고찰하고, 사회적 현상에 대한 객관적이고 공정한 견해나 생각, 인간 본연의 자세, 생활방식에 대한 자각이 더욱 깊어지는 것을 중시하고 개

선을 도모한다.

- "현대사회"에 대해서는 윤리, 사회, 문화, 정치, 법, 경제에 관련된 현대사회의 여러 과제를 거론하며, 인간 본연의 자세, 생활방식에 대한 학습, 논의 등을 통해서 자신의 생각을 정리하거나 설명하거나 논술하는 등 과제 추구적인 학습을 더욱 중시한다.
- "정치·경제"에 대해서는 습득한 지식, 개념과 이론 등을 활용하고, 과제를 추구하는 학습을 한층 더 충실히 하면서 정치와 경제에 대한 견해나 생각을 기르도록 한다. 또한 세계화와 규제완화의 진전, 사법(司法)의 역할 증대 등에 대응하고, 법과 금융 등에 관한 내용의 충실을 도모한다.

(2) 2017년 중앙교육심의회 학습지도요령

중앙교육심의회의 2017년 학습지도요령은 2014년 11월 문부과학대신으로부터 초중등교육에서의 교육과정기준 등의 방식에 대해서 자문을 받은 뒤, 교육과정기획 특별부회를 중심으로 이루어졌던 심의 결과를 바탕으로 한 것이다. 사회, 지리역사, 공민과 관련된 학습지도요령의 주요한 내용은 다음과 같다.[40]

40 中央教育審議会(2016), 앞의 글, 132-139頁.

제2장 각 교과 · 과목 등의 내용 검토

2. 사회, 지리역사, 공민

(1) 현행 학습지도요령의 성과 및 과제를 토대로 한 사회과, 지리역사과, 공민과 목표의 기본 방향

① 현행 학습지도요령의 성과와 과제

○ 사회과, 지리역사과, 공민과에서는 사회적 현상에 관심을 가지면서 다면적·다각적으로 고찰하고 공정하게 판단하는 능력과 태도를 기르며, 사회적인 견해나 생각을 성장시키는 것 등에 중점을 두고 개선의 목표로 삼아 왔다. 한편 주체적으로 사회의 형성에 참여하려는 태도나 자료에서 읽은 정보를 토대로 사회적 현상의 특색과 의미 등을 비교하거나 관련지어 다면적·다각적으로 고찰하고 표현하는 능력의 육성이 미흡한 것으로 지적되고 있다. 또한 사회적인 견해나 생각에 대해서는 그 전체상이 불명확하고, 그것을 기르기 위한 구체적인 방안이 정착하는 데 이르지 못한 점, 근현대에 관한 학습의 정착 상황이 낮은 경향에 있는 점, 과제를 추구하거나 해결하는 활동을 도입한 수업이 제대로 이루어지지 않는 점 등도 지적되고 있다.

○ 이러한 과제를 토대로 하고 앞으로의 시대에 요구되는 자질과 능력을 시야에 확보하기 위하여 사회과, 지리역사과, 공민과에서는 사회와의 관계를 의식하며 과제를 추구하거나 해결하는 활동을 충실히 하고, 지식과 사고력 등을 기반으로 사회의 기본 방향이나 인간으로서의 삶에 대해서 선택·판단하는 능력, 자국의 동향과 글로벌 동향을 횡단적·상호적으로 파악하고 현대적 과제를 역사적으로 고

찰하는 능력, 지속가능한 사회 만들기의 관점에서 지구 규모의 여러 과제와 지역 과제를 해결하려는 태도 등 국가 및 사회의 구성원으로서 필요한 자질과 능력을 길러가는 것이 요구된다.

② 과제를 토대로 한 사회과, 지리역사과, 공민과 목표의 기본 방향

○ 이를 바탕으로 사회과, 지리역사과, 공민과의 교육목표는 종전 목표의 취지를 감안하여 "공민으로서의 자질·능력"을 육성하는 것을 목표로 해서 그 자질·능력의 구체적인 내용을 "지식·기능", "사고력·판단력·표현력 등", "배움을 향하는 힘·인간성 등"의 세 기둥으로 제시하여 정리한다.

이때 고등학교 지리역사과, 공민과에서는 넓은 시야에서 글로벌화하는 국제사회에서 주체적으로 살아가며, 평화롭고 민주적인 국가 및 사회의 유능한 구성원에게 필요한 공민으로서의 자질·능력을, 초·중학교 사회과에서는 그 기초를 각각 육성할 필요가 있다.

○ 자질과 능력의 구체적인 내용으로서 "지식·기능"은 사회적 현상 등에 관련한 이해 등을 도모하기 위한 지식과 사회적 현상 등에 대해서 조사하는 기능으로, "사고력·판단력·표현력 등"에 대해서는 사회적 현상 등의 의미와 의의, 특색과 상호 관련을 고찰하는 능력, 사회에 나타나는 과제를 파악하고 그의 해결을 위해 구상하는 능력이나, 고찰한 것이나 구상한 것을 설명하는 능력, 그것들을 바탕으로 논의하는 능력으로, 또한 "배움을 향하는 힘, 인간성 등"에 대해서는 주체적으로 학습하는 태도와 다면적·다각적인 고찰과 깊은 이해를 통해서 함양되는 자각과 애정 등으로, 각각 교종(校種)의 단계

나 분야·과목별 내용에 따라서 정리할 수 있다.

(2) 구체적인 개선 사항

i) 과목 구성의 재검토

〈공민과의 과목 구성〉

○ 공민과의 과목 구성을 검토하여 가정과, 정보과와 종합탐구 시간 등과 연계해서 현대사회의 여러 과제를 파악·고찰하고, 선택·판단하기 위한 단서가 되는 개념과 이론을 동서고금의 지식 축적을 바탕으로 습득하는 동시에, 그것들을 활용하여 자립한 주체로서 타인과 협동하고, 국가·사회의 형성에 참여하여 지속가능한 사회 만들기를 향해서 필요한 능력을 기르는 공통필이수과목으로서의 "공공(公共)"을 설치하고, 선택이수과목으로 "윤리" 및 "정치·경제"를 설치한다. 이때 현행 선택필이수과목 "현대사회"에 대해서는 과목을 설치하지 않는 것으로 한다.

○ 공통필이수과목인 "공공"에 대해서는 과목 목표 기본 방향에서 제시된 자질·능력을 바탕으로 하여 다음 세 가지 대항목으로 구성한다.

- 제1은 자립한 주체는 고립되어 살아가는 것이 아니라 타인과의 협동에 의해서 국가나 사회 등 공공적인 공간을 만드는 주체임을 학습하는 것과 동시에 동서고금의 선현의 대응, 지혜 등을 바탕으로 사회에 참여할 때의 선택·판단을 위한 단서가 되는 개념과 이론을, 또한 공공적인 공간에서의 기본적 원리(민주주

의, 법의 지배 등)를 이해하고 이후의 대항목 학습에 연결하는 것이 적당하다.

- 제2는 초·중학교 사회과에서 습득한 지식 등을 기반으로 제1에서 익힌 자질·능력을 활용하여 현실 사회의 여러 과제를 정치적 주체, 경제적 주체, 법적 주체, 다양한 정보의 발신·수신 주체로서 스스로 찾아내고 함께 이야기하면서 고찰, 구상하는 학습을 실시하는 것이 적당하다.

  이때 예를 들면 정치참여, 직업선택, 재판제도와 사법참여, 정보윤리와 같은 각 주체 특유의 소재를 다루고, 지도의 목적을 명확히 한 후에 각 주체의 상호 유기적인 관련성을 찾는 것이 요구된다. 예를 들면 재정과 세금, 소비자의 권리와 책임, 다양한 계약 등의 소재를 다루는 것이 적당하다.

  또한 이들 주체가 되는 개인을 지지하는 가족·가정이나 지역 등에 있는 커뮤니티를 기반으로 자립된 주체로서 사회에 참여하여 다른 사람과 협동하는 것의 의의에 대해서 생각하는 것이 요구된다.

- 제3은 앞의 두 가지 학습을 바탕으로 지속가능한 지역, 국가·사회, 국제사회 건설을 위한 여러 과제해결 방안을 구상하는 능력, 합의 형성이나 사회참여를 염두에 두고 구상한 것의 타당성과 효과, 실현 가능성 등을 지표로 논의하는 능력 등을 기르는 것을 목표로 하고, 현실 사회의 여러 과제, 예를 들면 공적 장소 만들기나 안전을 위한 지역의 활성화, 수익과 부담의 균형, 세대 간의 조화가 잡힌 사회보장, 문화와 종교의 다양성,

국제평화, 국제경제 격차의 시정과 국제협력 등을 탐구하는 학습을 구성하는 것이 적당하다.

또한 이를 발전적으로 학습하는 선택이수과목으로 "윤리", "정치·경제"를 설치한다.

ii) 교육내용 재검토

○ 사회에 나타나는 과제를 파악하고 그 해결 방안을 구상하는 능력을 기르기 위해서는 현행 학습지도요령에서 전통·문화 등에 관한 다양한 이해를 계속하여 심화하고, 미래로 이어지는 현대적인 과제에 입각한 교육내용의 재검토를 도모하는 것이 필요하다. 구체적으로는 주권자 교육에서 중요한 역할을 담당하는 교과로서 선거권 연령 18세 인하에 따른 재정과 세금, 사회보장, 고용, 노동 및 금융 등의 과제에 대한 대응에 유의한 정치참여, 저출산·고령화 등에 의한 지역사회의 변화 등을 고려한 교육내용의 재검토를 도모하는 것이 필요하다.

○ 또한 공민적 분야에서는 방재 정보의 발신·활용에 관한 지도, 정보화 등 지식기반 사회화에 의한 산업이나 사회의 구조적 변화, 그 안에서 기업에 관한 취급, 선거권 연령 인하에 따른 정치참여 등에 관한 지도를 충실히 하는 등의 개선을 실시한다.

이상에서 살펴본 법무성의 법교육 교재와 문부과학성의 학습지도요령을 정리하면, 법무성의 법교육 교재가 문부과학성의 학습지도요령의 구성에 맞추어 재판원제도를 포함한 법교육의 구체적인 내용을 구상하였고, 문부과학성의 학습지도요령은 그를 다시 반영하여 과목 구성과 교육내용의 방향성을 제시했다고 할 수 있다. 법교육연구회의 법교육 교재 중 "규칙 만들기"의 내용이 학습지도요령의 효율과 공정의 판단 기준으로, "헌법의 의의"의 내용이 학습지도요령의 법의 지배와 법의 의의 및 역할로, "사법"의 내용이 학습지도요령의 사법제도의 기본 방향에 대한 이해 및 국민의 사법참여와 재판원제도의 도입에 관한 내용으로 연결된 것은 그 대표적인 예라고 할 수 있다.[41]

일본에서는 이처럼 재판원법의 제정과 함께 그와 연계한 법교육이 강조되었을 뿐만 아니라, 재판원제도의 시행에 따라 법교육 교재의 내용 역시 변화하고 있다는 점을 특히 주목할 필요가 있다. 법무성의 2004년 법교육 교재의 경우에는 시안으로 작성된 측면을 고려해야겠지만, 재판원제도에 관해서는 수업의 마무리 단계에서 소개하는 정도에 그치고 있었다. 그렇지만 2015년 법교육 교재에서는 그간의 재판원제도 시행 경험을 바탕으로 보다 충실한 교육내용을 마련하고 있음을 알 수 있다. "재판원으로 재판에 참여하기"라는 별도의 교시를 두고, 재판원재판과 기존 재판과의 차이, 재판원재판의 사례와 특색, 재판원의 사실인정, 재판원의 주의 사항 등에 관한 학습을 구성하고 있다. 특히 살인사건이나 방화사건, 강도치상사건, 각성제단속법 위반사건 등 실제 사건을 재구성한 재판원재판 사례를 구체적으로 제시함으로써, 학생들이 성년이 된 후에 실제 담당하게 될 재판원으로서의 역할을 현실적으로 실감하며 학습할 수 있도록 교육내용을 구성하였다고 할 수 있다.

---

41 橋本康弘(2013), 앞의 논문, 5-6頁.

4. 재판원제도 도입과 일본 법교육의 시사점

한국과 일본 모두에서 사법제도 개혁의 핵심으로 국민의 사법참여가 논의되었고, 그 성과물로 국민참여재판법과 재판원법이 각각 제정되었음은 주지의 사실이다. 일본의 경우에는 이에 더하여 사법의 국민적 기반 확립을 위한 조건 정비로 사법교육의 충실을 제시하였고, 그에 따라 재판원제도와 연계시킨 구체적인 법교육 내용을 구상하였다. 법무성의 법교육 교재와 문부과학성의 학습지도요령은 이러한 결과가 반영된 것으로 상호 관련성하에 법 관련 교육내용이나 과목 구성을 기획·제시하였다. 현재는 재판원제도의 시행 사례가 축적됨에 따라 재판원제도와 관련한 법교육 내용이 한층 더 확대되고 구체화되었다고 할 수 있다.

일본은 재판원법 시행 이전에 이미 국민의 사법참여를 경험한 바 있다. 1928년부터 1943년까지 시행되었던 배심법(陪審法)으로 당시 여러 제약 요인에 따라 실제 성과는 미비했지만, 그 시행착오의 경험은 재판원제도의 설계에 많은 참고가 되었다. 재판원법의 제정과 시행에 5년이라는 시차를 두었던 것도 그러한 경험에서 비롯한 것이라고 할 수 있다. 당시 5년은 법교육 과정과 법교육 내용의 개정에 필요한 준비기간이기도 했는데, 이는 재판원으로 선정되었을 때 당장의 필요한 지식을 주입하는 것만으로는 부족하다는 판단에 따른 것으로 우리에게 많은 점을 시사한다고 할 수 있다. 실제 재판원으로 사법절차에 적절히 적극적으로 참여할 수 있으려면 중고등학교 시기부터 재판원제도에 대한 폭넓은 이해와 주체적 참여 태도를 갖출 필요가 있는데, 그러한 시간까지 고려한 것이기 때문이다. 일본에서 법교육을 지식형 교육이 아닌 '사고형' 교육과 '사회참여형' 교육으로 다시 개념 지은 것 역시 이와 무관하지 않은 것이라고 할 수 있다.

이와 같은 세심한 준비에도 불구하고 일본의 법교육에서 제기되고 있는 여러 문제점, 즉 법교육에 대한 관심의 저조나 법교육 인원의 부족, 교육 현장과 법률 전문가의 연계 결여 등은 충실한 법교육의 실시가 그만큼 어렵다는 것을 반증하고 있다고 할 수 있다. 이러한 현실적 어려움 이외에도 일본의 법교육에 대해서는 국민을 사법참여의 주체로서 자리매김 짓는 데에 따른 역설적인 우려가 제기되었다. 사법개혁심의회의 의견서에서는 사법참여의 확충에 따라 국민이 사법의 여러 영역에서 능동적으로 참여함과 동시에 그에 따른 부담을 받아들인다는 의식 개혁이 요구된다고 하였고,[42] 법교육연구회의 보고서에서도 국민 스스로 사법에 능동적으로 참여하는 마음가짐을 길러야 된다고 하였다.[43] 재판원법에서도 제1조에서 국민 중에서 선임된 재판원이 재판관과 함께 형사소송절차에 관여하는 것이 사법에 대한 국민의 이해 증진과 신뢰 향상에 기여하는 점에 비추어 재판원법을 제정한다고 하였다.[44]

이러한 방향 설정에 대해서 국민이 사법의 주체라는 표면적인 통치주체의식의 강조에도 불구하고, 그에 따른 의무가 은연중에 강조되

42 司法制度改革審議会(2001), 앞의 보고서, 112頁.

43 法教育研究会(2004), 앞의 보고서, 1頁.

44 第一条 この法律は､国民の中から選任された裁判員が裁判官と共に刑事訴訟手続に関与することが司法に対する国民の理解の増進とその信頼の向上に資することにかんがみ､裁判員の参加する刑事裁判に関し､裁判所法(昭和二十二年法律第五十九号)及び刑事訴訟法(昭和二十三年法律第百三十一号)の特則その他の必要な事項を定めるものとする(http://elaws.e-gov.go.jp/search/elawsSearch/elaws_search/lsg0500/detail/416AC0000000063_20161201_428AC0000000054/0?revIndex=3&lawId=416AC0000000063&openerCode=1#A).

고 있다는 점, 더 나가서는 재판원법의 제정과 법교육에 있어 시민이 형사사법을 어떻게 통제할 것인지에 대한 과제가 제대로 설정되어 있지 않다는 문제점을 보여 주는 것이라는 비판이 있다. 애초의 재판원법 제정 취지는 종래 직업 법관에 의한 형사재판을 반성적으로 고려하고 국민 스스로 주권자로서 재판을 실시하는 제도를 도입해야 한다는 것이었지만, 종국적으로 설정된 재판원제도의 목적은 사법에 대한 국민의 이해 증진과 신뢰 향상의 제시에 그쳤다는 점을 지적하고 있는 것이다.

이에 따라 향후 재판원제도에 관한 법교육을 구상할 때에도 형사사법에 국민이 참여하는 것의 의의에 대해서 국가형벌권의 행사장인 형사재판에 있어 국민에 의한 국가권력의 통제가 어떠한 방향으로 구상되고 실현되어야 하는 것인지에 관한 논점을 검토하고 수정할 필요가 있다는 점이 지적되고 있다. 이는 재판정이 단순한 민주주의의 훈련장으로 인식되어서는 안 된다는 의식이 재판원제도 교육뿐만 아니라, 일본 법교육 전반에 걸쳐서 인권과 민주주의, 인권과 국민주권의 관계에 관한 재검토로 연결되어야 함을 강조한 것이라고도 할 수 있다.[45]

또한 과거의 원죄(冤罪), 오판 사례에 대한 반성적 고려가 재판원법 제정의 결정적인 계기가 되었음을 상기할 필요가 있다는 점도 지적되고 있다. 형사절차에서 피의자·피고인·수형자와 수사기관·검찰관·행형기관 사이에 존재하는 압도적인 격차를 인식한다면 진술거부권과 무죄추정과 같은 형사절차의 여러 원리와 원칙의 강조가 여전히 유효

45 渡邊弘(2008), 「法教育について: 裁判員制度教育の検討をとおして」, 『活水論文集』 51券, 42-44頁.

한 것이므로, 법교육에 있어서도 국가 대 개인의 대항 관계라는 형사사법의 기본 구조를 도외시하는 구상이 있어서는 안 된다는 점을 강조한 것이다. 국민이 형사사법절차에 주체적 지위로 참여한다는 것은 피고인의 국가권력에 대한 주체적 지위의 확립을 전제로 하지 않는 이상 그 의의가 퇴색될 수밖에 없는 것이다. 따라서 재판원은 형사사법의 직접적인 주체로서가 아니라 형사절차에 있어 피의자·피고인의 주체적인 지위의 확립이라는 시점에서 그 위상이 자리매김되어야 함을 지적한 것이라고 할 수 있다. 그리고 이러한 점은 재판원법의 시행과 함께 제시된 국민의 통치주체로서의 인식이 그에 따른 부담의 수인 강조로 연결되어서는 안 된다는 점과 함께 재판원제도의 시행뿐만 아니라, 그와 관련한 법교육에서도 다시금 강조되고 있다고 할 수 있다.[46]

5. 결론

지금까지 일본에서의 사법제도 개혁과 그 핵심이었던 재판원제도 도입에 따른 법교육의 변화와 과제, 구체적인 법교육의 내용, 그리고 우리에게 주는 시사점을 살펴보았다. 한국에서는 국민참여재판법 제정 당시 헌법 적합성이라는 난관을 해결하고, 국민참여재판이 조속히 실현될 수 있도록 하는 데에 초점이 맞춰졌다. 재판원법 시행 이전에 이미 배심법의 시행 경험이 있었던 일본과는 달리 한국에서는 국민참여재판제도 자체의 도입 여부가 불투명했기 때문에 충분한 준비기간

46 佐藤伸彦(2017),「法教育に対する法化論の射程: 裁判員教育との関係について」,『社会システム研究』34巻, 53-56頁.

을 갖지 못한 것 또한 현실이었다. 국민참여재판법 제정 이후에는 법교육지원법이 제정되고, 법교육의 연구·개발이나 학교 법교육의 지원에 관한 사항을 규정하면서(제6조·제7조) 법무부에 법교육에 관한 주요 정책 수립 및 추진을 위하여 법교육위원회를 두도록 하였고(제4조), 국민참여재판법에서도 대법원에 사법참여기획단을 두고 국민에 대한 교육 및 홍보 등을 수행하도록 하였다(제54조). 그렇지만 법교육을 국민참여재판의 시행과 뚜렷이 연계시키는 구상을 찾아보기는 힘들었다고 할 수 있다.

근래 사법농단으로 비판받고 있는 한국 사법부의 현실은 사법에 있어 국민주권의 실현이라는 측면에서 국민참여재판제도의 확대 필요성과 당위성을 십분 제기하고 있다. 또한 그 통과가 무산되기는 하였지만, 대통령의 발의로 제안되었던 헌법 개정안에서는 국민참여재판제도의 위헌성 시비를 불식시키기 위한 헌법적 근거를 마련해 놓고 있었다. 이러한 점들에 비추어 국민참여재판제도는 앞으로 그 확대가 예상되며, 국민참여재판제도와 법교육의 연계는 더욱 필수불가결한 것으로 강조되고 있다. 국민참여재판의 배심원으로 선정되었을 때 당장의 법지식을 주입하는 것으로는 충분하지 않음은 이미 현실로 드러나고 있다. 무엇보다 국민참여재판은 법과 관련한 교육과 개인의 소양이 당사자 본인뿐만 아니라, 제3자에게도 영향을 미칠 수 있는 공식적인 장면이기 때문이다.

이와 함께 국민참여재판제도와 법교육의 연계에 있어서는 일본의 법교육 사례에서 지적된 바와 같이 국민의 사법참여와 관련된 법교육의 목적과 내용이 정부 정책을 주어진 전제로서 단지 그를 이해하고 적응하는 능력에 국한해서는 안 된다는 점이 강조되어야 한다. 또한 애초에 국가형벌권의 적절한 통제라는 관점에서 국민의 사법참여가 구상되었다는 점 역시 법교육 과정에서 충분히 환기되어야 한다. 이러한 측면에서 일본의 재판원법에서는 놓치고 있었던 한국 국민참여재판법 제1조의 '사법의 민주적 정당성'이라는 입법 목적의 의미 제고가 한국 법교육에서 핵심이 되어야 할 것이다.

참고문헌

국내 문헌

구보야마 리키야(2017), 「대화하는 「법」과 「교육」: 일본에서의 법교육의 필요성과 담당자 문제」, 『법교육연구』 12권 2호.

김대홍(2018), 「일본 배심법에서 재판원법에 이르기까지: 국민의 사법참여 관점에서 입법 과정 및 법적 쟁점의 검토」, 『법과사회』 58호.

김범주·정순원(2011), 「미국 법교육의 과거와 현재 그리고 시사점: 교육내용, 교수학습방법, 관련법을 중심으로」, 『미국헌법연구』 22권 2호.

서재천(2010), 「재판원제 도입에 따른 일본 법 교육 동향 소고」, 『사회과교육연구』 17권 4호.

안경환·한인섭(2005), 『배심제와 시민의 사법참여』, 집문당.

에구치 유우지(2006), 「일본의 법교육 현황과 전망: 한국의 법교육에 대한 평가와 기대」, 『법교육연구』 1권 1호.

한인섭(2009), 「한국의 배심원재판: 준비과정과 시행원년의 성과를 검토한다」, 『서울대학교 法學』 50권 2호.

일본 문헌

江口勇治(1993), 「社会科における「法教育」の重要性: アメリカ社会科における「法教育」の検討を通して」, 『社会科教育研究』 68号.

江澤和雄(2005), 「学校教育と「法教育」」, 『レファレンス』, 平成17年 10月号.

江澤和雄(2014), 「わが国における法教育の現状と当面する課題」, 『レファレンス』, 平成26年 1月号.

橋本康弘(2013), 「「法教育」の現状と課題: 官と民の取組に着目して」, 『総合法律支援論叢』 2013年 2月号.

内田亜也子(2015), 「施行後6年を迎えた裁判員制度の評価と課題: 裁判員法の一部を改正する法律の成立」, 『立法と調査』 368号.

渡邊弘(2008), 「法教育について: 裁判員制度教育の検討をとおして」, 『活水論文集』 51号.

飯考行·平野潔·宮崎秀一(2012),「裁判員教育の試行」,『21世紀教育フォーラム』7巻.
安藤輝次(1978),「アメリカ社会科の新傾向: 法教育」,『教育学論集』4巻.
佐藤伸彦(2017),「法教育に対する「法化」論の射程: 裁判員教育との関係について」,『社会システム研究』34号.
池田修(2006),『解説裁判員法: 立法の経緯と課題』, 弘文堂.

기타 자료

国会参議院法務委員会(2015),「第189回会議録」(13号, 平成27年 5月 26日).
法教育研究会(2004),『法教育研究会「報告書」: 我が国における法教育の普及·発展を目指して: 新たな時代の自由かつ公正な社会の担い手をはぐくむために』.
法教育研究会(2004),『法教育研究会作成教材』.
法教育推進協議会(2005),「第1回会議議事概要」(平成17年 5月 25日).
法教育推進協議会(2012),「第29回会議議事録」(平成24年 6月 20日).
法教育推進協議会(2015),『法教育推進協議会(中学生向け法教育教材作成部会)作成教材』.
司法制度改革審議会(2001),『司法制度改革審議会意見書: 21世紀の日本を支える司法制度』.
日本弁護士連合会(2010),『弁護士白書 2010年版: 時代を担う法教育』.
中央教育審議会(2008),「幼稚園､小学校､中学校､高等学校及び特別支援学校の学習指導要領等の改善について(答申)」.
中央教育審議会(2016),「幼稚園､小学校､中学校､高等学校及び特別支援学校の学習指導要領等の改善について(答申)」.

인터넷 자료

文部科学省「中央教育審議会」 www.mext.go.jp/b_menu/shingi/chukyo/chukyo0/
法教育研究会 www.moj.go.jp/shingi1/kanbou_houkyo_index.html
法教育推進協議会 www.moj.go.jp/shingi1/kanbou_houkyo_kyougikai_index.html
法務省「法教育」 www.moj.go.jp/housei/shihouhousei/index2.html
司法制度改革審議会 www.kantei.go.jp/jp/sihouseido/index.html
日本弁護士連合会,「法教育(市民のための法教育委員会)」 www.nichibenren.or.jp/activity/human/education.html

e-Gov 法令検索　http://elaws.e-gov.go.jp/search/elawsSearch/elaws_search/lsg0100/
(2020년 6월 18일 최종 방문)

제7장

일본의 재판원재판 현황

김영중

1. 서론

일본의 재판원제도[1]는 2009년 국민의 형사재판 참여를 위해 도입되었다. 도입 초기 우리나라에서와 같이 참심제를 선택할 것인지, 배심제를 선택할 것인지에 대한 논의가 활발했으나, 배심제를 중심으로 하는 우리나라와는 달리 일본은 참심제를 중심으로 하는 제도를 선택하였다.

일본 내에서는 재판원제도 도입 후 운영에 대해 비교적 긍정적인 것으로 보인다. 특히 일본 최고재판소에서는 시행 후 3년간의 재판원제도에 대해 '비교적 순조롭게 운영되어 왔다고 할 수 있을 것'이라는 평가를 한 바 있다.[2] 하지만 재판원재판에 대한 일본 내에서의 긍정적인 평가와는 달리 일부 학자들은 양형 심의, 사형, 성범죄 심리 등 여러 부분에 대해 개선점을 제시하고 있다.[3]

재판원재판에 대한 주요 사항을 살펴보면 다음과 같다. 우선 재판원재판의 대상사건은 원칙적으로 사형 또는 무기징역 또는 금고에 해당하는 죄, 합의부에 해당하는 사건 중 고의의 범죄에 의해 피해자를

---

* 제7장은 한국경찰법학회, 『경찰법연구』 제17권 1호(2019. 2)에 수록된 논문 「일본 재판원재판의 현황과 국민참여재판」을 2020년 2월 기준으로 통계를 최신화하고 내용을 일부 수정한 것이다.

1 이 장에서는 재판원제도와 재판원재판을 경우에 따라 구분하여 사용하기로 한다. 제도의 도입이나 변화를 표현할 때는 '재판원제도'를, 재판의 형태를 표현할 때는 '재판원재판'이라는 용어를 사용하기로 한다.

2 最高裁判所事務総局(2012. 12), 『裁判員裁判実施状況の検証報告書』, 42頁.

3 시라토리 유지·민영성(2011), 「일본의 재판원재판의 현상과 과제」, 『법학연구』 52권 4호, 부산대학교 법학연구소, 126-130쪽; 岡田悦典(2011), 「日本における裁判員制度の現状と国民の意識」, 『법과 기업연구』 1권 3호, 서강대학교 법학연구소, 147-149쪽 등 참조.

사망시킨 죄에 관한 사건이다(재판원법[4] 제2조 제1항). 재판원 사건 재판부는 재판관 3명과 재판관 6명으로 구성하는 것이 원칙이다. 재판장은 법관 중 1명이 담당한다(재판원법 제2조 제2항).

재판원은 독립하여 직권을 행사하며(재판원법 제8조), 사실의 인정, 법령의 적용, 형의 양정에 있어서 법관과 합의체로 구성된 재판부에서 합의할 권한을 갖는다(재판원법 제6조).

재판원재판은 선거인 명부를 기초로 재판원 후보자 명부를 작성한 후, 이 명부를 기초로 사건마다 필요한 수의 후보자를 재판원 선임절차 기일에 호출하며 시작된다(재판원법 제25조). 재판장은 선임절차 기일에 질문을 하고 후보자에게 결격사유가 있는 경우 불선임 결정을 한다(재판원법 제26조). 보충재판원은 2명을 선임하는 경우도 있고, 사건에 따라서는 1명에서 6명의 보충재판원 선임이 가능하다.

이 장에서는 일본 재판원재판의 현황 분석을 통해 재판원재판의 실상과 그 문제점을 살펴보고, 우리나라에의 시사점을 찾아보고자 한다.

2. 재판원재판 현황

1) 사건 접수 및 처리

제도가 시행된 후 2020년 2월 말까지 재판원재판 대상사건의 청별 접수인원(新受人員), 종국인원(終局人員) 및 미제인원(未濟人員)을 보면,

---

4 「재판원이 참가하는 형사재판에 관한 법률(裁判員の参加する刑事裁判に関する法律)」, 2004. 5. 28. 제정, 호외법률 제63호, 2015. 6. 12. 최종개정, 법률 제37호. 이하 '재판원법'이라 한다.

표 7-1. 재판원재판 접수인원, 종국인원 및 미제인원 추이 단위: 명

집계항목 연도	접수인원	종국인원	미제인원
2009	1,142	148	994
2010	1,591	1,530	1,055
2011	1,624	1,568	1,111
2012	1,344	1,526	929
2013	1,329	1,415	844
2014	1,291	1,220	921
2015	1,180	1,206	903
2016	1,008	1,127	784
2017	1,071	993	847
2018	1,057	1,038	866
2019	1,099	1,021	944
2020(2월 말)	153	160	937
누 계	13,889	12,952	11,135

출처: 最高裁判所(2020.4),「裁判員裁判の実施状況について」(制度施行令 和2年 2月末·速報), 2020.4, 2頁, 表2.

접수인원의 누계는 12,637명, 종국인원의 누계는 11,771명이다. 2020년 2월까지 접수인원 대비 종국인원 비율은 93.1%에 이른다(표 7-1 참조).

재판원재판 접수가 가장 많은 지청은 관내 각성제 밀수 등 사건이 많이 접수되는 치바 지방재판소 본청이 1,292명이며, 도쿄 지방재판소 본청은 이보다 적은 1,206명이다. 접수인원의 누계가 본청 중 가장 적은 것은 마쓰에 지방재판소로 27명이다.[5] 재판원재판은 50개 지방재판

5 最高裁判所(2020.4),「裁判員裁判の実施状況について」(制度施行令 和2年 2月末·速報), 2020.4, 2·3頁, 表2.

표 7-2. 죄명별 재판원재판 접수인원 추이

단위: 명

구 분	누계	2009	2010	2011	2012	2013	2014	2015	2016	2017	2018	2019	2020.2
계	15,010	1,196	1,797	1,785	1,457	1,465	1,393	1,333	1,077	1,122	1,090	1,133	162
강도치상	3,490	295	468	411	329	342	321	290	224	253	281	222	54
살인	3,286	270	350	371	313	303	302	303	255	278	250	255	36
현주건조물 등 방화	1,464	98	179	167	128	141	136	162	124	105	115	100	9
상해치사	1,256	70	141	169	146	136	131	107	103	96	82	71	4
각성제취제법 위반	1,360	90	153	173	105	105	129	58	67	102	96	252	30
(준)강제외설치상	1,149	58	105	105	109	133	131	111	115	90	104	77	11
(준)강제성교 등 치상	1,022	88	111	137	124	121	91	104	75	65	47	55	4
강도 강제성교 등	516	61	99	83	59	57	36	34	20	21	24	18	4
강도치사(강도살인)	358	51	43	37	37	37	27	35	22	19	23	21	6
위조통화 행사	252	34	60	30	34	12	4	20	7	13	18	20	0
위험운전치사	220	13	17	20	27	21	23	28	28	18	7	16	2
통화위조	127	14	18	20	19	17	4	8	6	11	5	5	0
총도법 위반	110	13	5	3	4	10	10	15	10	16	16	7	1
집단(준)강간치사상	79	13	2	17	6	9	17	8	1	4	2	0	0
보호책임자 유기치사	82	7	9	12	4	5	7	5	6	10	11	6	0
체포감금치사	63	4	18	21	1	4	3	2	1	5	4	0	0
조직적 범죄처벌법 위반	55	6	5	0	0	3	14	18	1	7	0	1	0
마약특례법 위반	31	1	5	3	2	1	1	11	3	2	1	1	0
폭발물단속벌칙 위반	17	6	0	0	5	2	0	2	1	1	0	0	0
신체대금 약취	11	0	3	0	1	1	1	0	3	1	0	1	0
마약단속법 위반	10	1	3	1	2	2	0	0	0	0	0	1	0
유괴 후 금품취득	6	0	0	0	0	0	0	2	1	0	2	1	0
기타	46	3	3	5	2	3	5	10	4	5	2	3	1

출처: 最高裁判所(2020.4),「裁判員裁判の実施状況について」(制度施行令 和2年 2月末·速報), 2020.4, 1頁, 表1.

소의 본청 외에도 재판원이 참가할 수 있도록 10개의 지부에서도 실시되고 있다. 지부 중에서는 도쿄 지방재판소 다치카와 지부가 347명, 다음으로 오사카 지방재판소 사카이 지부가 283명이다. 각 청의 접수사건 수(실인원)는 2011년 1,624건을 정점으로 하여 다소 감소 추세다. 미제사건도 2011년을 정점으로 점점 줄어들고 있는 추세다.

죄명별로 보면 재판원재판이 이루어진 인원 총수는 2020년 2월까지 누계 15,010명이며, 2011년을 정점으로 다소 감소 추세다. 연도별로 약간의 차이는 있으나, 범죄 중에는 강도치상(3,490명)과 살인(3,286명)의 비중이 높다. 현주건조물 방화, 상해치사, 각성제취제법 위반 등이 그 뒤를 잇고 있다(표 7-2 참조).

2) 재판원, 보충재판원 선임 등

재판원재판이 시작된 후 2020년 2월까지 후보자 명부에 기재된 인원 수는 전국 기준 313만 406명이며, 그중 7만 3,022명이 재판원에 선임되었고, 2만 4,800명이 보충재판원에 선임되었다.[6] 선정된 재판원 후보자 중 28.5%가 재판원 선임절차 기일에 출석했으며, 사전에 사퇴가 인정된 자(사유는 재판원법 제16조 이하)를 제외하고 재판원 선임절차 기일에 출석을 요구받은 자 50만 3,550명 중 71.9%인 36만 2,261명이 재판원 선임절차에 참석하고, 이 중 20.1%가 재판원으로, 6.8%가 보충재판원으로 선임되었다.

2009년부터 2020년 2월까지 사퇴가 인정된 재판원 후보자의 총수는 82만 7,926명이다. 사퇴는 조사표나 질문표에 의한 사퇴, 선임절차

6 위의 자료, 表4.

기일 사퇴 등 총 세 가지가 있다. 선정된 후보자의 53~68%의 사퇴가 인정되고 있다. 사퇴자 비율은 2013년 63.3%, 2014년 64.4%, 2015년 64.9%, 2016년 64.7%, 2017년 66%, 2018년 67.1%, 2019년 66.7%, 2020년 2월까지 67.9%로 2009년 시행 당시 53%에 비해 다소 증가하는 경향을 보이고 있다.[7]

선임절차 기일에 출석한 재판원 후보자는 2009년부터 2020년 2월까지 총 36만 2,261명이며, 2009년부터 2020년 2월까지 평균 출석률은 71.9%다. 서면에 의한 사퇴도 인정되고, 그 운용도 유연하다는 점이 출석률에 영향을 미친 것으로 보인다. 다만 출석률 평균은 다소 높지만, 재판원재판 시행 초기 출석률이 83.9%였던 데 비해 2017년에 63.9%, 2018년에는 67.5%, 2019년 68.6%, 2020년 2월까지 64% 등 해마다 그 비율이 낮아지는 점에 대해서는 관심을 기울일 필요가 있다.

최고재판소는 2012년 당시 재판원 선임절차에 대해 국민이 부담을 가지지 않도록 하는 요청에 부응하고 있다고 평가한 바 있다.[8] 당시의 평가와는 달리, 통계에서 보듯이 사퇴율이 높아지고 출석률이 점점 낮아진다는 점은 재판원재판에 대해 국민이 어떻게 느끼는지를 보여주는 단적인 예로, 출석률을 높이고 사퇴율을 낮추기 위한 대책을 고민해야 할 시점이라고 할 수 있다. 실제로 일본에서는 매년 재판원 경험자를 대상으로 앙케트 조사를 실시하고, 재판에 대한 부담을 줄이기 위한 제도 개선 방향도 제시하는 등 다양한 노력을 기울이고 있다.

---

7 위의 자료, 表4.

8 最高裁判所事務総局(2012. 12), 앞의 책, 8頁.

3) 재판의 신속성

비교적 쟁점이 간단한 사건의 경우에는 심리기간이 짧은 반면, 쟁점이 복잡한 사건은 심리와 판결에 상당한 기간이 소요되는 경우가 많다. 심리기간이 2년을 초과하여 계속된 이른바 장기 미결사건이 적지 않았고, 이를 감소시키고 심리의 신속화를 도모하는 것이 일본에서도 해결해야 할 과제로 여겨 왔다.

재판원재판의 기결[旣濟]사건의 기소에서 판결에 이르기까지 실제 심리기간의 평균은 2009년부터 2020년 2월까지 8.3일, 평균 개정 횟수는 4.5회였다. 같은 기간 평균 심리기간은 9.1개월이었으며, 실제 심리기간의 평균은 2009년 2.7일에서 2019년 10.5일에 이르기까지 해마다 증가하고 있다. 평균 심리기간도 2009년 5개월에서 2019년 10.3개월로 같은 폭으로 증가하는 추세다. 자백사건의 실제 심리기간 평균은 5.4일, 평균 개정 횟수는 3.7회였으며, 부인사건에서는 10.6일, 5.3회였다(표 7-3 참조).

2003년부터 2005년까지 재판관이 재판한 재판원재판 대상사건에 해당하는 사건의 평균 심리기간이 8.4개월인 것에 비하면(평균 실심리기간 6.5개월, 평균 개정 횟수 5.9회), 다소 길어지는 것으로 보인다. 그 이유는 우선 공판 전 정리수속 기간이 길어지는 점을 들 수 있다. 공판 전 정리수속 기간이 길어진 이유는 사실관계가 복잡하고 관련 증거도 많고, 쟁점과 증거의 정리 시간이 적지 않은 데 따른 것으로 보인다. 또한 공판심리에 시간이 걸릴 사건의 상당수가 재판원이 쟁점이나 증거 관계를 충분히 이해할 수 있게 평의를 할 수 있도록 여유를 가진 심리 계획을 세워 실시하게 된 것도 관계가 있다고 할 수 있다.

실제 심리기간에 한하여, 재판원재판 대상사건과 같은 법정형이

표 7-3. 재판원재판의 자백, 부인사건별 평균 심리기간 및 평균 개정 횟수 추이

구분	항목	누계	2009	2010	2011	2012	2013	2014	2015	2016	2017	2018	2019	2020
계	판결인원	13,447	142	1,506	1,525	1,500	1,387	1,202	1,182	1,104	966	1,027	1,001	905
	평균 실심리기간(일)	8.5	3.7	4.9	6.2	7.4	8.1	8.2	9.4	9.5	10.6	10.8	10.5	12.1
	평균 개정 횟수(회)	4.8	3.3	3.8	4.1	4.5	4.5	4.5	4.7	4.6	4.9	4.8	4.8	4.7
자백	판결 인원(명)	7,203	114	970	885	806	725	644	623	568	449	496	491	432
	평균 실심리기간(일)	5.9	3.5	4.0	4.5	5.0	5.8	5.9	6.2	6.7	7.2	7.3	6.8	8.3
	평균 개정 횟수(회)	3.7	3.2	3.5	3.6	3.7	3.8	3.8	3.8	3.8	3.9	3.9	3.8	3.9
부인	판결인원	6,244	28	536	640	694	662	558	559	536	517	531	510	473
	평균 실심리기간(일)	11.2	4.7	6.6	8.5	10.1	10.5	10.8	13.0	12.6	13.5	14.0	14.1	15.6
	평균 개정 횟수(회)	5.3	3.7	4.4	4.9	5.5	5.4	5.3	5.6	5.6	5.8	5.7	5.7	5.4

출처: 最高裁判所(2020.4),「裁判員裁判の実施状況について」(制度施行令 和2年 2月末·速報), 2020.4, 6頁, 表7.

중한 사건에서도 신속한 재판을 실현하고 있으며, 이는 재판원제도 도입으로 인한 형사재판의 큰 변화 중 하나로 볼 수 있다.

재판원이 참여하기 쉽도록 실제 심리기간을 최대한 단축하는 것은 재판원제도의 운용에 있어서 과제라고 할 수 있지만, 신속함과 동시에 필요하다면 시간을 충분히 가지고 충실한 심리, 평의가 될 수 있도록 하는 재판의 운용이 필요하다. 이러한 점에서 재판원, 보충재판원 선정 당일이 아니라, 다음 날에 제1회 공판을 열고 사건에 따라 증거조사 종료, 결심 후 며칠 시간을 두고 평의를 충분히 한 후 판결을 선고하는 등의 방식이 고안되어 있다.

재판원 경험자들을 대상으로 한 설문조사 결과에 따르면, 재판이 신속하게 되었는가에 대해 “그렇게 생각한다”와 “어느 정도 그렇게 생각한다”와 같은 긍정적인 답변을 한 비율이 2009년 58.7%, 2010년 53.9%, 2011년 53.4% 등으로 지속적으로 감소하고 있으며, 2016년에는 41.1%로 다소 낮은 비율을 보였다. 실제로 평균 심리기간의 증가가 재판원들의 피부에 와 닿아 나온 결과로 보인다.

일부에서는 이러한 공판 전 정리수속 기간의 장기화 추세를 개선하기 위해 장기화의 원인을 분석하고 있으며, 기소 후 신속하게 공판 전 정리수속에 대한 협의 기간을 설정하고 증거개시 진행 상황 등을 확인하는 등, 공판 전 정리수속에서 공판심리를 빠르게 개시하기 위한 시도가 각 기관에서 행해지고 있다고 한다.

공판정에서 시간 단축을 위하여 총합수사보고서를 작성하고 그러한 서면에 의존하는 경향이 있는데, 이러한 재판 형태는 신속한 면에서는 유용하지만, 오히려 증거의 세밀한 부분을 놓칠 수 있는 가능성이 존재한다. 재판원재판에서 중요한 점은 재판원 앞인 공판정에서 당사자 간에 주장과 입증을 하여 실체적인 진실을 발견하는 것이다. 이를 위해 주요 사실에 관한 증인심문은 공판정에서 해야 하며, 이러한 방식이 일반적인 것이어야 한다. 증인심문 기술도 향상시킬 필요가 있다. 공판중심주의, 조서재판으로부터 벗어난다는 말은 개개의 사건에 있어서, 이와 같은 운용을 착실하게 쌓아 감으로써 실현될 수 있는 것이다.[9]

---

9 齊藤啓昭(2013), 「公判中心主義からみた裁判員裁判の運用」, 『刑事法ジャーナル』 36号, 成文堂, 49頁.

4) 증인 및 증거

재판원재판은 시민이 재판관이 되어 진행되는 재판이므로 공판정에서 직접증거를 제시하고 평가하는 공판중심의 증거조사가 필요하다는 점에 대해 일본 내에서도 인식은 공유하고 있는 것으로 보인다. 하지만 아직도 재판 자체는 신속성이 요구되기 때문에 서류에 의존하는 경향, 변호인 쪽도 검찰 측이 제시하는 조서에 동의하는 방식이 크게 바뀐 점은 없다고 한다. 재판소에서도 이러한 점을 문제로 보고 있지는 않는 듯하다. 결국 법조 3자의 이와 같은 인식으로 인하여 서면으로 입증하는 방식에 의한 재판 방식이 유지되고 있다고 한다.[10]

〈표 7-4〉에서 볼 수 있는 것처럼, 해마다 약간의 차이가 있기는 하지만 판결한 건수를 놓고 보면 취조한 증인 수에 비해 검찰관 청구 증인 수와 변호인 측이 청구한 증인 수가 다소 차이가 있다. 특히 변호인의 경우에는 검찰관보다 증인을 청구하는 수가 적음을 알 수 있다. 또한 자백사건은 부인사건보다 그 수치가 더 낮다. 검찰관이 청구한 서증과 증인, 각각의 신문시간 비율의 월별 추이를 보면, 증인 심문시간은 31~49분이 40% 정도다. 이러한 점을 보면 신문시간도 다소 짧은 것을 알 수 있다.

10 最高裁判所事務総局(2012. 12), 앞의 책, 17頁.

표 7-4. 재판원재판에서 취조한 증인 수 평균

단위: 명

구분	항목	누계	2009	2010	2011	2012	2013	2014	2015	2016	2017	2018	2019	2020
계	판결건수	12,616	138	1423	1442	1415	1294	1131	1104	1037	900	958	931	843
	취조한 증인 수	2.8	1.6	2.1	2.3	3.0	2.9	2.9	3.0	3.1	3.1	3.1	2.9	2.7
	검찰관 청구 증인 수	1.9	0.7	1.1	1.3	2.0	2.0	2.0	2.1	2.1	2.2	2.2	2.0	1.9
	변호인 측이 청구한 증인 수	1.3	1.1	1.3	1.2	1.3	1.3	1.3	1.3	1.3	1.3	1.2	1.2	1.0
자백	판결건수	6,693	110	905	818	753	662	602	579	532	417	463	459	393
	취조한 증인 수	1.7	1.4	1.5	1.5	1.8	1.9	1.9	2.0	1.9	1.9	1.8	1.7	1.5
	검찰관 청구 증인 수	0.7	0.5	0.4	0.4	0.8	0.8	1.0	1.0	0.9	0.9	0.8	0.7	0.7
	변호인 측이 청구한 증인 수	1.2	1.0	1.2	1.2	1.2	1.2	1.2	1.3	1.3	1.3	1.2	1.1	1.0
부인	판결건수	5,923	28	518	624	662	632	529	525	505	483	495	472	450
	취조한 증인 수	4.0	2.4	3.3	3.4	4.3	4.1	4.1	4.2	4.3	4.2	4.4	4.1	3.7
	검찰관 청구 증인 수	3.0	1.2	2.3	2.5	3.4	3.1	3.2	3.3	3.4	3.3	3.6	3.2	3.0
	변호인 측이 청구한 증인 수	1.3	1.3	1.3	1.2	1.4	1.3	1.3	1.3	1.3	1.2	1.2	1.3	1.1

5) 재판원재판 사건의 구형 및 판결, 항소율

2008년 4월부터 2012년 3월까지 같은 죄명을 기준으로 통상재판(재판관이 하는 재판)과 2009년부터 2012년 5월까지 재판원재판을 비교한 자료에 따르면, 재판원재판에서는 검찰의 구형을 웃도는 판결, 구형과 같은 판결의 비율이 통상재판보다 높아지고, 검찰의 구형은 재판원재판이 다소 무거워지는 경향이다.[11]

11 原田國男(2013), 「裁判員裁判における量刑傾向: 見えてきた新しい姿」, 『慶應法

재판원재판의 종국사건(2009~2017)에서 죄명별 유죄, 무죄, 양형 분포, 항소 현황을 간략히 보면 다음과 같다.

종국인원 10,732명 중 무죄는 80명으로, 무죄율은 0.74%다. 양형에 있어서는 살인기수, 상해치사, (준)강간치상이나 강도치상과 같은 생명신체범, 성범죄와 약물범죄에 대해서는 재판관재판보다 무거운 형벌을 선고하는 사례가 많아지고 있다. 이에 대해서는 피해자를 직접 시민의 눈으로 바라보고 재판을 하면서 피해자의 감정을 중시하여 중형이 부여되며, 오히려 사안이 경미한 경우에는 피고인의 갱생 등을 고려하여 집행유예를 선고하는 경향이 있다는 평가가 있다.[12]

또한 재판원재판에서 보호관찰부 집행유예가 선고되는 사안이 많은데, 그 비율을 보면 2008년부터 2010년까지 재판관재판이 32.1%(2006.1.1~2009.5.20)를 나타낸 데 비해, 재판원재판(2014.6.1~2017.10.31)은 55.7%로 높아지고 있다고 한다.[13] 이러한 결과를 보면 재판원이 재판관보다 피고인에 대해 갱생과 재범 방지라는 형사정책적인 배려를 하고 있다는 추측이 가능하다.[14]

종국인원에 대한 항소율은 2009년부터 2018년까지 유죄, 무죄인원 11,771명 중 36.3%가 재판원재판으로 이루어진 1심에 대해 항소하였으며, 같은 기간 재판관재판에서는 1심 선고인원 50,591명 중 34.5%가 항소하였다. 죄명별로는 해적행위처벌법 위반이나 도로교통

学』 27号, 慶應義塾大学大学院法務研究科, 166頁.

12 原田國男(2013), 「裁判員裁判における量刑傾向: 見えてきた新しい姿」, 『慶應法学』 27号, 慶應義塾大学大学院法務研究科, 166-168頁.

13 最高裁判所(2018. 3.), 「2018年 1月 調査 裁判員制度の運用に関する意識調査」, 37頁.

14 原田國男(2013), 「裁判員裁判における量刑傾向: 見えてきた新しい姿」, 『慶應法学』 27号, 慶應義塾大学大学院法務研究科, 169頁.

법 위반 등 사건에 대해서는 모두 항소했으나, 이 위반사건의 경우 해당 건수가 적었으므로 통계상으로 큰 의미가 있다고는 보이지 않는다. 종국인원이 많았던 살인의 경우 종국인원 2,692명 중 2,629명이 유죄판결을 받았으며, 이 중 사형은 16명이었다. 이에 반하여 무죄는 17건에 불과하였다. 살인의 유죄판결을 받은 인원 중 항소한 인원은 913명으로 항소율은 34.5%에 이른다. 항소율은 강도치사(63%), 집단(준)강간치사상(52.4%), 각성제취제법 위반(51.4%) 등 순으로 높았다.[15]

3. 재판원재판에 대한 일반시민과 재판원 경험자의 인식

1) 일반시민이 느끼는 재판원재판

재판원재판 참여 의욕과 관련하여, 최고재판소에서는 재판원재판이 시행된 2009년부터 매년 재판원제도의 운용에 관한 일반인 대상 의식조사를 시행하고 있다. 그 결과를 연도별로 「재판원제도의 운용에 관한 의식조사」라는 보고서로 공표하고 있다.[16]

"재판원으로 형사재판에 참여하고 싶은가?"라는 질문에 대해서는 "참여하고 싶다", "참여해도 좋다"가 2009년 18.5%에서 2016년에는 15.0%로 감소했으며, "별로 참여하고 싶지 않다", "의무여도 참여하고 싶지 않다"가 80.2%에서 83.8%로 증가 추세다(표 7-5 참조).

15 最高裁判所(2019. 2.), 「裁判員裁判の実施状況について」(制度施行～平成 30年12月末·速報) 4頁, 表3.

16 이 결과는 最高裁判所(2018. 3.), 「裁判員制度の運用に関する意識調査」를 기준으로 2017년은 제외하고 작성되었다.

표 7-5. "재판원으로 형사재판에 참여하고 싶은가?"에 대한 답변 단위: %

연도	조사 인원(명)	참여하고 싶다	참여해도 좋다	별로 참여하고 싶지 않다	의무여도 참여하고 싶지 않다	잘 모르겠다
2009	2027	7.2	11.3	43.9	36.3	1.3
2010	2025	4.6	10.4	42.6	41.4	1.0
2011	2000	3.8	10.7	42.3	41.1	2.3
2012	2005	4.7	10.2	41.9	41.9	1.1
2013	2014	4.9	9.1	40.6	44.6	0.8
2014	2011	3.6	8.7	46.5	40.5	0.6
2015	2000	4.5	9.8	41.6	42.0	2.2
2016	2000	4.1	10.9	42.7	41.1	1.3

재판원제도 자체를 알고 있는지에 대해서는 연도별로 98% 정도가 긍정적 답변을 하여 높은 수치를 보였으나, 참여 의욕 부분에서는 감소 경향을 보이고 있다.

"형사재판에 참여하는 것이 염려되거나 생활에 지장이 되는가"에 대해서는 "자신들의 판결에서 피고인의 운명이 결정되기 때문에 책임을 무겁게 느낀다"가 75.7%로 가장 높았고, 다음으로 "일반인이 재판하는 어려운 일을 제대로 할 수 없는 것은 아닌가 하는 불안이 있다" 59.6%, "전문가인 재판관과 동등한 입장에서 자신의 의견을 발표할 수 있을지 자신이 없다" 48.8%, "피고인이나 그 관계자의 앙심 등으로, 신체의 안전이 위협받지 않을까 하는 불안이 있다" 46.5%, "냉정한 판단을 할 자신이 없다" 47.5%, "시신 사진 등 증거를 보는 것에 불안이 있다" 46.5%, "재판에 참여함으로 인해 일에 차질이 생긴다" 41%, "재판원의 직무를 통해 알게 된 비밀을 준수할 자신이 없다" 33.1%, "재판에 참여하는 것으로 인해 양육이나 간호에 차질이 생긴다" 20.7%였다. 수치상으로는 2009년 이후 크게 변화한 부분이 보이지 않는다. 직무의 성격, 직장이나 일상생활 등의 관계가 재판원 참여에 소극적인 사유로 작용하고 있다는 점을 알 수 있다.

"재판의 결과(판단)에 국민의 감각이 반영되었는가?"에 대해서는 2009년에 응답자의 73%가 긍정적인 답변을 했으며, 지속적으로 비슷한 비율을 유지하고 있는 것으로 보인다. 그러한 면에서 보면 재판원 제도의 도입으로 인하여 국민이 형사재판에 참여하고 있다는 인식이 어느 정도 형성된 것으로 보인다(표 7-6 참조).

재판원제도 도입으로 사건의 진상이 기존보다 해명이 확실해졌는지에 대해서는 대체로 긍정적인 답변이 2009년 52.5%, 2010년 54.2% 정도로 2015년까지 52% 정도를 유지했으나, 2016년에는 48.6%로 다소 감소한 경향을 보이고 있다. 재판원재판 이후 재판의 결과를 더 납득할 수 있는지에 대해 재판원 참여자는 2009년에 36% 정도가 긍정적인 답변을 했으나, 2016년에는 29.1%가 긍정적인 답변을 해 다소 감소 추세다.

표 7-6. "재판의 결과(판단)에 국민의 감각이 반영되었는가?"에 대한 답변 단위: %

조사 연도	그렇게 생각한다	어느 정도 그렇게 생각한다	어느 쪽이라고도 말할 수 없다	그다지 그렇게 생각하지 않는다	그렇게 생각하지 않는다
2009	34.3	38.7	21.4	4.3	1.3
2010	34.4	40.1	19.8	4.2	1.6
2011	36.4	37.9	19.1	4.6	2.0
2012	31.0	41.5	22.8	3.2	1.5
2013	28.5	40.6	23.4	5.7	1.8
2014	32.5	38.1	21.7	5.7	2.1
2015	32.6	38.7	20.8	5.5	2.3
2016	31.7	36.8	22.2	6.0	3.3

재판원재판에 참석한 재판원이 재판절차에 대해 어느 정도 이해하고 있는지에 대해서는 2009년 64.3%에서 2016년 52.6%로 재판 시행 초기에 비해 점점 그 이해도가 감소하고 있다. 재판원은 형사재판에 유무죄, 양형 결정 등에 주도적으로 참여하므로 그 형사절차에 대한 이해를 높이기 위한 별도의 노력을 해야 할 필요가 있다. 일본에서는 중학교, 고등학교 등 교육과정에 재판원제도의 홍보와 형사절차에 대한 간단한 안내 등을 포함하고 있다고 하는데, 실제로 재판원으로 참여하는 사람에게는 더 상세한 절차적인 설명과 안내 등이 요구된다. 이러한 노력의 일환으로 재판원들도 알기 쉽게 형사절차를 설명하는 개설서나 동영상 등이 활용되고 있으며, 이에 대해 점차 활용도를 높인다면 절차에 대한 이해도를 높일 수 있을 것으로 보인다.

재판원재판의 공정성에 대해 재판원들이 느끼는 인식은 다소 낮은 비율을 보이고 있다. 설문조사에 따르면 2009년 38.5%가 공정하다고 느꼈다는 답변을 했으며, 2010년 46.8%를 정점으로 하여 2016년

표 7-7. "재판원재판이 공정 중립하게 이루어지고 있는가?"에 대한 답변 단위: %

조사 연도	그렇게 생각한다	어느 정도 그렇게 생각한다	어느 쪽이라고도 말할 수 없다	그다지 그렇게 생각하지 않는다	그렇게 생각하지 않는다
2009	10.3	28.2	51.6	7.9	2.0
2010	12.3	34.5	40.7	9.8	2.7
2011	9.9	31.2	44.5	10.4	4.1
2012	9.6	33.7	45.7	8.3	2.7
2013	9.5	31.1	47.0	9.4	3.1
2014	8.4	27.9	50.6	9.8	3.3
2015	9.8	28.7	47.9	9.8	3.8
2016	8.6	27.9	47.9	10.7	4.9

36.5%에 이르기까지 지속적으로 감소 추세다(표 7-7 참조).

2) 재판원 경험자의 재판원제도에 대한 인식

재판원재판은 법률 비전문가가 재판에 참여하기 때문에, 공판심리는 알기 쉽게, 재판은 신속하게 할 필요가 있다. 재판원제도 도입 후 형사재판은 정밀사법에서 핵심이 되는 쟁점을 중심으로 군더더기 없는 심리로 바뀌어 가고 있다고 한다. 특히 재판원재판의 도입으로 인해 형사재판의 구조가 조서재판에서 본래의 구두주의, 직접주의 재판으로 전환하고 있다고 평가된다.

알기 쉬운 심리는 배심원, 그리고 피고인이 재판에 대한 이해를 용이하게 하여 재판 본래의 기능을 실질적으로 보장하고, 적정하고 신속한 재판의 실현에 연결되며, 형사재판에 대한 국민의 신뢰를 더욱 공고히 하게 하는 데에도 매우 중요하다.

일본 최고재판소의 「재판원 등 경험자에 대한 앙케트 조사 결과 보고서(2016년도)」의 내용을 보면 재판원이나 보충재판원을 경험한 사람의 심리 상태를 살펴볼 수 있다. 보고서에 따르면 재판원 경험자의 재판에 대한 이해에 대해 답변자 중 66.5%는 "알기 쉬웠다"라고 답변하였다. 이 중 자백사건은 69.6%, 부인사건은 60.4%였다. 이에 반하여 답변자 중 재판에 대해 "알기 어려웠다"라고 답변한 사람은 전체 조사자 중 2.6%에 불과했으며, 이 중 자백사건은 1.9%, 부인사건은 3.8%였다(표 7-8 참조). 조사 대상자 중 보충재판원 경험자도 재판에 대해 "알기 쉬웠다"가 64.3%로 "알기 어려웠다(2.8%)"보다 비율이 높았다.

심리 내용을 알기 쉬웠다고 답한 사람 중에서는 평의에서 논의가 충실했다는 비율이 높은 것으로 나타났다. 충실한 평의는 재판원의 감

표 7-8. "법정에서의 설명이 알기 쉬웠는가?"에 대한 답변

답변 내용	인원(명)	비율(%)
알기 쉬웠다	4,127	66.5
보통	1,821	29.3
알기 어려웠다	159	2.6
불명	101	1.6

각을 이끌어 내는 것으로 배심원도 납득할 수 있는 적정한 판단에 이르게 한다. 이러한 설문 결과는 재판원재판이 다소 순조롭게 이루어지고 있다는 점을 보여 준다.

재판원이 검찰관에 대해 느끼는 인상은 대체로 긍정적인 것으로 보인다. 즉 "말하는 데에 문제가 있었다", "설명이 상세하지 않았다", "말하는 내용을 알기 어려웠다" 등에 대해 '아니오'가 각각 87.9%, 90.3%, 92.9%의 비중을 차지하였고, 증인신문이나 진술조서에 대해서는 이해하기 어려운 면이 있다는 답변이 다소 높은 비중을 차지하였다(표 7-9 참조).

표 7-9. 검찰관의 법정 활동 인상에 대한 답변 단위: 명, %

답변 내용	예	아니오	불명
말하는 데 문제가 있었다	711(11.5)	5,457(87.9)	40(0.6)
설명이 상세하지 않았다	544(8.8)	5,604(90.3)	60(1.0)
말하는 내용을 알기 어려웠다	368(5.9)	5,765(92.9)	75(1.2)
증인이나 피고인에 대한 질문의 의도, 내용을 알 수 없었다	810(13.0)	5,312(85.6)	86(1.4)
진술조서의 낭독 내용을 알 수 없었다(길어서, 단순히, 기타 이해할 수 없었다 등)	678(10.9)	5,420(87.3)	110(1.8)

재판원들이 느끼는 변호인의 법정 활동은 검찰관보다는 다소 부정적인 면이 보인다. 즉 〈표 7-10〉에서 보듯이 변호인의 법정 활동에 있어서 "말하는 데 문제가 있었다"에 대해 '아니오'가 74.4%로 〈표 7-9〉의 검찰관에 대한 조사에서 보인 87.9%보다 낮은 비율을 보였다. 법정에서 사용하는 용어에 있어서도 변호인이 사용하는 용어가 다소 이해하기 어려운 면이 있음을 보여 주었다. 이에 비해 재판관의 설명에 대해서 '알기 쉬웠다'와 '보통'이 99.1%인 것을 보면, 재판관이 사용하는 용어가 재판원들이 이해하기 쉬우며, 재판관과 재판원의 의사소통이 원활함을 알 수 있다(표 7-11 참조).

재판원재판의 평의에 있어서 "말을 하기 쉬운 분위기였다"와 "보통"이 각각 78.4%와 19.4%의 비율을 보여 설문 응답자 중 97.8%가 긍

표 7-10. 변호인의 법정 활동 인상에 대한 답변 단위: 명, %

답변 내용	네	아니오	불명
말하는 데에 문제가 있었다	1,527(24.6)	4,617(74.4)	64(1.0)
설명이 상세하지 않았다	383(6.2)	5,769(92.9)	56(0.9)
말하는 내용을 알기 어려웠다	1,209(5.9)	4,894(78.8)	105(1.7)
증인이나 피고인에 대한 질문의 의도, 내용을 알 수 없었다	1,670(26.9)	4,395(70.8)	143(2.3)

표 7-11. "재판관의 설명"에 대한 답변

답변 내용	인원(명)	비율(%)
알기 쉬웠다	5,627	90.6
보통	527	8.5
알기 어려웠다	21	0.3
불명	33	0.5

정적 답변을 하였다(표 7-12 참조). 이에 반하여 평의 논의의 충실도에 대해서 "충분한 논의를 하였다"는 비율이 76%로 다소 낮은 답변을 보인다는 점은 충분한 논의가 필요함을 보여 주는 결과라고 하겠다(표 7-13 참조).[17]

심리 내용에 대한 이해도에 있어서 심리 일수가 길어지면 길어질수록 알기 쉬웠다고 답변한 비율이 낮아지는 경향을 보였다. 자백사건에 비해 부인사건이 심리 내용에 대한 이해도가 낮아지는 것도 주목할 만한 현상이라 보인다.

표 7-12. "평의에서 의견을 내기 쉬웠는가?"에 대한 답변

답변 내용	인원(명)	비율(%)
말을 하기 쉬운 분위기였다	4,870	78.4
보통	1,206	19.4
말을 하기 어려운 분위기였다	94	1.5
불명	38	0.6

표 7-13. 평의 논의의 충실도에 대한 답변

답변 내용	인원(%)	비율(%)
충분한 논의를 하였다	4,718	76.0
불충분하였다	363	5.8
잘 모르겠다	1,022	16.5
불명	3,105	1.7

17 石塚章夫(2007), 「挙証責任および合理的疑いに関する説示」, 『季刊 刑事弁護』 52号 特集, 現代文人社, 76頁.

4. 결론

일본 최고재판소는 재판원재판이 피고인이 합리적 의심의 실현으로 억울하게 유죄판결을 받는 것을 방지하고, 일반 시민 감각이 양형에 영향을 주는 등(보호관찰부 집행유예 증가) 성과를 내고 있다는 긍정적인 평가를 한 바 있다.[18]

일본에서는 우리나라보다 배심원에 의한 양형이 비중이 큼에도 특별히 문제가 되지 않는 이유는 재판원재판에서 양형 데이터베이스를 활용하기 때문이라고 한다.[19] 우리나라에서도 참여재판 대상사건들에 대한 재판 자료들을 정리하고 데이터베이스화하여 배심원들이 평결이나 양형 의견을 작성할 때 참고 자료로 활용하면 효과가 있을 것으로 보인다.

재판원법을 제정한 이래 시행까지의 준비기간 중에 일본변호사연합회를 비롯한 법조계에서 쏟은 노력은 일본 사법제도의 역사에서도 드물 정도로 방대하였다고 한다. 재판원이 이해하기 쉬운 제도를 설계하기 위해 형사법 각 분야에서 실무와 이론적인 개발 노력을 아끼지 않았고, 그와 동시에 형사사법에서는 오랫동안 볼 수 없었던, 법조 3자가 협력하게 되었다는 점을 높이 평가하는 보고서도 있다.[20]

다만, 현지에서 일본변호사협회 관계자와의 인터뷰[21]에 따르면,

---

18 最高裁判所事務総局(2012. 12), 앞의 책, 22-23頁 참조.

19 日本弁護士連合会裁判員本部経験交流会プロジェクト·チーム(2010), 「裁判員裁判事件28件を検証: 裁判員裁判に関する経験交流会報告」, 『季刊 刑事弁護』 61号, 現代文人社, 82頁.

20 最高裁判所事務総局(2012. 12), 앞의 책, 42-43頁.

21 인터뷰는 서울대학교 일본연구소의 지원 아래 2018년 2월 20일부터 23일까지 일본변호사연합회에 방문하여 진행하였다.

변호사, 검찰, 재판부와의 관계가 협조 관계라기보다는 단순히 공적으로 사건을 해결하기 위한 관계 설정에 불과하다는 점을 느낄 수 있었다. 일본변호사연합회에서는 재판원제도의 문제점을 개선하기 위해 지속적으로 개선안을 제시하고 있는 반면, 이 제도를 관장하고 있는 법무성과 최고재판소에서 특별한 문제점이 없다는 답변을 한 점에 비추어 보면 제도에 대해 분명히 온도차가 있는 것을 느낄 수 있었다.

참고문헌

국내 문헌

岡田悦典(2011),「日本における裁判員制度の現状と国民の意識」,『법과 기업연구』 1권 3호, 서강대학교 법학연구소.

시라토리 유지, 민영성(2011),「일본의 재판원재판의 현상과 과제」,『법학연구』 52권 4호, 부산대학교 법학연구소.

일본 문헌

大出良知(2010),「裁判員裁判各地1号事件の検討(福岡·熊本·立川)」,『季刊 刑事弁護』 61号, 現代文人社.

石塚章夫(2007),「挙証責任および合理的疑いに関する説示」,『季刊 刑事弁護』 52号 特集, 現代文人社.

原田國男(2013),「裁判員裁判における量刑傾向: 見えてきた新しい姿」,『慶應法学』 27号, 慶應義塾大学大学院法務研究科.

日本弁護士連合会裁判員本部経験交流会プロジェクト·チーム(2010),「裁判員裁判事件28件を検証:「裁判員裁判に関する経験交流会」報告」,『季刊 刑事弁護』 61号, 現代文人社.

齊藤啓昭(2013),「公判中心主義からみた裁判員裁判の運用」,『刑事法ジャーナル』 36号, 成文堂.

最高裁判所(2018. 3),「裁判員制度の運用に関する意識調査」.

最高裁判所(2019. 2),「裁判員裁判の実施状況について」(制度施行~平成30年 12月末·速報).

最高裁判所(2020. 4),「裁判員裁判の実施状況について」(制度施行~令和 2年 2月末·速報).

最高裁判所事務総局(2012. 12),『裁判員裁判実施状況の検証報告書』.

찾아보기

[ㅊ]

[ㅋ]

[ㅌ]

저자 소개

한인섭

현재: 서울대학교 법학전문대학원 교수

주요 저서:

- 그 곳에 늘 그가 있었다: 민주화운동 40년, 김정남의 진실역정(2020, 창비)
- 100년의 헌법(2019, 푸른역사)
- 이 땅에 정의를: 함세웅 신부의 시대 증언(2018, 창비)
- 혁명과 민주주의(2018, 경인문화사, 공저)
- 가인 김병로(2017, 박영사)
- 법조윤리(2017, 박영사, 공저)
- 한국현대사와 민주주의(2015, 경인문화사, 공저)
- 양심적 병역거부와 대체복무제(2013, 경인문화사, 공저)
- 인권변론 자료집(1-6): 1970년대(2012, 경인문화사, 공저)
- 식민지 법정에서 독립을 변론하다(2012, 경인문화사)
- 인권변론 한 시대(2011, 경인문화사, 공저)
- 형법개정안과 인권(2011, 경인문화사, 공저)
- 한국의 공익인권소송(2010, 경인문화사)
- 국민의 사법참여(2010, 경인문화사, 공저)
- 2008/2009 한국과 표현의 자유(2009, 경인문화사, 편저)
- 5.18재판과 사회정의(2006, 경인문화사)
- 형벌과 사회통제(2006, 박영사)
- 배심제와 시민의 사법참여(2005, 아산재단, 공저)
- 정의의 법, 양심의 법, 인권의 법(2004, 박영사, 편저)

김대홍

현재: 숭실대학교 국제법무학과 조교수

주요 논저:

- 데이터가 지배하는 법(2021, 박영사, 공역서)

- 정의의 감정들(2020, 너머북스, 역서)
- 비교법적 관점에서 이자 금지에 관한 원전의 해석과 법적 분석(2020, 아주법학)
- 4·19 혁명과 반부패제도(2020, 법사학연구)
- 세계정의프로젝트(WJP) 법치주의 지수 설문문항의 분석(2020, 법학논총)
- 默齋日記. 1-6, 국역 묵재일기. 1-6(2019, 경인문화사, 공저)
- 일본 경영승계원활화법의 사업승계 지원제도에 관하여(2019, 법학연구)
- 제헌헌법 예산 규정의 형성 과정과 의미(2019, 법사학연구)
- 근대 예산 관련 법제의 정립에 관한 고찰(2019, 법사학연구)
- 조진만 전 대법원장: 법원인물사(2018, 사법정책연구원, 공저)
- 조선의 법추론 인율비부(引律比附)(2018, 민속원)
- 빅데이터 분석기법을 활용한 조선시대 사송 연구(2018, 법사학연구)

김현숙

현재: 스포츠윤리센터 정책실장

주요 논저:

- 대검찰청 성희롱·성폭력·성차별행위 고충상담 매뉴얼(2020, 대검찰청)
- 정신질환 전역자 관리체계에 대한 비교법적 검토(2020, 대통령직속 군사망사고 진상규명위원회)
- 아동 디지털성범죄 전문영향평가(2020, 아동권리보장원)
- 대학원생 인권보호 지침에 관한 연구(2020, 서울대학교 정책연구)
- 아동·청소년성범죄에서 그루밍의 특성 및 대응방안 연구(2019, 한국형사정책연구원)
- 경찰의 피의사실 공표(2019, 경찰법연구)
- 젠더폭력 관련 법체계 개선방안 연구(2018, 여성가족부 정책연구)
- 견제와 균형을 위한 경찰위원회 활성화 방안에 관한 연구(2017, 경찰법연구)
- 대학내 인권침해 사건에 대한 처리절차 개선방안 연구(2016, 한국연구재단 연구과제)
- 성폭력·가정폭력·아동폭력사건 관련 각국의 법제 및 양형에 관한 비교법적 고찰을 통한 국내 양형 등에 관한 개선방안 연구(2015, 대검찰청 정책연구)
- 재산형과 노역장유치 집행절차에 대한 소고(2014, 형사정책)

- 부정불량식품범죄에 대한 정책연구(2013, 치안정책연구소 정책연구)
- 수사절차와 위치추적(2012, 경찰법연구)
- 경찰형사법II(형사소송법)(2012, 경찰수사연수원)
- 영국 PACE법 연구(2011, 치안정책연구소 정책연구)

임보미

현재: 건국대학교 HK연구교수

주요 논저:

- 법정구속의 문제점과 개선책(2020, 법학연구)
- 일본 재판원제도와 항소심(2019, 형사정책)
- 형사소송법상 상소제도의 변천과정과 그 의미(2018, 법학연구)
- 시민참여형 형사재판의 항소심에 관한 비교법적 연구(2017, 비교형사법연구)

우지이에 히토시(氏家 仁)

현재: 해상보안대학교 준교수

주요 논저:

- コリアの法と社会(2020, 日本評論社, 공저)
- スタンダード法学(2018, 芦書房, 공저)
- 刑事訴訟法基本判例解説(第2版)(2018, 信山社, 공저)

김영중

현재: 한국형사·법무정책연구원 부연구위원

주요 논저:

- 고위공직자범죄수사처에 관한 연구(2019, 한국형사정책연구원, 공저)
- 형사사법기관의 인권보장역량 종합평가연구(II)(2019, 한국형사정책연구원, 공저)
- 한국형법학의 초기형성사 연구(2019, 법문사, 공저)
- 인권의 창, 헌법의 길: 인권으로 본 헌법재판 30년(2018, 경인문화사, 공저)
- 고등교육기관에서의 인권교육 실태조사(2014, 국가인권위원회, 공저)